Manual Prático de **Comércio Exterior**

O GEN | Grupo Editorial Nacional – maior plataforma editorial brasileira no segmento científico, técnico e profissional – publica conteúdos nas áreas de ciências sociais aplicadas, exatas, humanas, jurídicas e da saúde, além de prover serviços direcionados à educação continuada e à preparação para concursos.

As editoras que integram o GEN, das mais respeitadas no mercado editorial, construíram catálogos inigualáveis, com obras decisivas para a formação acadêmica e o aperfeiçoamento de várias gerações de profissionais e estudantes, tendo se tornado sinônimo de qualidade e seriedade.

A missão do GEN e dos núcleos de conteúdo que o compõem é prover a melhor informação científica e distribuí-la de maneira flexível e conveniente, a preços justos, gerando benefícios e servindo a autores, docentes, livreiros, funcionários, colaboradores e acionistas.

Nosso comportamento ético incondicional e nossa responsabilidade social e ambiental são reforçados pela natureza educacional de nossa atividade e dão sustentabilidade ao crescimento contínuo e à rentabilidade do grupo.

5ª EDIÇÃO

Atualizado de acordo com a Lei nº 12.815/2013

GERMAN SEGRE (org.)

Claudio Eidelchtein
Enzo Fiorelli Vasques
German Segre
Luzia Garcia
Marcelo Gonçalves de Assis
Maria Rebono
Thadeu Cinti

Manual Prático de Comércio Exterior

- Os autores deste livro e a editora empenharam seus melhores esforços para assegurar que as informações e os procedimentos apresentados no texto estejam em acordo com os padrões aceitos à época da publicação, *e todos os dados foram atualizados pelos autores até a data de fechamento do livro*. Entretanto, tendo em conta a evolução das ciências, as atualizações legislativas, as mudanças regulamentares governamentais e o constante fluxo de novas informações sobre os temas que constam do livro, recomendamos enfaticamente que os leitores consultem sempre outras fontes fidedignas, de modo a se certificarem de que as informações contidas no texto estão corretas e de que não houve alterações nas recomendações ou na legislação regulamentadora.

- Os autores e a editora se empenharam para citar adequadamente e dar o devido crédito a todos os detentores de direitos autorais de qualquer material utilizado neste livro, dispondo-se a possíveis acertos posteriores caso, inadvertida e involuntariamente, a identificação de algum deles tenha sido omitida.

- **Atendimento ao cliente: (11) 5080-0751 | faleconosco@grupogen.com.br**

- Direitos exclusivos para a língua portuguesa
  Copyright © 2018, 2022 (2ª impressão) by
  Editora Atlas Ltda.
  Uma editora integrante do GEN | Grupo Editorial Nacional
  Travessa do Ouvidor, 11
  Rio de Janeiro – RJ – 20040-040
  www.grupogen.com.br

- Reservados todos os direitos. É proibida a duplicação ou reprodução deste volume, no todo ou em parte, em quaisquer formas ou por quaisquer meios (eletrônico, mecânico, gravação, fotocópia, distribuição pela Internet ou outros), sem permissão, por escrito, da Editora Atlas Ltda.

- Designer de capa: MSDE | MANU Santos Design
- Imagens de capa: Alija; Greentana; primeimages | iStockphoto
- Editoração Eletrônica: Formato Editora e Serviços
- Ficha catalográfica

CIP-BRASIL. CATALOGAÇÃO NA PUBLICAÇÃO
SINDICATO NACIONAL DOS EDITORES DE LIVROS, RJ

M251
5. ed.

    Manual prático de comércio exterior / Claudio Eidelchtein ... [et al.]; organização German Segre. – 5. ed. [2a Reimp.] - São Paulo: Atlas, 2022.

    Inclui bibliografia
    ISBN 978-85-97-01612-3

    1. Comércio internacional. 2. Brasil - Comércio exterior. I. Eidelchtein, Claudio. II. Segre, German, 1967-.

18-48822   CDD: 382
                                                  CDU: 339.5

Meri Gleice Rodrigues de Souza - Bibliotecária CRB-7/6439

Material Suplementar

Este livro conta com os seguintes materiais suplementares:

- Modelos de documentação (para todos).

  - O acesso ao material suplementar é gratuito. Basta que o leitor se cadastre e faça seu *login* em nosso *site* (www.grupogen.com.br), clicando em GEN-IO, no *menu* superior do lado direito.
  - *O acesso ao material suplementar online fica disponível até seis meses após a edição do livro ser retirada do mercado.*
  - Caso haja alguma mudança no sistema ou dificuldade de acesso, entre em contato conosco (gendigital@grupogen.com.br).

GEN-IO (GEN | Informação Online) é o ambiente virtual de aprendizagem do GEN | Grupo Editorial Nacional

Sobre os Autores

Claudio Eidelchtein

Graduado em Direito.

Professor nos Cursos de Relações Internacionais, Administração – Comércio Exterior e Direito na Universidade Paulista (UNIP).

Professor no Curso de Pós-Graduação em Direito Marítimo/Direito Aduaneiro da Universidade Católica de Santos (UNISANTOS).

Advogado militante nas áreas Portuária, Aduaneira, de Transporte Internacional e Comércio Exterior.

Sócio fundador do escritório Totum Assessoria Empresarial Ltda.

Contato: <claudio@eidelchtein.com.br>.

Enzo Fiorelli Vasques

Professor das disciplinas Comércio Exterior e Direito Internacional da Universidade Paulista.

Coordenador-geral do curso de Relações Internacionais da Universidade Paulista e coordenador local do *campus* Campinas.

Professor orientador do Núcleo de Negócios Internacionais da Fundação de Pesquisas, Estudos Sociais e Políticas Públicas (FUPESPP).

Diretor da ABM Comércio Internacional Ltda.

Graduado em Direito. Mestrando em Ciência Política.

Autor de Princípios básicos de direito internacional in *Comércio exterior: teoria e gestão*, organizado por Dias e Rodrigues. São Paulo: Atlas, 2004.

Autor de Relações internacionais e o comércio exterior in *Manual de comércio exterior*, organizado por Morini. Campinas-SP: Átomo & Alínea, 2006.

Autor e organizador do livro *Relações internacionais*: introdução ao estudo. Campinas-SP: Átomo & Alínea, 2006 (no prelo).

Membro da Comissão Editorial da revista *Conexão Internacional*.

Contato: <enzo.vasques@gmail.com>.

German Segre (organizador e autor)

Advogado e administrador de empresas, com especialização em Comércio Exterior.

Cursou pós-graduação em Informática aplicada e Consultoria na Internet.

Mestre em Administração de Empresas pela Universidade Paulista (curso recomendado pela CAPES).

Cursando Doutorado em Direito na UBA – Universidad de Buenos Aires, Buenos Aires, República Argentina.

Professor de disciplinas de Administração de Empresas, Comércio Exterior e Relações Internacionais da Universidade Paulista.

Coordenador do grupo de professores de comércio exterior e líder da disciplina Práticas do comércio exterior brasileiro – importação e exportação.

Foi Coordenador do curso de Relações Internacionais no *campus* Paraíso, São Paulo, da Universidade Paulista.

Professor convidado do MBA da Universidade de Tres de Febrero, Buenos Aires, Argentina.

Sócio diretor do Center Group International.

Autor do livro *Brasil, coloque un pie sin meter la pata*. Buenos Aires: Center Group, 1999.

Membro diretor de várias câmaras e associações empresariais.

Contato: <german@centergroup.net>.

Luzia Garcia

Graduada em Administração de Empresas com MBA em Comércio Exterior pela Fundação Getulio Vargas.

Profa. das disciplinas Logística Internacional e Técnicas de Negociação Internacional da Universidade Paulista de Sorocaba.

Líder da disciplina Técnicas de Negociação Internacional na UNIP em âmbito nacional.

Experiência de mais de 15 anos em corporações com presença global na área de Comércio Exterior.

Contato: <laksmi999@hotmail.com>.

Marcelo Gonçalves de Assis

Bacharel em Administração de Empresas com habilitação em Comércio Exterior, pós-graduado em Marketing pelo Mackenzie e MBA em Comércio Internacional pela FGV. Atuou em diversas instituições financeiras na área de câmbio. É Gerente Administrativo da área de câmbio do Banco Paulista S/A desde 1992. É professor universitário da Universidade Paulista – UNIP desde 1998, ministrando disciplinas relacionadas ao Comércio Exterior e Relações Internacionais.

Contato: <marcelog@bancopaulista.com.br>.

Maria Rebono

Profissional com mais de 20 anos de experiência em Comércio Exterior, pós-graduada em Comércio Internacional pela USP, especialista em Comércio Exterior pela FGV-SP, professora de Comércio Exterior na UNIP-Campinas, gerente de compras da Fundação CPqD, membro representante da empresa junto à CIESP/FIESP, consultora de Comércio Exterior nas áreas de Importação, Exportação, Logística e Marketing Internacional.

Autora e colaboradora de Sistemática do comércio exterior – processo de importação do livro *Comércio exterior: teoria e gestão*, organizado por Dias e Rodrigues. São Paulo: Atlas, 2004.

Contato: <mrebono@cpqd.com.br>.

Thadeu Cinti

Graduado em Administração de Empresas com habilitação em Comércio Exterior pela Universidade Camilo Castelo Branco – UNICASTELO – Graduação com Honra ao Mérito concedida pelo Conselho Regional de Administração de São Paulo.

Pós-graduado em Administração de Empresas com especialização em Gestão Empresarial pelas Faculdades São Luís.

MBA em Negócios e Finanças Internacionais pela Fipe/Banco do Brasil.

Professor universitário de disciplinas técnicas de Comércio Exterior e administrador do Banco do Brasil.

Prefácio

Já não é mais original a afirmação sobre a intensificação da dinâmica do comércio entre diferentes países e as novas práticas decorrentes da globalização dos mercados, bem como sobre o progresso tecnológico permanente observado não somente em uma única localidade, mas sim disperso no planeta, promovendo profunda modificação nas formas de atuação empresarial e governamental, especialmente no tocante ao comércio internacional. No entanto, a relevância do tema decorre do aprofundamento da complexidade das relações internacionais, onde os Estados nacionais compartilham sua influência com diversos outros agentes, criando um ambiente de elevada interação que afeta diretamente as relações comerciais estabelecidas entre os países.

A integração econômica e comercial tem mostrado sua importância ao longo do tempo, desenvolvendo economias e proporcionando melhoria nas condições de vida da população de diversos países. Segundo Roberto Campos, em artigo publicado em setembro de 1998, "nunca tantas pessoas e países saíram tão rapidamente da miséria como na era da globalização. Para dobrar a renda nacional, a Inglaterra levou 58 anos (a partir de 1780), os Estados Unidos da América, 47 anos (a partir de 1839), o Japão, 33 anos (a partir de 1880), enquanto que recentemente a Indonésia levou 17 anos, a Coreia do Sul, 11 anos, e a China, 10 anos". Pode ser observada ainda a Índia, que, ao abrir sua economia ao mercado internacional, tem observado grande crescimento econômico, atraindo a atenção de empresas de todo o mundo.

Tal cenário de opulência e desenvolvimento se repete em exemplos ao longo dos diversos continentes. Entretanto, podem ser observados casos de ampliação das desigualdades sociais e situações onde a intervenção do Estado nas relações comerciais se mostrou fundamental para a garantia de setores empresariais nacionais. Medidas protecionistas, barreiras tarifárias e não tarifárias se repetem nas relações entre países, tornando a dinâmica das relações comerciais internacionais mais atraente e desafiadora. Com isto, as empresas precisam estar sempre atentas aos reflexos proporcionados pelas mudanças rápidas nos cenários nacional e internacional sobre a competitividade dos produtos para oferecer respostas ágeis e eficazes aos novos desafios do mercado.

Nestes termos, nenhuma empresa nacional está livre da influência de forças estrangeiras porque existe sempre a possibilidade da concorrência de importações ou de concorrentes estrangeiros que estabelecem operações no seu mercado. As vantagens decorrentes da ampliação dos mercados seduzem cada dia mais empresários, que otimizam recursos e buscam competitividade através de recursos os mais criativos possível, intensificando vantagens comparativas e vocações de mercados e países.

Não é possível negar as influências da globalização nos processos de planejamento das potencialidades e fragilidades das empresas, sua organização, produtos e processos. Diferenças culturais possibilitam diferenciação de produtos e novas oportunidades de mercado. A atuação global das empresas se complementa com características regionais decisivas à escolha de clientes, que tem com isso conseguido acesso a novas alternativas para a solução de suas necessidades e desejos.

A desconsideração do mercado externo por uma organização pode levá-la a significativas perdas. Para diversas atividades produtivas, o mercado internacional é importante fonte de economia de escala, ao permitir o aumento de produção, o acesso a novas tecnologias, fatores fundamentais para o aumento da sua competitividade. Ao ultrapassar fronteiras, as empresas diversificam seus riscos por deixar de depender de um só mercado.

Esta concorrência global oferece oportunidades aos profissionais de comércio exterior. Cabe a estes desvendar os desafios desta dinâmica forma de administrar organizações e prepará-las para alcançar seus objetivos diante de mercados nem sempre definidos, mas repletos de oportunidades e ameaças. Neste universo se insere esta obra, que traduz em seu desenvolvimento a preocupação com a complexidade dos diferentes temas relativos ao comércio exterior e tem por objetivo direcionar empresas e profissionais neste caminho árduo e desafiador, que pode oferecer a seus viajantes louros ou decepções.

Maurício Cassar
<mcassar@dglnet.com.br>

Nota dos Autores

O objetivo deste livro não é o de abranger toda a área do comércio exterior brasileiro, mas tem a modesta pretensão de levar aos estudantes e profissionais de comércio exterior uma visão introdutória desse importante assunto para o nosso país e para as organizações e ao mesmo tempo favorecer uma visão globalizada de sua interferência nos resultados das balanças de pagamento do país e das empresas.

Esta obra procura mostrar os fluxos de documentos, sistemas e órgãos envolvidos necessários em todo o processo de comércio internacional a qualquer profissional e empresa. Como a área de comércio internacional é de vital importância para qualquer empresa engajada nesse segmento, é imperioso dar ao profissional e ao estudante da disciplina uma visão geral de sua abrangência e atuação.

O texto foi elaborado para levar de forma objetiva e gradual, ao estudante, os assuntos aqui desenvolvidos. Busca apresentar ao profissional e ao estudante uma visão global do Comércio Internacional, suas formas, envolvimentos e implicações, dentro do ambiente profissional e de aprendizado acadêmico.

A ênfase é, principalmente, levar o conhecimento básico e necessário para o desenvolvimento de atividades nessa área.

Nesse aspecto, damos ênfase a conceitos básicos e adotamos um critério que pudesse facilitar o estudo da disciplina, principalmente para o curso de comércio exterior, determinando tópicos específicos aqui desenvolvidos por professores, estudiosos e profissionais de cada área do comércio exterior brasileiro.

A orientação deste livro é apresentada em capítulos que podem oferecer perspectiva, discernimento, compreensão e desenvolvimento das habilidades necessárias à gestão por excelência.

Limitações de tempo e espaço atentaram contra nossa vontade de abordar outros assuntos e de colocar outros exemplos, exercícios e modelos. **Ficamos à disposição dos leitores, por meio dos nossos e-mails, para responder a eventuais dúvidas, enviar modelos de documentos e planilhas e receber críticas e sugestões.**

Agradecemos aos nossos amigos e estudantes, que muito incentivaram e contribuíram para a realização deste livro, bem como às fontes indicadas no desenvolvimento desta obra, os quais propiciaram uma coleta de dados de forma prática e operacional, que servirão para uma melhor compreensão do texto. Em particular, queremos expressar nossa gratidão ao professor Ms. Fábio Gomes da Silva, da UNIP – São Paulo, por seu incentivo e apoio, impulsionando-nos à realização desta coletânea de informações úteis.

Como recurso didático, são apresentadas no decorrer da obra:

Maiores informações em:

Os links mencionados nesta seção foram testados e acessados no dia 8-5-2018.

✓ Dicas para aprofundamento de estudo e pesquisa relacionadas ao tema abordado.

Sumário

1 INTRODUÇÃO AO COMÉRCIO INTERNACIONAL (*Maria Rebono*), **1**

1.1 Comércio, 1
1.2 Siscomex, 11
1.3 Mecanismos de apoio internacional, 13
1.4 Formas de distribuição, 19
1.5 Feiras internacionais e exposições no Brasil e no exterior, 20
1.6 Defesa comercial, 21
1.7 Barreiras, 23
1.8 Apoio ao exportador brasileiro, 24
1.9 Organismos internacionais, 24
Referências bibliográficas, 34

2 DEFINIÇÕES BÁSICAS (*German Segre*), **35**

2.1 Nomenclatura Comum do Mercosul (NCM), 35
2.2 Tarifa Externa Comum (TEC), 38
2.3 Requisitos prévios de importação/exportação, 38
2.4 Ser uma pessoa jurídica (empresa), 38
2.5 Objetivos sociais da empresa, 38
2.6 Possuir cadastro no Sistema Radar, 38
2.7 Ter um despachante aduaneiro, 39
2.8 Determinar quem vai fechar o(s) câmbio(s), 40
2.9 Despacho para consumo, 40
2.10 Despacho Aduaneiro de Importação, 40
2.11 Despacho Aduaneiro na Exportação, 40
2.12 Despachante aduaneiro, 40
2.13 Território aduaneiro, 41
2.14 Zona primária, 41
2.15 Zona secundária, 42

2.16 Nacionalização, 42

2.17 *Freight forwarder*, 42

2.18 Operadores logísticos, 43

2.19 Ex-tarifário, 43

2.20 AFRMM, 43

2.21 Recinto alfandegado, 44

2.22 Porto Seco (EADIs), 45

2.23 Canal de distribuição, 46

2.24 Exportação direta, 46

2.25 Exportação indireta, 46

2.26 Exportações por intermédio de *trading companies*, 46

2.27 Diferença entre comercial exportadora e *trading company*, 47

2.28 Certificado de origem, 47

2.29 Investe São Paulo (e similares em cada Estado), 48

2.30 Destino das mercadorias apreendidas ou abandonadas, 48

2.31 Siscomex, 48

2.32 Companhias *offshore*, 49

2.33 Outros termos utilizados no comércio internacional, 50

2.34 Fluxograma de uma importação, 52

2.35 Fluxograma de uma exportação, 55

2.36 Modelos de documentos, 56

3 INCOTERMS (German Segre), 59

3.1 *EXW – Ex works* (ex-fábrica), 61

3.2 *FAS – Free alongside ship* (livre ao lado do navio), 61

3.3 *FCA – Free carrier* (livre no transportador), 61

3.4 *FOB – Free on board* (livre a bordo), 62

3.5 *CFR – Cost and freight* (custo e frete), 62

3.6 *CPT – Carriage paid to...* (transporte pago até...), 62

3.7 *CIP – Carriage and insurance paid to...* (transporte e seguro pagos até...), 62

3.8 *CIF – Cost, insurance and freight* (custo, seguro e frete), 63

3.9 *DAT – Delivered at terminal* (entregue no terminal), 63

3.10 *DAP – Delivered at place* (entregue no local designado), 63

3.11 *DDP – Delivered duty paid* (entregue com direitos pagos), 63

3.12 Quadro-resumo, 64

4 MOEDA E CÂMBIO (*Thadeu Cinti e Marcelo Gonçalves de Assis*), 65

- 4.1 Introdução, 65
- 4.2 Tipos de moedas, 66
- 4.3 Instrumentos cambiais no país, 66
- 4.4 Fatores determinantes da taxa de câmbio, 66
- 4.5 Como se negocia câmbio no Brasil, 66
- 4.6 Política cambial e mercado de câmbio, 67
- 4.7 Modalidades de pagamentos internacionais, 74
- 4.8 Financiamentos às exportações – objetivos, 80
- 4.9 EXIM, 83
- 4.10 PROEX – Programa de Financiamento às Exportações, 84
- 4.11 *Export notes*, 87
- 4.12 Financiamento à importação, 87
- 4.13 *Hedge*, 88
- 4.14 Formas de captação de recursos no mercado internacional, 94
- 4.15 *Leasing* internacional e operações estruturadas, 96

5 LOGÍSTICA INTERNACIONAL (*Enzo Fiorelli Vasques e Claudio Eidelchtein*), 101

- 5.1 Introdução, 101
- 5.2 A logística no Brasil e no mundo, 102
- 5.3 Frete internacional, 103
- 5.4 Seguro internacional, 129

6 CONTABILIDADE DE COMÉRCIO EXTERIOR (*Marcelo Gonçalves de Assis*), 131

- 6.1 Introdução, 131
- 6.2 Ativos das empresas no setor de Comex, 132
- 6.3 Passivos das empresas no setor de Comex, 133
- 6.4 Exercícios de contabilidade – Corrigidos, 141
- 6.5 Ativos dos bancos no setor de Câmbio, 143
- 6.6 Passivos dos bancos no setor de câmbio, 145
- 6.7 Receitas, 146
- 6.8 Contas de resultados: despesas, 148
- 6.9 Exercícios de contabilidade: relacionados aos bancos – corrigidos, 149

7 REGIMES ADUANEIROS (*Maria Rebono*), 153

- 7.1 Regimes aduaneiros especiais – exportação, 153
- 7.2 Operações especiais, 154

7.3 Estações aduaneiras, 156
7.4 Regimes aduaneiros – importação, 157
Referências bibliográficas, 175

8 NEGOCIAÇÃO INTERNACIONAL (*Luzia Garcia*), 177
8.1 Introdução, 177
8.2 Negociações no mercado globalizado, 178
8.3 Negociação baseada em princípios, 181

9 PRINCÍPIOS BÁSICOS DE DIREITO DO COMÉRCIO INTERNACIONAL (*Enzo Fiorelli Vasques*), 207
9.1 Aspectos introdutórios, 207
9.2 Direito internacional público, 209
9.3 Direito internacional privado, 212
9.4 Contratos internacionais, 215
9.5 *Lex mercatoria*, 216
9.6 Importância da arbitragem, 217
9.7 Tipos de contratos internacionais, 218

Referências, 221

Introdução ao Comércio Internacional

Maria Rebono

1.1 COMÉRCIO

Pode-se afirmar que comércio são relações que implicam obrigatoriamente numa reciprocidade nas atividades de permuta, troca, compra e venda de produtos ou serviços. De acordo com o dicionário, mercado, negócio e tráfico são sinônimos de comércio.

Não se caracterizam como comércio as sociedades em que apenas uma das partes recebe ou oferece algo.

Na atividade mercantil, as condições principais de que dependem as relações comerciais são exatamente as que envolvem o cumprimento de obrigações e encargos do negócio, ou seja, o pagamento e recebimento do valor econômico representado por qualquer forma.

1.1.1 Comércio nacional e comércio internacional

A função do comércio pode ser observada nas transações realizadas entre as pessoas (físicas ou jurídicas) de uma mesma nação, naquelas praticadas entre pessoas (físicas ou jurídicas) de nacionalidades distintas.

O comércio internacional é caracterizado pelo intercâmbio de mercadorias e serviços e também pela movimentação de capitais entre nações.

Comércio exterior são os termos, regras e normas nacionais das relações de negócios, transações e estudos realizados no comércio internacional.

1.1.1.1 *Comércio internacional*

A expressão *comércio internacional* aplica-se ao intercâmbio de bens e serviços entre nações distintas, resultante das especializações de cada nação na divisão internacional do trabalho.

Seu desenvolvimento depende basicamente do nível dos termos do intercâmbio ou das relações de troca, que se obtém comparando o poder aquisitivo dos dois países que mantêm comércio entre si.

No comércio internacional, os intervenientes, ou seja, o comprador e o vendedor, devem obedecer às leis internas de seus países e aos parâmetros legais ditados pelo ordenamento jurídico internacional.

O que leva os países a comercializarem entre si é a diversidade de possibilidades de produção, combinada às vantagens comparativas de produzir, com menor custo, um produto de melhor qualidade. Nenhum país é autossuficiente em tudo: exportam o excedente e importam o necessário para atender às necessidades de produção e consumo.

O comércio internacional é instrumento indispensável: à promoção do crescimento da economia nacional e do aumento da produtividade e da qualidade dos bens produzidos no país; às políticas de investimento estrangeiro, de investimento nacional no exterior e de transferência de tecnologia, que complementam a política de comércio exterior; e às competências de coordenação atribuídas ao Ministério das Relações Exteriores no âmbito da promoção comercial e da representação do Governo nos diversos organismos internacionais.

1.1.1.2 Comércio nacional

No comércio nacional, a mercadoria é passada do vendedor ao comprador de forma direta. O Estado, embora regule a forma como se dará essa transferência de propriedade, não interfere, salvo exceções, na transferência nem na posse ou propriedade do produto comercializado.

1.1.1.3 Importação

A importação caracteriza-se pela introdução em um país de mercadorias procedentes de outro.

A importação pode compreender, inclusive, serviços relativos à aquisição de produtos no exterior, tais como: fretes, seguros, serviços bancários etc.

A importação pode ser efetuada com ou sem cobertura cambial, havendo ou não incidência de pagamento a ser efetuado pelo importador nacional.

Quando os países não têm a capacidade de produzir a totalidade dos produtos suficientes para atender a suas necessidades internas, a tendência é especializarem-se nas atividades produtivas para as quais se encontram mais aptos e permutarem entre si o que não produzem.

Dessa forma, os produtores internos são submetidos a um maior grau de concorrência, reduzindo seu poder de mercado.

Consequentemente, os preços dos produtos se tornam mais acessíveis aos consumidores internos, tanto na aquisição de bens de produtores externos quanto de produtores nacionais, que devem manter seus preços em níveis competitivos.

Os objetivos da política de comércio exterior de um país devem estar vinculados a sua política interna, no plano econômico, social e legal.

Para que um país possa atingir tais objetivos, são necessários:

- Adoção de política racional para proteção da produção nacional.
- Liberdade política e social no âmbito interno.
- Economia interna baseada na livre iniciativa e liberdade de mercado.
- Controle do déficit público e da inflação.
- Aprimoramento dos recursos humanos disponíveis para a produção.

- Especialização e aprendizado de novas tecnologias existentes no mercado externo.
- Aproveitamento racional e otimizado dos recursos naturais e de infraestrutura.
- Desenvolvimento de uma política de comércio exterior independente e vinculada à capacidade produtiva do país.

1.1.1.4 Exportação

A exportação caracteriza-se pela remessa para fora de um país de artigos nele produzidos.

Exportar pode ser um excelente negócio para uma empresa e para um país, desde que os dirigentes conscientizem-se da importância de planejamento e de uma política que levem em conta o conhecimento e o domínio das regras e usos do comércio internacional. Caso contrário, as vendas para o exterior podem resultar em prejuízos e em uma péssima experiência para a empresa, e consequentemente, com efeitos negativos para o país.

Exportar é uma decisão empresarial, uma alternativa estratégica de desenvolvimento, um ganho de experiência que propicia uma dimensão global à empresa.

Com a exportação, a empresa ganha competitividade e estímulo para ser mais eficiente e produtiva.

Veja a seguir algumas informações ou indicações de procedimentos relevantes feitas por especialistas na área, cuja adoção pode evitar eventuais dificuldades no planejamento da atividade de exportação:

- Inicie o processo de exportação somente quando estiver convicto e decidido.
- Reserve determinada parcela da produção para o mercado externo.
- Adquira conhecimento básico dos regimes alfandegários e cambiais e de impostos e taxas em vigor no país em questão, bem como do rito processual de liquidações burocráticas, da ação judicial etc., acompanhando sempre suas modificações.
- Nunca considere a exportação como válvula de escape para as crises do mercado interno.
- Nos casos em que não houver pesquisa do mercado, escolha cuidadosamente os agentes, defina o consumidor que pretende atingir, conheça as exigências de cada mercado, e realize somente negócios esporádicos, nunca permanentes.
- Estude as táticas comerciais dos países, ou seja, como são negociadas as mercadorias, quais as formas de concorrência permitidas.
- Dê atenção especial às embalagens, etiquetagem e requisitos fitossanitários relativos ao produto no mercado-alvo.
- Estude o mercado com o qual deseja operar, avalie as efetivas possibilidades comerciais, focando primeiramente o cliente e depois o produto, as variedades e as qualidades exigidas.
- Tenha um profissional experiente no departamento de exportação, que fale os idiomas usuais do comércio internacional e que possa assumir as responsabilidades perante a administração superior.
- Mantenha alguma forma de representação que ofereça serviços pós-venda no mercado a ser conquistado.

- Evite trabalhar com amadores, parentes, amigos ou conhecidos como representantes no exterior, principalmente os inexperientes no ramo. Procure ser representado por profissionais conhecedores do produto e do mercado.
- Pague rigorosamente em dia as comissões aos agentes, mantendo-os sempre atualizados com relação aos planos e programas de sua empresa, indicando-lhes corretamente os territórios a serem observados e as respectivas cotas a serem cumpridas. Não tumultue o mercado, negociando à revelia sem o conhecimento de seus agentes.
- Apresente os preços mais vantajosos possíveis, levando sempre em conta o país e o valor dos produtos concorrentes.
- No caso de dúvidas relativas aos cálculos dos preços de exportação, consulte um técnico dos órgãos oficiais ou não oficiais do comércio exterior (Secex, federações, câmaras de comércio, Banco do Brasil etc.).
- Lembre-se de que as formas de publicidade, propaganda e promoção de vendas de um produto devem estar sempre em perfeita harmonia com as peculiaridades de cada mercado, pois para um bom produto sempre haverá um bom mercado.
- Mantenha um comportamento de rigorosa seriedade comercial e moral, para conservar e ampliar relações com os clientes, cumprindo sempre o prometido, respondendo com presteza às correspondências recebidas do exterior.
- Não espere resultados imediatos e grandiosos, pois a abertura de novos mercados depende de esforços em médio e longo prazos, ou seja, na realidade, trata-se de um investimento.
- Não forneça mercadorias que não correspondam à amostra encaminhada ao cliente.
- Cumpra rigorosamente os prazos de embarque convencionados, mesmo que isso represente um custo adicional.
- Lembre-se de que as razões principais que levam alguém a comprar remotamente de um novo fornecedor são melhores preços, qualidade, garantia de fornecimento contínuo e atendimento semelhante ou melhor do que o oferecido pelos fornecedores tradicionais.

1.1.1.5 Mercado

As diferenças existentes entre o comércio internacional e o interno resultam de diversos fatores, entre os quais:

- Variações no ordenamento jurídico em cada país.
- Variações das taxas cambiais são fatores de risco.
- Variações no grau de mobilidade dos fatores de produção, ou seja, fator trabalho (mão de obra), facilidade de deslocamento, oposição de outros países à entrada de trabalhadores, matérias-primas e produtos.
- Existência de barreiras aduaneiras, cujos impostos cobrados nos outros países refletirão diretamente nos preços de seus produtos, ocasionando perda de capacidade competitiva.
- Longas distâncias, o que causa despesas com transporte, o tempo gasto e eventuais prejuízos aos produtos transportados.

- Natureza do mercado: o mercado interno apresenta maior unidade de idioma, costumes, gostos, hábitos de comércio, o que facilita a economia de produção em larga escala.

1.1.1.6 Comércio eletrônico

O volume de transações realizadas por intercâmbio eletrônico de dados, via de regra entre empresas ou grandes corporações e entre empresas, vem crescendo sensivelmente.

A propagação do uso da Internet proporcionou a inclusão dessa modalidade de comércio ao processo, tornando-o mais perceptível nos meios de comunicação.

Contudo, é possível prever que o incremento nas vendas eletrônicas de produtos e serviços, que atingem diretamente os consumidores finais, de maneira simples e ágil, não deverá alterar as estimativas de que, num futuro próximo, a maior parte do comércio eletrônico, cada vez mais crescente na Internet, continuará a ocorrer entre empresas, inclusive empresas internacionais.

Os efeitos da disseminação de práticas de comércio eletrônico, nesse contexto, tendem a atingir de maneira marcante o universo das pequenas e médias empresas.

Mesmo nos casos em que não houver transações diretas pela Internet, o crescimento do comércio eletrônico poderá gerar modificações sensíveis em toda a estrutura de apoio ao comércio em geral, desde o acesso a informações comerciais até os processos de negociação e contratos.

1.1.2 Estrutura brasileira para comércio exterior

O Brasil dispõe de ampla estrutura para o comércio exterior, com atribuições relacionadas às áreas fiscal, cambial e administrativa.

O Ministério da Fazenda (MF) e o Ministério da Indústria, Comércio Exterior e Serviços (MDIC) são os principais intervenientes nas operações de comércio internacional. Os demais órgãos possuem competências específicas em relação a determinados produtos.

A seguir, são relacionados os principais órgãos do Ministério da Fazenda com poder de intervenção nas operações de comércio internacional.

1.1.2.1 Secretaria da Receita Federal (SRF)

Compete à Secretaria da Receita Federal assessorar o Ministro de Estado da Fazenda na formulação, execução e acompanhamento da política fiscal e aduaneira.

Dentre as principais funções da SRF destacam-se:

- Planejar, coordenar, supervisionar, executar, controlar e avaliar as atividades de administração tributária federal.
- Propor medidas de aperfeiçoamento e regulamentação e promover a consolidação da legislação tributária federal.
- Interpretar e aplicar a legislação fiscal, aduaneira e correlata, editando os atos normativos e as instruções necessárias à sua execução.

- Acompanhar a execução das políticas tributária e aduaneira e estudar seus efeitos na economia do país.
- Dirigir, supervisionar, orientar, coordenar e executar os serviços de fiscalização, lançamento, cobrança, arrecadação, recolhimento e controle dos tributos e contribuições e demais receitas da União sob sua administração.
- Participar da negociação e da implementação de acordos, tratados e convênios internacionais pertinentes a matérias tributárias, com ressalvas às competências de outros órgãos que tratem desses assuntos.
- Dirigir, supervisionar, orientar, coordenar e executar os serviços de administração, fiscalização e controle aduaneiros, inclusive no que diz respeito à alfândega de áreas e recintos.
- Dirigir, supervisionar, orientar, coordenar e executar o controle do valor aduaneiro e de preços de transferência de mercadorias importadas ou exportadas.
- Dirigir, supervisionar, orientar, coordenar e executar as atividades relacionadas com nomenclatura, classificação fiscal e origem de mercadorias, inclusive representando o país em reuniões internacionais sobre a matéria, ressalvadas as competências do Comitê Brasileiro de Nomenclatura.
- Participar das atividades de repressão ao contrabando, ao descaminho e ao tráfico ilícito de entorpecentes e de drogas afins e à lavagem de dinheiro.
- Administrar, controlar, avaliar e normatizar o Sistema Integrado de Comércio Exterior (Siscomex).

Os principais sistemas de informação e controle da SRF são:

- Radar: instrumento de consulta e análise de dados relativos ao comércio exterior que tem como principal objetivo auxiliar na seleção de mercados e produtos que apresentam maior potencialidade para o incremento das exportações brasileiras.
- Siscomex: sistema que integra as atividades afins da Secretaria de Comércio Exterior (Secex), da SRF e do Banco Central do Brasil (Bacen) no registro, acompanhamento e controle das diferentes etapas das operações de comércio internacional.
- Alice: Sistema de Análise das Informações de Comércio Exterior via Internet, também conhecido como Alice-Web. Desenvolvido pela Secretaria de Comércio Exterior e pelo Ministério da Indústria, Comércio Exterior e Serviços, com o objetivo de modernizar as formas de acesso e a sistemática de disseminação de dados estatísticos das exportações e importações brasileiras.

1.1.2.2 Comitê Brasileiro de Nomenclatura (CBN)

O CBN, criado pelo Decreto-lei nº 37, de 18 de novembro de 1966, integra o Ministério da Fazenda e tem por finalidade manter a Nomenclatura Brasileira de Mercadorias (NBM) permanentemente atualizada.

As atribuições desse órgão são:

- Propor aos órgãos interessados na aplicação da NBM medidas relacionadas com a atualização, o aperfeiçoamento e a harmonização dos desdobramentos de suas posições, para melhor ajustá-los a suas finalidades estatísticas ou de controle fiscal.
- Difundir a NBM, inclusive mediante a publicação de seu índice, e propor medidas necessárias a sua aplicação uniforme.
- Promover a divulgação das Notas Explicativas do Sistema Harmonizado (NESH) e recomendar normas, critérios ou notas complementares de interpretação.
- Estabelecer critérios e normas de classificação para aplicação uniforme da NBM.

1.1.2.3 Conselho Monetário Nacional (CMN)

O CMN, criado pela Lei nº 4.595, de 31 de dezembro de 1964, é um órgão integrante do Sistema Financeiro Nacional (SFN), com a finalidade de formular a política da moeda e do crédito e expedir diretrizes gerais para o bom funcionamento do SFN, objetivando o progresso econômico e social do país. Integram o CMN o Ministro da Fazenda, que é seu presidente, o Ministro do Planejamento, Orçamento e Gestão e o Presidente do Banco Central do Brasil.

Tem como principais funções: adaptar o volume dos meios de pagamento às reais necessidades da economia, regular o valor interno e externo da moeda e o equilíbrio do balanço de pagamentos, orientar a aplicação dos recursos das instituições financeiras, propiciar o aperfeiçoamento das instituições e dos instrumentos financeiros, zelar pela liquidez e solvência das instituições financeiras e coordenar as políticas monetária, creditícia, orçamentária e das dívidas públicas interna e externa.

1.1.2.4 Banco Central do Brasil (BCB)

Criado pela Lei nº 4.595, de 31 de dezembro de 1964, o Banco Central do Brasil também integra o Sistema Financeiro Nacional e tem como atribuição executar as deliberações do Conselho Monetário Nacional.

Entre outras atribuições, compete ao BCB emitir moeda-papel e moeda metálica, efetuar o controle dos capitais estrangeiros, promover a colocação de empréstimos internos ou externos como agente do Governo Federal e promover o funcionamento regular do mercado cambial, a estabilidade relativa das taxas de câmbio e o equilíbrio no balanço de pagamentos.

1.1.2.5 Secretaria Executiva da Câmara de Comércio Exterior

Como principal órgão do Ministério da Indústria, Comércio Exterior e Serviços, compete à Secretaria Executiva da Câmara de Comércio Exterior coordenar o encaminhamento e consequente cumprimento das decisões tomadas pela Câmara de Comércio Exterior.

Entre as secretarias que compõem a estrutura desse Ministério, destaca-se a Secretaria de Comércio Exterior, que tem como função assessorar no acompanhamento e na execução da política da respectiva área.

1.1.2.6 Secretaria de Comércio Exterior (Secex)

A Secretaria de Comércio Exterior, sediada em Brasília, é subordinada ao Ministério de Desenvolvimento, Indústria e Comércio Exterior e tem como principais objetivos:

- Propor medidas de política fiscal e cambial, de financiamento, de seguro, de transportes e fretes e de promoção comercial.
- Participar das negociações em acordos ou convênios internacionais relacionados com o comércio exterior.
- Propor diretrizes que articulem o emprego do instrumento aduaneiro com os objetivos gerais de política de comércio exterior, bem como propor alíquotas para o Imposto de Importação e suas alterações.
- Formular propostas de políticas e programas de comércio exterior e estabelecer normas necessárias a sua implementação.
- Implementar os mecanismos de defesa comercial.
- Executar os serviços da Secretaria Executiva do Conselho Nacional das Zonas de Processamento de Exportação (CZPE).

A Secex oferece atendimento ao público em algumas agências do Banco do Brasil e é representada pelos quatro departamentos detalhados a seguir.

1.1.2.6.1 Departamento de Operações de Comércio Exterior (Decex)

Entre as principais atribuições do departamento, destacam-se:

- Elaborar, acompanhar e avaliar estudos sobre a evolução da comercialização de produtos e de mercados estratégicos para o comércio exterior brasileiro, com base nos parâmetros de competitividade setorial e disponibilidades mundiais.
- Executar programas governamentais na área de comércio exterior.
- Autorizar operações de importação e exportação e emitir documentos, inclusive quando exigidos por acordos bilaterais e multilaterais assinados pelo Brasil.
- Regulamentar os procedimentos operacionais das atividades relativas ao comércio exterior.
- Administrar o Siscomex no âmbito da Secretaria.
- Coletar, analisar, sistematizar e disseminar dados e informações estatísticas de comércio exterior.

1.1.2.6.2 Departamento de Negociações Internacionais (Deint)

Departamento com competência para:

- Prover informações e orientações, negociar e promover iniciativas internas e estudos destinados ao apoio à participação brasileira em negociações de comércio exterior.

- Desenvolver atividades de comércio exterior junto a organismos e participar de acordos internacionais.
- Coordenar, no âmbito da Secretaria, os trabalhos de preparação para a participação brasileira nas negociações tarifárias em acordos internacionais e opinar sobre a extensão e a retirada de concessões.
- Estudar e propor alterações na Tarifa Externa Comum (TEC) e na Nomenclatura Comum do Mercosul (NCM).
- Administrar, no Brasil, o Sistema Global de Preferências Comerciais (SGPC).
- Coordenar internamente e acompanhar as negociações internacionais relacionadas a regime de origem, restrições não tarifárias e solução de controvérsias.
- Promover articulação com órgãos do governo e do setor privado, com o objetivo de compatibilizar ações para o desenvolvimento do comércio exterior brasileiro.
- Representar o Ministério junto à Comissão de Comércio do Mercosul (CCM).
- Coordenar, internamente, os Comitês Técnicos 01, 03, 08 e 10 da Comissão de Comércio do Mercosul.

1.1.2.6.3 Departamento de Defesa Comercial (Decom)

Esse departamento é responsável por:

- Examinar a procedência e o mérito de petições de abertura de investigações de *dumping*, de subsídios e de salvaguardas para defesa da produção doméstica.
- Propor a abertura e conduzir investigações para a aplicação de medidas *antidumping*, compensatórias e de salvaguardas.
- Recomendar a aplicação das medidas de defesa comercial previstas nos respectivos acordos da Organização Mundial do Comércio (OMC).
- Acompanhar as discussões relativas às normas e à aplicação dos acordos de defesa comercial junto à OMC.
- Participar em negociações internacionais relativas à defesa comercial.

1.1.2.6.4 Departamento de Planejamento e Desenvolvimento do Comércio Exterior (Depla)

Departamento que possui as seguintes atribuições:

- Propor e acompanhar a execução das políticas e programas de comércio exterior.
- Formular propostas de planejamento da ação governamental, em matérias de comércio exterior.
- Planejar e executar programas de capacitação em comércio exterior, dirigidos a pequenas e médias empresas.
- Acompanhar os assuntos relacionados com o desenvolvimento do comércio internacional e do comércio eletrônico.
- Planejar ações orientadas para a logística de comércio exterior.

- Oferecer apoio técnico e administrativo ao Conselho Nacional das Zonas de Processamento de Exportação.

1.1.2.7 Câmara de Comércio Exterior (Camex)

A Camex, órgão do Conselho de Governo da Presidência da República, tem como objetivo decidir, formular e coordenar políticas e atividades relativas ao comércio exterior de bens e serviços, devendo ser previamente consultada sobre as matérias relevantes relacionadas ao comércio exterior, ainda que consistam em atos de outros órgãos. Excluem-se, entretanto, as matérias de competência do Conselho Monetário Nacional e do Banco Central do Brasil na regulação dos mercados financeiro e cambial. As atribuições da Camex são:

- Definir diretrizes e procedimentos relativos à implementação da política de comércio exterior, visando à inserção competitiva do Brasil na economia internacional.
- Coordenar e orientar as ações de órgãos com competências na área de comércio exterior.
- Definir, no âmbito das atividades de exportação e importação, diretrizes e orientações sobre normas e procedimentos para temas como: racionalização e simplificação do sistema administrativo, habilitação e credenciamento de empresas para a prática de comércio exterior, nomenclatura de mercadoria, conceituação de exportação e importação, classificação e padronização de produtos, marcação e rotulagem de mercadorias, regras de origem e procedência de mercadorias.
- Estabelecer as diretrizes para as negociações de acordos e convênios relativos ao comércio exterior, de natureza bilateral, regional ou multilateral.
- Orientar a política aduaneira, observada a competência específica do Ministério da Fazenda.
- Formular diretrizes básicas da política tarifária de importação e exportação.
- Estabelecer diretrizes e medidas voltadas à simplificação e à racionalização do comércio exterior.
- Estabelecer diretrizes e procedimentos para investigações relativas às práticas desleais de comércio exterior.
- Opinar sobre políticas relativas a frete e transportes internacionais, portuários, aeroportuários e fronteiras, visando à sua adaptação aos objetivos da política de comércio exterior e ao aprimoramento da concorrência.
- Fixar as alíquotas do imposto de importação, atendidas as condições e os limites previstos na legislação.
- Fixar direitos *antidumping* e compensatórios, provisórios ou definitivos, e salvaguardas.
- Deliberar sobre a suspensão da exigibilidade dos direitos provisórios.
- Homologar o compromisso do exportador estrangeiro ou do governo do país exportador que elimine os efeitos prejudiciais decorrentes da prática de *dumping* ou de subsídios.
- Definir diretrizes para a aplicação das receitas oriundas da cobrança dos direitos *antidumping* e compensatórios.

- Alterar, na forma estabelecida nos atos decisórios do Mercosul, a Nomenclatura Comum do Mercosul.

Na formulação e implementação da política de comércio exterior, a Camex deve observar os compromissos internacionais firmados pelo país, em particular na OMC, no Mercosul e na Associação Latino-Americana de Integração (Aladi).

A instituição ou alteração, por parte dos órgãos da Administração Federal, de exigência administrativa, registro, controle direto e indireto de operações de comércio exterior, fica sujeita à prévia aprovação da Camex, preservadas as competências do Banco Central do Brasil, do Conselho Monetário Nacional e observado o artigo 237 da Constituição.

A Camex é presidida pelo Ministro de Estado do Desenvolvimento, Indústria e Comércio Exterior e composta pelos Ministros das Relações Exteriores, da Fazenda, da Agricultura, Pecuária e Abastecimento e do Planejamento, Orçamento e Gestão e pelo Chefe da Casa Civil da Presidência da República.

1.2 SISCOMEX

Criado pelo Decreto nº 660, de 25 de setembro de 1992, o Sistema Integrado de Comércio Exterior (Siscomex) é um sistema informatizado que integra as atividades de registro, acompanhamento e controle do comércio exterior, mediante um fluxo único de informações através de computadores.

Os sistemas de informatização das operações de exportação e importação foram implantados, respectivamente, em 1993 e 1997. Desde sua implantação as licenças de exportação e importação e outros documentos pertinentes vêm sendo substituídos por registros eletrônicos.

Todos os importadores, exportadores ou agentes credenciados têm à disposição um *software* Siscomex, com interface gráfica, para formulação de documentos eletrônicos de importação e respectivas transmissões para o computador central.

Com o *software* do Siscomex, importadores, exportadores ou agentes credenciados devem ainda extrair e atualizar suas tabelas com os códigos necessários para o preenchimento dos referidos documentos e consultar a tabela Tratamentos Administrativos.

Foi incorporado ao Siscomex, no início de novembro de 2001, o módulo de funcionamento do *drawback* eletrônico. O regime de *drawback*, criado pelo Decreto-lei nº 37/66, é a desoneração de impostos na importação vinculada a um compromisso de exportação. A Secretaria de Comércio Exterior criou o sistema de informatização para controlar, de forma ágil e simplificada, as operações incluídas no Sistema Drawback Eletrônico.

O Siscomex é administrado em conjunto pelos seguintes órgãos:

- Receita Federal, Banco Central.
- Secex.

Relacionam-se através do Siscomex os seguintes órgãos:

Gestores:

- Secretaria de Comércio Exterior.
- Secretaria da Receita Federal.
- Banco Central do Brasil.

Intervenientes:

- Agência Nacional do Petróleo.
- Comissão Nacional de Energia Nuclear.
- Conselho Nacional de Desenvolvimento Científico e Tecnológico (CNPq).
- Conselho Nacional de Energia Nuclear (CNEN).
- Departamento de Operações de Comércio Exterior (Decex).
- Departamento Nacional de Produção Mineral (DNPM).
- Departamento de Polícia Federal (DPF).
- Empresa Brasileira de Correios e Telégrafos (EBCT).
- Instituto Brasileiro do Meio Ambiente e dos Recursos Naturais Renováveis (Ibama).
- Instituto Nacional de Metrologia (Inmetro).
- Comando da Aeronáutica.
- Ministério da Agricultura e do Abastecimento.
- Ministério da Cultura – Secretaria para Desenvolvimento Audiovisual.
- Ministério da Ciência e Tecnologia.
- Comando do Exército.
- Ministério da Saúde.
- Superintendência da Zona Franca de Manaus (Suframa).

Usuários:

- Órgãos da administração direta e indireta, intervenientes no comércio exterior.
- Instituições financeiras autorizadas a operar em câmbio, mediante acesso ao Sistema de Informações do Banco Central (Sisbacen).
- Instituições financeiras autorizadas pela Secretaria de Comércio Exterior (Secex) a conceder licenças de importação.
- Pessoas físicas e jurídicas que atuam na área de comércio exterior, tais como exportadores, importadores, depositários, transportadores, e seus representantes legais.

Acesso:

O acesso ao Siscomex é permitido ao usuário devidamente habilitado, observadas as normas específicas de segurança, que permitem identificar o usuário, o local e o horário de acesso e preservar a integridade dos dados relativos a transações e rotinas realizadas no sistema.

As principais formas de acesso são:

- **On-line**: caracteriza-se por transações nas quais se utiliza terminal conectado ao computador central, que armazena os dados e executa os programas do sistema.
- **Cooperativo**: caracteriza-se pela transferência direta de informações entre computadores.
- **Transferê1ncia de arquivos**: caracteriza-se pela formatação de dados em um computador e sua transmissão a outro computador.

Os interessados registram as operações de exportação no Siscomex em terminais próprios ou de terceiros (bancos, despachantes), conectados diretamente aos computadores centrais do Serviço Federal de Processamento de Dados (Serpro).

Credenciamento e habilitação

A inscrição no Registro de Exportadores e Importadores (REI) credencia a empresa a operar diretamente no Siscomex. No entanto, a possibilidade de efetuar quaisquer registros no sistema não pressupõe permissão para a prática de operações de compra e venda externas que não estejam amparadas pela regulamentação vigente ou por autorização específica da Secretaria de Comércio Exterior.

A habilitação é feita mediante identificação por senha, concedida em caráter pessoal e intransferível, observadas as normas específicas do órgão concedente e os limites das funções e os níveis de acesso, por ele administrados. O nível de acesso está diretamente relacionado com o conjunto de transações inerentes aos perfis estabelecidos pelo órgão gestor do sistema.

O perfil atribuído ao funcionário habilitado do órgão anuente corresponde ao nível de competência para analisar, na íntegra, a operação feita pelo exportador ou preposto.

1.3 MECANISMOS DE APOIO INTERNACIONAL

1.3.1 Pesquisa de mercado

Antes de iniciar suas atividades, uma empresa deve fazer uma pesquisa de mercado se quer obter sucesso no mercado externo. As empresas buscam identificar as oportunidades que se apresentam, bem como os clientes em potencial de um determinado mercado e, posteriormente, estabelecer o planejamento estratégico das exportações.

O recurso mais importante para o empresário que se lança no comércio internacional é a pesquisa de mercado com o objetivo de determinar as perspectivas de venda de seus produtos e maneiras de se obter melhores resultados. Essa pesquisa deve ser conduzida com clareza de modo que permita ao empresário tomar a decisão de entrar ou não em um mercado, adotando-se assim as medidas corretas.

Essa pesquisa reduz a possibilidade da empresa cometer erros na análise de mercados potenciais, tanto no país como no exterior. No caso do mercado externo, a análise deve ser minuciosa, uma vez que as necessidades e a motivação do consumidor externo são diferentes da motivação do consumidor local. Esse estudo permite ainda analisar os mercados que oferecem melhores perspectivas, a necessidade de modificações no produto para aumentar o nível de aceitabilidade e o tempo necessário para se alcançar o nível ideal de vendas.

Para ingressar no mercado mundial sem o risco de ser malsucedido, o procedimento básico para qualquer empresa, por menor que seja, é recorrer a uma pesquisa de mercado, uma vez que há produtos que têm excelente aceitação no mercado interno, mas nos países importadores, por causa de costumes, gostos ou tradição, podem ter pouca aceitação e até mesmo serem rejeitados.

Quando consegue comercializar os produtos com razoável margem de lucratividade, o empresário não deve se acomodar e deve se lembrar de que o mercado é dinâmico, pois as motivações e as necessidades dos consumidores sempre mudam.

O empresário precisa estar atento a todos os tipos de mudanças, em especial as de ordem econômica, que possam influenciar o mercado, e adaptar o seu produto a essas mudanças.

A empresa que se estabelece em determinado mercado deve:

- Supervisionar regularmente as operações, verificando se os objetivos estão sendo atingidos.
- Observar com frequência o andamento do mercado e prevenir-se contra as modificações que possam ocorrer.
- Verificar sempre se o custo/benefício é compensador na comercialização das exportações.

A pesquisa poderá delinear uma projeção de exportações em curto, médio e longo prazos para determinada empresa, com base em dados históricos e atuais e nas tendências de consumo que se verificam no tempo e no espaço. A análise dessas variáveis fornecerá informações concretas sobre o produto.

Os principais obstáculos a serem superados são os seguintes:

- Regulamentação do comércio exterior de cada país

  Devem ser observadas as restrições e as normas que regulam a entrada e saída de divisas de determinados países. Os procedimentos burocráticos poderão inviabilizar uma exportação, o que poderá gerar gastos adicionais que influirão no custo final do produto.

- Dificuldades de acesso ao mercado de determinado país

  A maioria dos países possui regulamentos que determina um ou outro tipo de restrição, desde a imposição de barreiras alfandegárias até a proibição pura e simples de entrada de produtos. Alguns países controlam os gastos através da liberação de divisas para a importação de bens e serviços. As questões econômico-financeiras a que estão sujeitos todos os países no mundo globalizado poderão inviabilizar a manutenção ou a expansão das vendas. A empresa deve estar atenta a toda regulamentação específica de cada país, em especial para as restrições de caráter sanitário, principalmente no caso de gêneros alimentícios, e observar as leis de proteção ao meio ambiente.

- O volume e a expansão do mercado

  Para dimensionar a quantidade e o valor que se pretende exportar para um determinado país, é necessário analisar o consumo, a origem da mercadoria, a evolução na participação dos fornecedores e o preço oferecido por eles. Além disso, é importante verificar o volume e a tendência da produção e o efeito da importação no país importador, obtendo com segurança as tendências do mercado.

- Concorrência

   A concorrência existe em todos os mercados e, em caso de mercados amplos e dinâmicos, ela será ainda mais acirrada. Concorrência direta é aquela que vende o produto que se pretende colocar no mercado, e a indireta vende o artigo, substancialmente diferente do produto, mas de uso semelhante ou substitutivo, no mesmo mercado. A pesquisa deve considerar a força e a estrutura da concorrência, o motivo de êxito dos competidores mais importantes e a possibilidade de competição entre eles.

- Aceitabilidade dos preços

   O preço de venda de produtos para exportação deve ser calculado baseando-se na competição com produtos semelhantes, que serão consumidos no país importador, e com produtos oferecidos por outros países. Definidos o preço e a quantidade dos produtos a serem comercializados, o exportador poderá conhecer as reais possibilidades de se estabelecer no mercado e verificar se a atividade resultará em efetiva rentabilidade. Para isso, é preciso prever, com exatidão, os custos da comercialização, ou seja, o valor que será gasto para concretizar a venda.

   Os preços devem ser estabelecidos entre os parâmetros de mínimo e máximo, uma vez que o desvio dessa faixa de competitividade acarretará prejuízos.

Aspectos que devem ser analisados no novo mercado:

- Tendências internacionais.
- Localização de fornecedores de matérias-primas e componentes.
- Tecnologia de produção.
- Normas de embalagem.
- Especificações técnicas.
- Ciclo de vida do produto.
- Dados geográficos, econômicos, sociais e políticos.
- Produtos mais comercializados.
- Sistema de distribuição.
- Legislação de importação.
- Concorrência local.
- Estrutura de custos operacionais.
- Níveis de preços praticados.
- Entidades reguladoras de comércio exterior.
- Meios de comunicação.
- Paridade cambial-moeda.
- Leis de proteção.

1.3.2 Fontes de consulta

No mundo globalizado, os meios de comunicação são cada vez mais rápidos e eficientes. As fontes de consulta sobre o comércio internacional consistem em publicações especializadas, como livros, boletins, revistas e jornais. Além de materiais impressos, pode-se contar com os dados fornecidos por redes de computadores, interligados mundialmente, cuja disseminação é feita em grande velocidade e escala usando-se a Internet.

No intercâmbio de informações, em discussões e fechamentos de negócios, utilizam-se telefones, videoconferências e fac-símiles. Devemos destacar também que os meios de transporte tornaram-se mais rápidos, acessíveis e seguros, permitindo que a conclusão de negócios, a entrega de documentos e de mercadorias ocorram no menor tempo possível.

Algumas fontes de consulta disponíveis ao exportador são fornecidas por associações de comércio e indústria. Esse tipo de fonte proporciona uma visão ampla do mercado, além de oferecer informações sobre assuntos específicos. Podemos citar como exemplos de fontes os anuários comerciais, as estatísticas internacionais ou nacionais e os livros de referência. Essas fontes são necessárias para que o pesquisador tenha conhecimento do processo de comercialização, do perfil do país e do usuário de seus produtos.

O exportador deve procurar e selecionar, inicialmente, no seu país e depois no país para o qual pretende vender, os serviços de promoção comercial oferecidos por entidades vinculadas ao comércio exterior.

As informações sobre o mercado externo podem ser facilmente encontradas em publicações de órgãos de promoção comercial ligados ao Ministério da Indústria, Comércio Exterior e Serviços e ao Ministério das Relações Exteriores, que dispõem de dados estatísticos sobre produtos e empresas interessadas em comprar.

1.3.2.1 Informações de entidades estrangeiras

1.3.2.1.1 Embaixadas e consulados estrangeiros

Os responsáveis pelos negócios de embaixadas e consulados podem fornecer informações sobre as estatísticas de comércio, tarifas e regulamentos alfandegários, relação de importadores de produtos agrícolas, minerais e industrializados, indicações para contatos com departamentos governamentais e organizações oficiais.

1.3.2.1.2 Organizações internacionais

- **Mercosul**: dispõe de informações detalhadas e específicas sobre os países-membros.
- **Nações Unidas**: fornecem séries estatísticas sobre comércio, indústria e outros aspectos econômicos, nacionais e internacionais, estudos especiais sobre itens relacionados ao desenvolvimento de mercado.
- **Organização para Alimentação e Agricultura da ONU (FAO)**: divulga séries estatísticas relacionadas com a área agrícola, estudos especiais, inclusive estudos de mercado.
- **Organização para a Cooperação e Desenvolvimento Econômico (OCDE)**: publica séries estatísticas sobre comércio exterior, indústria, ciência e tecnologia, alimentação, transportes.

- **Conferência sobre Comércio e Desenvolvimento das Nações Unidas (UNCTAD)**: fornece estudos especiais sobre aspectos do comércio internacional, tais como barreiras alfandegárias e Sistema Geral de Preferência.
- **União Europeia**: dispõe de informações detalhadas e específicas sobre os países-membros.
- **Comissões Econômicas das Nações Unidas**: publicam estatísticas e estudos especiais por área geográfica.
- **Agências governamentais**: divulgam estatísticas, oportunidades comerciais, exigências e procedimentos de importação. Oferecem também informações sobre as formas de marketing, listas de importadores e os trâmites da documentação de comércio exterior. Outras informações importantes referem-se a taxas, exigências legais, regulamentação sanitária e sistema cambial.
- **Câmaras de comércio**: fornecem listas de empresas interessadas em intercâmbio comercial e informações sobre as condições locais de negócios e os regulamentos de comércio em vigor. Muitos países incentivam o funcionamento das câmaras de comércio, e elas servem de contato inicial para empresas que pretendem se lançar no comércio internacional. A mais importante é a Câmara de Comércio Internacional (CCI), com sede em Paris, que é constituída de câmaras nacionais.
- **Institutos de pesquisas**: divulgam relatórios sobre mercados e análises sobre as tendências econômicas.
- **Bancos e instituições financeiras multinacionais**: elaboram e divulgam relatórios sobre mercados, tendências econômicas, posição comercial e creditícia.

1.3.3 Alianças estratégicas

As alianças estratégicas são relacionamentos colaborativos e participativos, estabelecidas para aumentar as possibilidades de acesso de uma organização ao mercado exterior. É um relacionamento estabelecido no qual ambas as partes possuem um objetivo em comum: se beneficiar com os negócios. Diante do mundo globalizado de hoje, com os mercados e a consequente concorrência, esse tipo de aliança tem crescido no mercado internacional.

1.3.4 Canais de distribuição

Definidos os mercados, os segmentos de interesse e as características do produto, um dos aspectos importantes a ser considerados na atividade de exportação é a seleção dos canais de distribuição mais apropriados para que o produto seja transferido ao consumidor final.

Há inúmeras formas de se comercializar com o exterior. De acordo com as características de cada mercado atendido, uma possibilidade de comercialização é, por exemplo, a contratação de agentes ou representantes no exterior. Esses agentes geralmente conhecem muito bem o mercado local e podem oferecer informações úteis ao planejamento estratégico da empresa para o mercado externo.

A partir dessas premissas, o exportador deve considerar:

- Os vários tipos de intermediários, suas funções e serviços, remuneração e as vantagens e desvantagens de cada tipo.
- A atuação de intermediários nos vários canais de distribuição e a ligação com clientes ou consumidores.
- As vantagens e desvantagens de negociar diretamente com os consumidores finais e sem intermediários.

Os principais tipos de agente são:

- Agentes que trabalham para o exportador.
- Agentes que compram para revender.
- Agentes que trabalham para compradores.
- Agentes especializados em serviços de importação e exportação.

São descritas, a seguir, as atividades desenvolvidas por agentes, como subsídios para a decisão do exportador quanto à melhor escolha para representar seu produto e sua empresa.

1.3.4.1 Agentes que trabalham para o exportador

Agente comissionado

Esse tipo de agente vai atuar fazendo a ligação entre o exportador e o comprador mediante comissão. É a forma ideal de intermediação quando se tem um fluxo regular de vendas para um grande número de clientes. Porém, o volume de vendas não justifica a manutenção de um escritório de vendas no exterior, uma vez que a taxa de comissão do agente é proporcional à responsabilidade que assume pelo risco total ou parcial do credor.

Agente distribuidor

É o intermediário que atua mediante comissão na venda de máquinas e equipamentos. Conforme contrato com o exportador, ele é encarregado de vender peças e sobressalentes e auferir lucro nessas vendas.

1.3.4.2 Agentes que compram para revender

Agente exportador

Agente que adquire produtos do fabricante e revende para clientes no exterior. Além de fazer contato com clientes, assume toda a responsabilidade pelos riscos da transação. Geralmente há um acordo entre o exportador e o agente para que não haja concorrência em determinadas áreas.

Agente distribuidor

Agente que faz a aquisição de produtos do exportador e os revende com lucro. Tem direitos exclusivos de comercialização em determinados territórios e todos os pedidos devem ser feitos por intermédio dele. O distribuidor pode ainda firmar acordo com o agente exportador, que compra o produto junto ao fabricante e dá direito de revenda aos distribuidores.

1.3.4.3 Agentes que trabalham para compradores

Escritório de compra

Os escritórios de compra são estabelecidos em centros comerciais importantes no Brasil por grandes empresas estrangeiras preocupadas com o abastecimento tempestivo, com produtos de alta qualidade exigidos pelos seus clientes e com a busca de novos produtos. Os escritórios, além de efetuarem os pedidos, cuidam dos trâmites de transportes e do pagamento.

1.3.4.4 Agentes especializados em serviços de importação e exportação

Agente aduaneiro

O agente aduaneiro encarrega-se do desembaraço das mercadorias e também do trâmite e da retirada de documentos alfandegários.

1.4 FORMAS DE DISTRIBUIÇÃO

Quanto à forma de operar, as exportações podem ser realizadas:

Diretamente

A venda de produtos diretamente ao consumidor externo possibilita a eliminação de intermediários, reduzindo o valor agregado, elevando a margem de lucro do exportador e reduz a evasão de divisas. O exportador, que mantém contato direto e regular com o importador, pode obter dados sobre a aceitação do produto, sugestões e, também, as necessidades do cliente. Esses fatores concorrem para melhorar o marketing.

O próprio fabricante ou produtor fatura seu produto em nome do importador, no exterior.

Indiretamente

Trata-se de exportações realizadas mediante intervenção de empresas, a saber:

- Empresa comercial exclusivamente exportadora.
- Empresa comercial de atividade mista, que opera tanto nas atividades de mercado interno como de importação e exportação.
- Cooperativas ou consórcios de fabricantes ou exportadores.
- Indústria cuja atividade comercial de exportação seja desenvolvida com produtos fabricados por terceiros.

1.4.1 *Trading companies*

São empresas que compram mercadorias em um mercado para revendê-las em outro. Por esse canal de distribuição, as vendas entre fabricantes e *trading companies*, em termos fiscais, são consideradas vendas ao mercado interno, equiparadas a exportações diretas.

Seguem abaixo alguns aspectos que favorecem a utilização de *trading companies*:

- Não há custos na pesquisa e detecção de mercados.

- Eliminação de despesas na elaboração de documentos de exportação.
- Segurança no recebimento do valor da venda que é realizada em moeda nacional.

Nota: No Capítulo 2 (itens 2.22, 2.23, 2.25 e 2.26) serão abordadas novamente as *trading companies*.

1.5 FEIRAS INTERNACIONAIS E EXPOSIÇÕES NO BRASIL E NO EXTERIOR

Dentre os eventos comerciais de promoção de produtos no Brasil e no exterior, as feiras comerciais têm-se constituído um dos mais eficientes meios de divulgação de um produto e do seu produtor, uma vez que são uma excelente oportunidade não somente para manter contatos com potenciais clientes, como também para conhecer a realidade do mercado.

Antes de decidir participar de uma feira como expositor, procure analisar os seguintes aspectos:

- Dados relativos a edições anteriores do evento: perfil do público visitante, empresas expositoras, número de visitantes etc.
- Situação política e econômica do país-sede do evento.
- Adequação do produto ao mercado-alvo. Todos os detalhes devem ser avaliados: preço, qualidade, especificações técnicas, rotulagem, hábitos, preferências do cliente potencial etc. A não observância desses detalhes pode causar prejuízos à imagem da empresa, além de ocasionar despesas desnecessárias.
- Capacidade produtiva real da empresa. Não há nada pior do que firmar contratos sem ter condições de cumpri-los.
- Custos da participação.
- Normas de importação da amostra do produto que deseja expor.

Antes de participar de um evento como expositor, é recomendável que o interessado conheça a fundo o funcionamento das feiras, participando como visitante nas principais feiras do setor de seu interesse. Quando bem organizada, a visita poderá proporcionar aprendizado suficiente para uma participação bem-sucedida como expositor.

Não deixe de observar, também, entre outros aspectos:

- Apresentação do estande e dos produtos.
- Atendimento aos visitantes. É importante que a equipe tenha conhecimento do produto e esteja preparada para se comunicar em outros idiomas.
- Catálogos e materiais promocionais distribuídos.
- Lançamentos.
- Preços dos produtos concorrentes.
- Produtos oferecidos e suas características.
- Melhor localização para uma futura participação.
- Técnicas mercadológicas utilizadas por empresas bem-sucedidas no mercado.

Vantagens

As vantagens de participar de feiras como expositor resume-se em:

- Contato face a face com grande número de potenciais clientes.
- Publicidade para os produtos da empresa.
- Imediata reação do público a seu produto. É possível identificar mudanças para torná-lo mais adequado ao gosto dos potenciais clientes.
- Contato com grande número de pessoas que não poderiam ser atingidas de outra forma.
- Ampliação do cadastro de clientes efetivos e potenciais.
- Concretização de vendas.

Maiores informações em:

<www.apexbrasil.com.br> e em <http://www.trade-fairs-international.com/tfi/>.

1.6 DEFESA COMERCIAL

1.6.1 Salvaguardas

É um recurso que permite ao produtor utilizar para proteger-se de eventuais concorrências desleais. Aplicadas contra as importações de determinados produtos, independentemente do país de origem, para prevenir ou reparar o dano e salvaguardar a empresa nacional.

A salvaguarda é aplicada quando as importações de um determinado país aumentam em quantidades que podem causar dano ou ameaçar a produção nacional de produtos similares ou concorrentes diretos.

Se um produtor nacional considerar que suas vendas no mercado interno são prejudicadas por determinadas importações de um produto semelhante e tiver conhecimento de que elas se realizam em condições desleais ou ilegais, tem o direito de solicitar, junto aos órgãos oficiais, medidas de proteção para sua indústria, como, por exemplo, o *dumping* e o subsídio, uma vez que são consideradas desleais, como veremos a seguir.

1.6.2 Dumping

É considerada prática de *dumping* a exportação de um produto para o Brasil com preço (preço de exportação) inferior àquele praticado para produto semelhante nas vendas em seu mercado interno (valor normal). Dessa forma, a diferenciação de preços já é, por si, considerada uma prática desleal de comércio.

Essa é uma prática desleal de comércio exterior condenada pela OMC. Essa prática tem como objetivo eliminar concorrentes com menor potencial financeiro e consiste na venda de produtos por preços abaixo de seu custo real, cujos prejuízos imediatos são cobertos por reservas financeiras ou subsídios concedidos pelos governos dos países em que as organizações têm sede.

Dumping = > preço de exportação < valor normal

A competência para julgar os processos que envolvem a prática de *dumping* é da OMC. Quando constata efetivamente a prática, a OMC autoriza os países em que se localizam as empresas prejudicadas a adotar taxas *antidumping*.

1.6.3 Subsídio

É a concessão de um benefício desde que confira vantagem ao exportador, em função das seguintes hipóteses:

- Existência no país exportador de qualquer forma de sustentação de renda ou de preços que, direta ou indiretamente, contribua para aumentar as exportações ou reduzir as importações de qualquer produto.
- Contribuição financeira por um governo ou órgão público, dentro do território do país exportador.

Considera-se subsídio qualquer ajuda financeira ou econômica do Estado a produtores ou exportadores, oferecida diretamente ou através de empresas privadas, que permita a colocação de produtos no mercado externo com um preço inferior.

Maiores informações em:

<http://www.mdic.gov.br/comercio-exterior/estatisticas-de-comercio-exterior/comex-vis/frame-bloco/9-assuntos/categ-comercio-exterior/170-condicoes--para-aplicacao-de-nova-medida-de-salvaguarda-3>.

1.6.4 Instrumentos de defesa comercial

Não é suficiente apenas conhecer os acordos internacionais de comércio e exigir sua aplicação justa, quando se trata da preservação das exportações brasileiras. É imperioso adotá--los de modo correto e eficaz nas importações, cumprindo fielmente procedimentos e regras, para garantir à indústria nacional o acesso pleno aos efeitos das medidas de defesa comercial.

A defesa comercial no Brasil está baseada em três instrumentos:

1.6.4.1 *Medidas* antidumping

Buscam anular o dano sofrido por uma indústria em decorrência de importações realizadas com preços de *dumping*.

1.6.4.2 *Medidas compensatórias*

Visam neutralizar os efeitos danosos à produção doméstica de importações de produtos subsidiados.

1.6.4.3 Medidas de salvaguarda

Visam garantir proteção temporária que permita ao setor prejudicado por um aumento substancial de importações ajustar-se às novas condições de concorrência.

Os Acordos *Antidumping*, de Subsídios e Medidas Compensatórias e de Salvaguardas fazem parte do conjunto de normas da OMC às quais o Brasil aderiu formalmente no final de 1994, por meio do Decreto nº 1.355, de 30 de dezembro de 1994, e, portanto, estão sujeitos a uma aplicação estritamente técnica.

1.7 BARREIRAS

Não há uma definição precisa para barreira, ela pode ser qualquer lei, regulamento, política, medida ou prática governamental que **acarreta restrições ao comércio exterior.**

As barreiras mais comuns são as seguintes:

1.7.1 Barreiras tarifárias ou alfandegárias

Visando à proteção de suas mercadorias, alguns países desenvolvidos mantêm mecanismos que dificultam a entrada de produtos brasileiros em seus mercados.

São representadas pelas alíquotas de imposto de importação, taxas diversas e valoração aduaneira. Essas tarifas incidem na entrada do produto quando de sua importação.

Desde a criação do GATT, as barreiras tarifárias têm sofrido progressiva redução e a expectativa é de que sejam reduzidas ainda mais.

1.7.1.1 Barreiras não tarifárias

São chamadas barreiras não tarifárias as disposições legais distintas dos impostos de importação, cujo objetivo principal é limitar a importação de mercadorias por determinado país (quotas ou anuências prévias para importação).

Restrições quantitativas, licenciamento de importações, procedimentos alfandegários, medidas *antidumping* e compensatórias são exemplos de barreiras não tarifárias.

As barreiras não tarifárias têm grande importância como forma de proteção aos mercados nacionais.

Essas barreiras podem proporcionar exigências legítimas de segurança e de proteção à saúde, e também, podem apresentar outras formas de protecionismo disfarçado por demandas legítimas das sociedades.

O papel dos subsídios assume forma de barreira não tarifária. São usados em grande escala, em setores como o agropecuário; afetam o comércio internacional de várias maneiras; incrementam a produção interna, eliminando possíveis importações e desviam o comércio em um terceiro mercado em detrimento de exportações mais competitivas de outros países. Esses efeitos provocam a redução dos preços internacionais de produtos importantes na pauta de exportações do Brasil.

Algumas literaturas especializadas sobre essa matéria definem barreiras não tarifárias com níveis distintos de restrições a importações. Uma vez que essas barreiras são as leis, regulamentos, políticas ou práticas de um determinado país e que visam restringir o acesso de produtos importados em seu mercado, o conceito de barreira comercial não pressupõe, necessariamente, prática ilegal, entendida como violação às regras acordadas entre os estados, ou mesmo às regras estabelecidas pela Organização Mundial do Comércio.

1.7.1.2 Barreiras técnicas

As barreiras técnicas podem surgir em consequência da falta de transparência nas normas e nos regulamentos ou da imposição de procedimentos de avaliação demorados ou dispendiosos.

Essas barreiras são definidas como normas e regulamentos técnicos, regulamentos sanitários, fitossanitários e de vigilância animal.

É importante observar que as normas e os regulamentos técnicos não são barreiras comerciais. Entretanto, as barreiras técnicas podem assumir caráter protecionista, não apresentar a necessária transparência ou impor procedimentos morosos ou dispendiosos de avaliação de conformidade.

As barreiras técnicas podem também ocultar intenções protecionistas, ao apresentarem regulamentos excessivamente rigorosos, discriminação com relação ao produto importado ou inspeções caracterizadas pelo arbítrio ou excesso de zelo.

1.8 APOIO AO EXPORTADOR BRASILEIRO

O exportador brasileiro possui proteção da Secretaria de Comércio Exterior, por meio do Departamento de Defesa Comercial (Decom), que também oferece apoio ao exportador que venha a ser prejudicado por investigações de *antidumping*, de subsídios e de salvaguardas no exterior.

O departamento está habilitado a prestar os esclarecimentos necessários e a orientar os exportadores sobre os procedimentos de elaboração de defesa, para assegurar que as normas contidas nos Acordos *Antidumping*, de Subsídios e Medidas Compensatórias e de Salvaguardas da OMC sejam observadas.

O Decom coloca à disposição dos exportadores brasileiros o apoio e a assistência técnica para a defesa de seus interesses, atuando em duas frentes:

- junto ao exportador brasileiro, na preparação das respostas aos questionários, no provimento de informações para sua defesa ou no acompanhamento das visitas de verificação;
- junto às autoridades investigadoras do país importador, em colaboração com o Ministério das Relações Exteriores.

1.9 ORGANISMOS INTERNACIONAIS

Por interesse comum dos países, são constituídos organismos internacionais voltados para a organização das atividades de intercâmbio comercial. Tais organismos objetivam imprimir maior transparência e agilidade no comércio, buscando reduzir ou eliminar entraves existentes, resguardar os direitos e garantir justa remuneração pelos serviços oferecidos, além de conceder assistência técnica e econômica.

Existem dois aspectos que, à primeira vista, se mostram contraditórios na área de atuação desses organismos: a necessidade de controle restritivo das importações e a liberdade de comércio entre os países.

O primeiro aspecto gera dificuldades de relacionamento internacional, pois os governos são impelidos a orientar as suas transações externas em consonância com as metas de importação. Quanto ao segundo, tem-se mostrado progressivamente crescente a interdependência econômica entre as nações, embora em graus diferenciados.

É nesse cenário que atuam os organismos internacionais de cooperação; na contínua busca de harmonização entre os objetivos nacionais de desenvolvimento e de equilíbrio econômico interno e os objetivos da comunidade mundial. As diversas convenções multilaterais sobre comércio, pagamentos e investimentos constituem a razão de sua existência.

No âmbito global, surgiram o Fundo Monetário Internacional (FMI), o Banco Internacional para Reconstrução e Desenvolvimento (Bird), também conhecido como Banco Mundial, e o *General Agreement on Tariffs and Trade* (GATT). Em 1º de janeiro de 1995, entrou em vigor a Organização Mundial do Comércio (OMC), que é responsável pela gestão dos acordos gerais sobre tarifas e comércio.

O FMI e o Bird têm atuações voltadas para o campo da cooperação monetária e financeira, e a OMC atua no ordenamento e na cooperação comerciais. O FMI tem como objetivo primordial auxiliar os países a solucionar os desequilíbrios em seus balanços de pagamento. O Bird tem como atribuição promover o crescimento de regiões e países com menores índices de desenvolvimento relativo.

1.9.1   Fundo Monetário Internacional (FMI)

O FMI, criado em 1945, tem como objetivo básico zelar pela estabilidade do sistema monetário internacional através da consulta em assuntos monetários e da promoção da cooperação entre os seus 184 países-membros. Com exceção de Coreia do Norte, Cuba, Liechtenstein, Andorra, Mônaco, Tuvalu e Nauru, todos os membros da ONU fazem parte do FMI. Juntamente com o BIRD, o FMI surgiu das conferências de Bretton Woods como um dos pilares da ordem econômica internacional do pós-guerra.

O Fundo Monetário Internacional é uma organização internacional que visa assegurar o bom funcionamento do sistema financeiro mundial através do monitoramento das taxas de câmbio e da balança de pagamentos e através de assistência técnica e financeira. Sua sede é em Washington, nos Estados Unidos.

O FMI busca evitar que desequilíbrios nos balanços de pagamentos e nos sistemas cambiais dos países-membros possam prejudicar a expansão do comércio e dos fluxos de capitais internacionais.

O Fundo favorece a eliminação progressiva das restrições cambiais nos países-membros e concede temporariamente recursos para prevenir ou corrigir desequilíbrios no balanço de pagamentos. Além disso, o FMI planeja e monitora programas de ajustes estruturais e oferece assistência técnica e treinamento para seus países-membros.

Objetivos:

- Promover a cooperação monetária internacional, fornecendo um mecanismo de colaboração e consulta dos problemas financeiros.
- Favorecer a expansão equilibrada do comércio, proporcionar níveis elevados de emprego e promover o desenvolvimento de recursos produtivos.
- Oferecer ajuda financeira aos países-membros em dificuldades econômicas, disponibilizando recursos com prazos limitados.
- Contribuir para a instituição de um sistema multilateral de pagamentos e promover a estabilidade dos câmbios.

Maiores informações em:

<www.imf.org>.

1.9.2 Banco Internacional para Reconstrução e Desenvolvimento (Bird)

O Banco Mundial é uma agência integrante das Nações Unidas, fundada em 1º de julho de 1944 nas conferências em Bretton Woods, nos Estados Unidos, cuja missão inicial era financiar a reconstrução dos países devastados durante a Segunda Guerra Mundial.

Sua missão principal hoje é a luta contra a pobreza por meio de financiamentos e empréstimos aos países em desenvolvimento. Suas funções são garantidas por quotizações definidas e reguladas por seus países-membros. É composto por 184 países e sua sede é em Washington, nos Estados Unidos.

O Bird oferece empréstimos e assistência a países em desenvolvimento, com renda média e bons antecedentes de crédito.

Grande parte dos fundos do Bird é obtida por meio da venda de títulos nos mercados internacionais de capital. Juntos, o Bird e a Associação Internacional de Desenvolvimento (AID) formam o Banco Mundial.

Maiores informações em:

<http://www.worldbank.org/pt/country/brazil>.

- **Associação Internacional de Desenvolvimento (AID)**

Desempenha um papel importante na missão do Banco Mundial de redução da pobreza. A assistência da AID concentra-se nos países mais pobres, aos quais concede empréstimos sem juros e presta vários tipos de serviço. A AID depende das contribuições de seus países-membros mais ricos, inclusive de alguns países em desenvolvimento, para obter a maior parte dos seus recursos financeiros.

- **Corporação Financeira Internacional (IFC)**

A IFC promove o crescimento no mundo em desenvolvimento por meio do financiamento de investimentos do setor privado e o oferecimento de assistência técnica e de assessoramento aos governos e empresas. Em parceria com investidores privados, a IFC concede empréstimos e oferece participação acionária em negócios nos países em desenvolvimento.

Maiores informações em:

<www.ifc.org>.

- **Agência Multilateral de Garantia de Investimentos (AMGI)**

A AMGI incentiva e impulsiona investimentos estrangeiros nos países em desenvolvimento por meio de garantias a investidores estrangeiros contra prejuízos causados por riscos não comerciais. A AMGI também oferece assistência técnica aos países para que divulguem informações sobre oportunidades de investimento.

Maiores informações em:

<www.miga.org>.

- **Centro Internacional para Arbitragem de Disputas sobre Investimentos (Ciadi)**

O Ciadi oferece instalações para a resolução, mediante conciliação ou arbitragem, de disputas referentes a investimentos entre investidores estrangeiros e os seus países anfitriões.

Maiores informações em:

<www.worldbank.org/icsid>.

1.9.3 Organização Mundial do Comércio (OMC)

Em 1947, foi firmado o Acordo Geral sobre Tarifas e Comércio (General Agreement on Tariffs and Trade – GATT) com o objetivo de regulamentar as relações comerciais entre países signatários, entre os quais se inclui o Brasil. Um dos principais resultados da última rodada de negociações multilaterais no âmbito do GATT, a Rodada Uruguai, que ocorreu entre 1986 e 1994, foi a criação, em janeiro de 1995, da OMC.

Foi a OMC que fortaleceu e aperfeiçoou o sistema multilateral de comércio, que surgiu após a Segunda Guerra Mundial, cujo propósito era de garantir a livre concorrência entre os países-membros, eliminar os obstáculos ao comércio internacional e conceder um amplo acesso de empresas ao mercado externo de bens e serviços.

A OMC incorporou as regras do GATT, referentes ao comércio de bens, e acrescentou a regulamentação de serviços e de propriedade intelectual ao seu campo normativo. Constituem atribuições da OMC:

- Supervisionar a implantação das regras acordadas no âmbito do sistema multilateral de comércio.
- Atuar como fórum de negociações comerciais.
- Proporcionar mecanismos de solução de controvérsias.
- Supervisionar as políticas comerciais dos 134 países-membros.
- Fornecer assistência técnica e cursos de formação na área de comércio a países em desenvolvimento.

O comércio internacional tem caminhado, por um lado, para a liberação dos fluxos comerciais de bens e serviços e, por outro, para a formação de zonas integradas de comércio, as quais podem apresentar os seguintes formatos:

- **Área de livre comércio**: as barreiras ao comércio de bens entre os países-membros são eliminadas, mas eles mantêm autonomia na administração de suas políticas comerciais.
- **União aduaneira:** a circulação entre blocos de bens e serviços é livre, a política comercial é uniformizada e os países-membros utilizam uma tarifa externa comum.
- **Mercado comum:** equivalente à união aduaneira, mas permite também a livre movimentação de fatores produtivos (trabalho e capital).
- **União econômica:** estágio posterior ao mercado comum, que contempla a coordenação estreita das políticas macroeconômicas dos países-membros e, eventualmente, a adoção de uma moeda única.

1.9.4 Acordos internacionais

É fundamental que empresários que desejam atuar no comércio exterior conheçam os principais acordos internacionais firmados pelo Brasil e seus objetivos comerciais.

Neste mundo globalizado, participar do mercado internacional de trocas significa que é indispensável manter um bom relacionamento comercial com os demais países ou blocos de países, participar das negociações dos diversos acordos comerciais e se manter atualizado em relação às mudanças de comportamento dos mercados internacionais.

Os países buscam ampliar o acesso aos mercados externos através das negociações dos acordos comerciais, inclusive sobre a elevação das margens de preferência para seus produtos, ou seja, por meio da redução das alíquotas dos impostos de importação vigentes.

Para as negociações dos acordos, são considerados pelos países ou blocos de países envolvidos os procedimentos específicos de acordo com as normas e diretrizes adotadas.

Maiores informações em:

<www.wto.org>.

1.9.5 Mercado Comum do Sul (Mercosul)

Com o objetivo de promover o desenvolvimento mútuo, Brasil, Argentina, Paraguai e Uruguai criaram, em 26 de março de 1991, pelo Tratado de Assunção, o Mercosul. Suas principais características são a livre circulação de bens, serviços e fatores de produção, a eliminação das barreiras tarifárias e não tarifárias no comércio entre os países-membros, a adoção de uma Tarifa Externa Comum (TEC) e a coordenação de políticas macroeconômicas e setoriais.

Mais informações e detalhes sobre o Mercosul podem ser obtidas através dos *sites* da Secretaria Administrativa do Mercosul (SAM) e do MDIC/Secex.

✓ Mais informações e detalhes sobre o Mercosul podem ser obtidas através dos *sites* da Secretaria Administrativa do Mercosul (SAM) e do MDIC/Secex.

Em dezembro de 1994, com a assinatura do Protocolo de Ouro Preto, o Mercosul adquiriu personalidade jurídica de direito internacional.

O Protocolo de Ouro Preto concede ao bloco competência para negociar, em nome próprio, acordos com países não integrantes, grupos de países e organismos da comunidade internacional.

Nesse contexto, em dezembro de 1995 foi firmado o Acordo Quadro Inter-regional de Cooperação Econômica entre o Mercosul e a União Europeia.

O Mercosul, em seu processo de harmonização tributária, contempla a eliminação de tarifas aduaneiras e restrições não tarifárias na circulação de mercadorias entre os países-membros, com o objetivo de garantir no futuro a livre circulação de bens, serviços e fatores produtivos em um mercado comum.

Avanços significativos no processo de integração são representados pela adoção de políticas comerciais comuns em relação a países não integrantes, e também pela criação da Tarifa Externa Comum (TEC), que caracteriza uma união aduaneira, implementada em grande parte desde 1º de janeiro de 1995.

Outro fator significativo é criação da lista de exceções tributárias para determinados produtos, com o objetivo de cumprir as políticas econômicas internas próprias dos países-membros, cujas alíquotas devem convergir para a TEC até 2006.

Maiores informações em:

<www.mercosur.int>.

1.9.6 Associação Latino-Americana de Integração (Aladi)

Em 12 de agosto de 1980, foi instituída pelo Tratado de Montevidéu a Associação Latino-Americana de Integração, com o objetivo de estabelecer um mercado comum, promovendo a expansão da integração na região e assegurando seu desenvolvimento econômico e social.

A Aladi é composta pelos países do Mercosul (Argentina, Brasil, Paraguai e Uruguai) e da Comunidade Andina (Bolívia, Colômbia, Equador, Peru e Venezuela), além do Chile, México e Cuba.

É o maior grupo latino-americano de comércio e representa mais de 430 milhões de habitantes em uma área de aproximadamente 20 milhões de quilômetros quadrados. Atuou com a perspectiva de criação de uma zona de livre comércio entre seus membros até 2005.

Com o amparo do Tratado de Montevidéu, foram firmados diversos acordos comerciais específicos entre os países-membros da Aladi, inclusive Acordos de Complementação Econômica (ACE).

A relação de produtos, com os respectivos códigos, que gozam de prioridade tarifária no âmbito da Aladi, encontra-se no *site* do Siscomex.

É necessário, para que haja tratamento preferencial concedido aos produtos negociados, que os exportadores obtenham Certificados de Origem nas federações estaduais de indústria e comércio ou outras entidades credenciadas pela Aladi.

Maiores informações em:

<www.aladi.org>.

1.9.7 Sistema Geral de Preferências (SGP)

Em outubro de 1970, através da Junta de Comércio e Desenvolvimento da UNCTAD, os países-membros (países desenvolvidos) da Organização de Cooperação e Desenvolvimento Econômico (OCDE) criaram o Sistema Geral de Preferências (SGP), possibilitando reduções parciais ou totais de impostos de importação incidentes sobre determinados produtos originários e procedentes de países em desenvolvimento, incluindo o Brasil.

No Brasil, o SGP é administrado pela Secretaria de Comércio Exterior do Ministério da Indústria, Comércio Exterior e Serviços (MDIC), por intermédio do Departamento de Negociações Internacionais (Deint).

Com objetivo de impedir que os benefícios das reduções tarifárias do SGP sejam apropriados por outros países, é exigida a apresentação de um certificado de origem, denominado *Form A*, cujo modelo uniforme foi aprovado pela UNCTAD.

Para comprovar a origem do produto que será importado, se, de fato, é originário do país beneficiário e evitar que as concessões do SGP sejam fraudadas, os países outorgantes das preferências adotam regime de origem, que varia de país outorgante para país outorgante.

Os regimes de origem são importantes, sobretudo para conceder benefício preferencial a bens produzidos em países beneficiários, com componentes ou insumos importados e que, portanto, não se enquadram como produtos "inteiramente produzidos" no país beneficiário.

Alguns países outorgantes do SGP, entre os quais os EUA, adotam como regra básica o critério do percentual mínimo de componentes nacionais agregados ao produto final, para que o produto possa usufruir o tratamento preferencial.

A norma norte-americana, por exemplo, determina que a soma do valor dos componentes produzidos no país beneficiário e dos custos diretos das operações de processamento do produto deve ser superior a 35% do preço na condição de "ex-fábrica", ou seja, preço na fábrica, do bem final a ser exportado sob o regime de SGP.

✓ O documento que atesta o cumprimento dos requisitos de origem é emitido por agências do Banco do Brasil que prestam serviços relacionados ao comércio exterior.

1.9.8 Sistema Global de Preferências Comerciais entre Países em Desenvolvimento (SGPC)

O SGPC foi criado com o objetivo de funcionar como uma instância para o intercâmbio de concessões comerciais entre os membros do Grupo dos 77 e como um instrumento para a promoção do comércio entre os membros do grupo.

Para obter mais informações sobre o Sistema Global de Preferências Comerciais, visite o *site* do MDIC/Secex.

O acordo sobre o SGPC foi estabelecido em abril de 1988, em Belgrado, e entrou em vigor, no Brasil, em 25 de maio de 1991.

Dos 77 países-membros, 48 países em desenvolvimento passaram a trocar concessões comerciais entre si. Participam do SGPC: Angola, Argélia, Argentina, Bangladesh, Benin, Bolívia, Brasil, Camarões, Catar, Chile, Cingapura, Colômbia, Cuba, Egito, Equador, Filipinas, Gana, Guiana, Guiné, Haiti, Índia, Indonésia, Irã, Iraque, Iugoslávia, Líbia, Malásia, Marrocos, México, Moçambique, Nicarágua, Nigéria, Paquistão, Peru, República da Coreia, República Popular Democrática da Coreia, Tanzânia, Romênia, Sri Lanka, Sudão, Tailândia, Trinidad e Tobago, Tunísia, Uruguai, Venezuela, Vietnã, República do Congo e Zimbábue.

No âmbito do SGPC, os exportadores brasileiros podem obter vantagens por meio da margem de preferência percentual, aplicável sobre a tarifa de importação em vigor no país outorgante, atribuída a produtos que constam de sua lista de concessões.

Para a obtenção de tratamento preferencial, é necessário que:

- O produto conste das listas de concessões anexas ao Decreto nº 194, de 21 de agosto de 1991.
- O exportador satisfaça as Regras de Origem.
- O exportador obtenha os Certificados de Origem (SGPC) junto à federação estadual de indústria credenciada.

Maiores informações em:

<http://www.mdic.gov.br/index.php/comercio-exterior/negociacoes-internacionais/808- -sgpc-sistema-global-de-preferencias-comerciais>.

1.9.9 Comunidade Andina

Com a assinatura do Acordo de Cartagena, que ficou conhecido como Pacto Andino, a Comunidade Andina foi criada em 1969. É de uma organização sub-regional, formada por cinco países: Bolívia, Colômbia, Equador, Peru e Venezuela.

Em dezembro de 1996, o Mercosul celebrou com a Bolívia o Acordo de Complementação Econômica (ACE – 36), e passou a ter a condição de membro associado ao Mercosul.

Em 3 de julho de 1999, foi celebrado o Acordo de Alcance Parcial de Complementação Econômica (ACE – 39) entre os governos da Colômbia, do Equador, do Peru e da Venezuela, de um lado, e do Brasil, de outro. Entrou em vigor em 16 de agosto de 1999. O ACE – 39 constitui um primeiro passo para a criação de uma zona de livre comércio entre o Mercosul e a Comunidade Andina.

Maiores informações em:

<www.comunidadandina.org>.

1.9.10 Acordo de Livre Comércio da América do Norte (Nafta)

Em dezembro de 1992, o Canadá, os Estados Unidos e o México assinaram o *North American Free Trade Agreement* (Nafta), que entrou em vigor em 1º de janeiro de 1994. O acordo prevê redução gradativa das tarifas aduaneiras no comércio de bens entre os três países.

Maiores informações em:

<https://www.nafta-sec-alena.org/>.

1.9.11 União Europeia (UE)

A União Europeia (EU), também conhecida como Comunidade Econômica Europeia (CEE), é um bloco econômico que foi criado originalmente por 6 Estados fundadores em 1958, e hoje é composta por 27 países europeus que participam de um projeto de integração política e econômica. Atualmente, os países integrantes são: Alemanha, Áustria, Bélgica, Bulgária. Chipre, Dinamarca, Eslováquia, Eslovênia, Espanha, Estônia, Finlândia, França, Grécia, Hungria, Irlanda, Itália, Letônia, Lituânia, Luxemburgo, Malta, Países Baixos (Holanda), Polônia, Portugal, Reino Unido, República Checa, Romênia e Suécia. Encontram-se em fase de negociação a Macedônia, Cróacia e Turquia.

Os principais objetivos da União Europeia são:

- Promover a unidade política e econômica da Europa.
- Melhorar as condições de vida e de trabalho dos cidadãos europeus.
- Melhorar as condições de livre comércio entre os países-membros.
- Reduzir as desigualdades sociais e econômicas entre as regiões.
- Fomentar o desenvolvimento econômico dos países em fase de crescimento.
- Proporcionar um ambiente de paz, harmonia e equilíbrio na Europa.

Com o propósito de unificação monetária e facilitação do comércio entre os países-membros, a União Europeia adotou uma única moeda. A partir de janeiro de 2002, os países-membros (exceção da Grã-Bretanha) adotaram o euro para livre circulação na chamada zona do euro, que envolve 16 países.

A adoção do euro como moeda comum compreende três fases. A primeira, encerrada em 31 de dezembro de 1998, preparou os mercados e agentes operadores dos 11 países que optaram por compor a Zona Euro (Dinamarca, Reino Unido e Suécia escolheram não participar) e atenderam aos critérios estabelecidos em Maastricht (a Grécia não logrou cumpri-los). A segunda fase teve início em 1º de janeiro de 1999, quando o euro foi adotado como moeda única apenas em transações bancárias e em bolsas de valores. A terceira fase teve início em 1º de janeiro de 2002, quando moedas e notas de euro passaram a circular nos 11 países que compõem a Zona Euro.

Maiores informações em:

<http://europa.eu>.

1.9.12 Associação Europeia de Livre Comércio (EFTA)

A EFTA foi constituída pela Convenção de Estocolmo, assinada em 04 de janeiro de 1960, tendo como primeiros parceiros Áustria, Dinamarca, Noruega, Portugal, Suécia, Suíça e Reino Unido, depois ingressaram por Inglaterra, Escócia, País de Gales e Irlanda do Norte.

A EFTA surgiu como oposição à Comunidade Econômica Europeia (CEE). Com o fortalecimento da Comunidade Europeia, a EFTA perdeu a maioria de seus integrantes, pois Áustria, Dinamarca, Portugal, Suécia, Reino Unido e Finlândia aderiram à CEE.

Hoje, a EFTA restringe-se à associação de apenas quatro países: Islândia, Liechtenstein, Noruega e Suíça, cujo objetivo é defender os seus interesses econômicos através da criação de uma área de comércio livre alicerçado pela isenção de impostos de importação de produtos para fomentar as trocas internacionais entre os países.

A Comunidade Econômica Europeia assinou acordos com os estados-membros da EFTA em 1973, cujo objetivo foi o da criação de uma zona de comércio livre para os 380 milhões de consumidores dos países das duas organizações europeias. Em maio de 1992, a CEE e a EFTA, amparadas pelos acordos assinados, passaram a chamar essa área por Espaço Econômico Europeu (EEE). A Suíça foi a única a não ratificar o acordo devido ao resultado negativo do referendo realizado em dezembro de 1992.

Maiores informações em:

<www.efta.int>.

REFERÊNCIAS BIBLIOGRÁFICAS

ADUANEIRAS. *Normas administrativas de exportação*. 31. ed. São Paulo: Aduaneiras, 2005.

AGÊNCIA DE PROMOÇÃO DE EXPORTAÇÃO – Apex. Disponível em: <http://www.apexbrasil.com.br>. Acesso em: 15 maio 2006.

BARBOSA, Ricardo; BIZELLI, João dos Santos. *Importação*: aspectos fiscais e administrativos. Apostila. São Paulo: Aduaneiras.

BIZELLI, João dos Santos. *Noções básicas de importação*. 9. ed. São Paulo: Aduaneiras, 2002.

BOLETIM INFORMATIVO ADUANEIRAS (BIA). São Paulo: Aduaneiras, s.d.

BRASIL. Decreto nº 6.759, de 5 de fevereiro de 2009. Regulamenta a administração das atividades aduaneiras, e a fiscalização, o controle e a tributação das operações de comércio exterior. *Diário Oficial da União*. Brasília, DF, 06 fev. 2009. Seção 1, p. 1.

CONSOLIDAÇÃO DAS NORMAS VIGENTES PARA IMPORTAÇÃO (CNVI). São Paulo: Aduaneiras.

COMÉRCIO EXTERIOR. Informe BB (Edição Especial).

GUIA PRÁTICO DE EXPORTAÇÃO E SEUS INCENTIVOS (GPEI). São Paulo: Aduaneiras.

INTRODUÇÃO AO SISTEMA HARMONIZADO DE DESIGNAÇÃO E CLASSIFICAÇÃO DE MERCADORIAS. Conselho de Cooperação: Aduaneiras.

LOPEZ, José Manoel C.; GAMA, Marilza. *Comércio exterior competitivo*. São Paulo: Aduaneiras, 2005.

MANUAL DE OPERAÇÕES DO SISCOMEX EXPORTAÇÃO. São Paulo: Aduaneiras, s.d.

NORMAS ADMINISTRATIVAS DE EXPORTAÇÃO. 19. ed. São Paulo: Aduaneiras, 2001.

RATTI, Bruno. *Comércio internacional e câmbio*. São Paulo: Aduaneiras, 1994.

VASQUEZ, José Lopes. *Manual de exportação*. 2. ed. São Paulo: Atlas, 2002.

_____. *Comércio exterior brasileiro*. 5. ed. São Paulo: Atlas, 2001.

Sites:

<http://pt.wikipedia.org/wiki/EUA>. Acesso em: 10 maio 2006.

<http://www.receita.fazenda.gov.br>. Acesso em: 10 maio 2006.

<http://www.desenvolvimento.gov.br>. Acesso em: 16 maio 2006.

<http://www.sebraepr.com.br/>. Acesso em: 20 maio 2006.

Definições Básicas

German Segre

O objetivo deste Capítulo é agrupar os termos e definições básicas utilizadas em comércio exterior.

Não levamos em consideração a ordem ou qualquer cronologia. São assuntos básicos, importantes e rotineiros na realização de uma importação ou de uma exportação.

No final do capítulo, veremos o fluxo de uma importação e de uma exportação, com o objetivo de entender, passo a passo, todo o processo.

2.1   NOMENCLATURA COMUM DO MERCOSUL (NCM)

A "Nomenclatura" é a solução encontrada à dificuldade que haveria no processo de troca entre os países e suas diferentes culturas e idiomas. Trata-se de uma linguagem aduaneira, comum à maioria dos países que atuam no Comércio Internacional. Nomenclatura é, portanto, uma linguagem criada pelo homem para a identificação de mercadorias no comércio internacional, permitindo a realização de estatísticas e a orientação da tributação de produtos no comércio internacional.

Assim como nós temos Cédula de Identidade, CPF, Carteira de motorista e outros códigos que facilitam nossa identificação, os carros possuem placas, as residências um endereço e os produtos uma "nomenclatura".

Com o objetivo de compartir um sistema mundial comum, em 1985 foi adotado um "Sistema Harmonizado" de 6 (seis) dígitos: "Sistema Harmonizado de Designação e de Codificação de Mercadorias". Esse sistema permite que pelo menos o "Capítulo" e "Posição" e "Subposição" da nomenclatura sejam comuns nos diferentes países.

No Brasil, com o início do Mercosul em 1991, foi adotada a Nomenclatura Comum do Mercosul (NCM), baseada no Sistema Harmonizado. Essa classificação de mercadorias é comum a todos os países-membros do Mercosul.

Além dos seis dígitos do Sistema Harmonizado, a NCM acrescentou mais dois, denominados item e subitem. O item é representado pelo sétimo dígito e o subitem, pelo oitavo dígito. Tanto itens quanto subitens desdobram-se de 0 a 9. Um zero em qualquer posição indica a ausência de desdobramentos. Também conhecida como "classificação fiscal", as empresas que compram e/ou vendem produtos utilizam a NCM para determinar a alíquota do IPI (Imposto a Produtos Industrializados) na tabela do IPI (TIPI). Nas notas fiscais de venda de produtos entre empresas (menos as de venda a consumidor final) declara-se a NCM de cada um dos produtos vendidos, sendo essa uma fonte de consulta alternativa.

Estrutura da NCM

- 21 seções e 96 capítulos contendo uma lista ordenada de posições, subposições, itens e subitens.
- 6 regras gerais interpretativas e uma regra complementar.
- notas de seção, de capítulo, de subposição e complementares.

Exemplo: 01.04.10.11 – Animais reprodutores de raça pura, da espécie ovina, prenhe ou com cria ao pé

Seção I		Animais vivos e produtos do reino animal
Capítulo	01	Animais vivos
Posição	0104	Animais vivos, da espécie ovina e caprina
Subposição	0104.10	Ovinos
Item	0104.10.1	Reprodutores de raça pura
Subitem	0104.10.10.11	Prenhes ou com cria ao pé

A modo de exemplo, transcrevemos a seguir parte da Seção I, do Capítulo 1, da Tarifa Externa Comum (TEC), incluindo códigos da NCM e da Naladi.

SEÇÃO 1 – ANIMAIS VIVOS E PRODUTOS DO REINO ANIMAL

NOTAS:

1. Na presente Seção, qualquer referência a um gênero particular ou a uma espécie particular de animal aplica-se também, salvo disposições em contrário, aos animais jovens desse gênero ou dessa espécie.
2. Ressalvadas as disposições em contrário, qualquer menção na Nomenclatura a produtos **secos ou dessecados** compreende também os produtos desidratados, evaporados ou liofilizados.

CAPÍTULO I – ANIMAIS VIVOS

NOTA:

1. **O presente capítulo compreende todos os animais vivos, exceto:**
    a) peixes e crustáceos, moluscos e outros invertebrados aquáticos, das posições 0301, 0306 ou 0307;
    b) culturas de microrganismos e outros produtos da posição 3002;
    c) animais da posição 9508.

Códigos S.H. Pos. e Subpos.	Itens e/ou Subitens		NCM – Nomenclatura Comum do Mercosul NALADI – Nomenclatura da Associação Latino-Americana de Integração
	NCM	Naladi	
0101			ANIMAIS VIVOS DAS ESPÉCIES CAVALAR, ASININA E MUAR
0101.1			CAVALOS
0101.11	00	00	Reprodutores de Raça Pura
0101.19	00		Outros
		10	De corrida
		90	Outros
0101.20			ASININOS E MUARES
0102			**ANIMAIS VIVOS DA ESPÉCIE BOVINA**
0102.10			REPRODUTORES DE RAÇA PURA
	10	00+	Prenhe ou com cria ao pé
	90	00+	Outros
0102.90			OUTROS
	1		Para reprodução
	11	00+	Prenhe ou com cria ao pé
	19	00+	Outros
	90	00+	Outros

Dúvidas na Classificação

A solução de consultas sobre classificação fiscal de mercadorias é de competência da Secretaria da Receita Federal (SRF), por intermédio da Coordenação-Geral do Sistema Aduaneiro e da Superintendência Regional da Receita Federal.

Em caso de dúvidas sobre a correta classificação fiscal de mercadorias, o interessado deverá contatar a Unidade da Receita Federal do seu domicílio fiscal, formulando consulta por escrito, de acordo com as orientações constantes no *site* dessa secretaria, no endereço eletrônico: <www.receita.fazenda.gov.br/srf.www/guiacontribuinte/consclassfiscmerc.htm>.

DICA:

✓ Em caso de dúvidas, recomendamos formular a "verificação de classificação fiscal" junto à SRF *antes* de realizar a importação. Eventual pedido da fiscalização de mudança de classificação fiscal gera multas.

2.2 TARIFA EXTERNA COMUM (TEC)

Os países-membros do Mercosul elaboraram sua Tarifa Externa Comum (TEC) com base na NCM, em 1995, como previsto no Tratado de Assunção.

Na Tarifa Externa Comum, constam basicamente as alíquotas de Imposto de Importação cobradas pelos países-membros do Mercosul na importação de mercadorias de terceiros países, ou seja, de países que não pertencem ao bloco econômico.

Maiores informações em:

<http://portal.siscomex.gov.br/informativos/tarifa-externa-comum-tec>.

2.3 REQUISITOS PRÉVIOS DE IMPORTAÇÃO/EXPORTAÇÃO

Antes mesmo de realizar uma importação e/ou uma exportação, a empresa deve verificar se possui as condições mínimas para isso. Entre os requisitos a serem verificados, temos:

2.4 SER UMA PESSOA JURÍDICA (EMPRESA)

Pessoas físicas podem importar/exportar utilizando regimes especiais, para seu consumo pessoal e exclusivo, em quantidades que não indiquem a prática de comércio, e desde que não se configure habitualidade.

Nosso objetivo aqui é discutir a exportação e/ou a importação por parte das empresas.

O primeiro passo então é possuir uma empresa. As empresas pequenas e microempresas podem ser enquadradas para a atividade de importação, desde que atendam às exigências impostas pela SRF para a obtenção da senha do RADAR (ver item 2.6).

2.5 OBJETIVOS SOCIAIS DA EMPRESA

Nos "objetivos" do contrato social da empresa, deve constar realizar exportação e importação.

✓ Caso a empresa deseje prestar serviços de importação e/ou exportação, deve constar nos seus objetivos sociais a "exportação e importação, por conta própria, de terceiros e por encomenda".

2.6 POSSUIR CADASTRO NO SISTEMA RADAR

O sistema Radar – Ambiente de Registro e Rastreamento da Atuação dos Intervenientes Aduaneiros – foi disponibilizado, em 21 de agosto de 2002, para todas as Unidades Aduaneiras da SRF. Os requisitos de acesso são determinados através de Instruções Normativas da

Secretaria da Receita Federal. Basicamente, é um sistema que permite ao governo habilitar ou não uma empresa a operar em comércio exterior, através da necessidade de habilitação do seu responsável legal.

A concepção geral do sistema objetiva disponibilizar, em tempo real, informações de natureza aduaneira, contábil e fiscal que permitam à fiscalização identificar o comportamento e inferir o perfil de risco dos diversos agentes relacionados ao comércio exterior, tornando-se uma ferramenta fundamental no combate às fraudes. A Instrução Normativa nº 229 considera Responsável Legal aquele que consta do contrato social da empresa importadora/exportadora com poderes para falar em nome desta ou tem procuração para tanto, inclusive para nomear representantes. E considera Representante Legal aquele que opera por procuração específica para promover o despacho aduaneiro, nos termos do art. 560 do Regulamento Aduaneiro. O governo solicita diversas informações e documentos e realiza uma análise fiscal sumária (um pente fino prévio ao registro), para verificar eventuais pendências e a capacidade econômica e financeira da empresa.

> ✓ A Instrução Normativa nº 1.603, de 15 de dezembro de 2015, é a vigente no momento em que este livro está sendo escrito. Aconselhamos verificar as exigências na seção de Aduana e Comércio Exterior no *site* <www.receita.fazenda.gov.br>.
>
> ✓ O prazo de obtenção da senha de acesso ao Sistema Radar, sem o qual não poderá operar em comércio exterior, em teoria, é de 10 a 30 dias, dependendo do perfil da empresa. A alternativa, caso a Receita Federal não atenda a esse prazo, é solicitar a senha através de mandado de segurança, porém é necessário para isso poder demonstrar que o prazo de lei venceu e a receita Federal não outorgou nem negou o pedido.
>
> ✓ Caso deseje realizar uma importação e não esteja habilitado, pense que, para solicitar a mercadoria a uma outra empresa importadora, deverá verificar antes a legislação da importação "por encomenda" e "por conta e ordem de terceiros", sob pena de sofrer grande prejuízos (<www.receita.fazenda.gov.br>).

Uma vez com o representante habilitado, a empresa deverá mudar a senha de acesso a cada 40 (quarenta dias no máximo), sendo recomendável que o faça a cada 30 (trinta) dias e acessar o sistema utilizando essa senha, o CPF/MF do responsável e o CNPJ da empresa. CNPJ é o Cadastro Nacional de Pessoa Jurídica e, possui 14 dígitos e o seguinte formato:

$$\underbrace{12.345.678}_{\text{Número da empresa}}/\underbrace{0001-XX}_{\substack{\text{Número de matriz} \\ \text{ou filiais e código} \\ \text{de verificação}}}$$

2.7 TER UM DESPACHANTE ADUANEIRO

Basicamente, o despachante aduaneiro é o profissional que representará sua empresa junto às autoridades. Ele deve ser cadastrado pelo representante legal da empresa, utilizando a senha de acesso ao Sistema Radar, no *site* <www.receita.fazenda.gov.br> no *link* Aduana e Comércio Exterior.

2.8 DETERMINAR QUEM VAI FECHAR O(S) CÂMBIO(S)

Nos próximos capítulos, veremos o que é câmbio e como ele é realizado. Sua empresa pode realizar seus "câmbios" com a mesa de operações/departamento de câmbio do banco com o qual trabalha normalmente, ou através de uma corretora de câmbio.

Em ambos os casos, será cobrada uma taxa que a empresa deve verificar antes de realizar quaisquer operações, para considerar a referida taxa no cálculo de custo.

2.9 DESPACHO PARA CONSUMO

Despacho para consumo é o conjunto de atos que tem por objetivo, satisfeitas todas as exigências legais, de colocar a mercadoria nacionalizada, ou seja, transferida da economia estrangeira para a economia nacional, à disposição do adquirente estabelecido no país, para seu uso ou consumo.

2.10 DESPACHO ADUANEIRO DE IMPORTAÇÃO

Despacho Aduaneiro de Importação é o procedimento fiscal mediante o qual se processa o desembaraço aduaneiro de mercadoria procedente do exterior, seja importada a título definitivo ou não (Decreto nº 6.759/2009, artigo 542).

2.11 DESPACHO ADUANEIRO NA EXPORTAÇÃO

Despacho Aduaneiro de Exportação é o procedimento fiscal mediante o qual se processa o desembaraço aduaneiro da mercadoria destinada ao exterior, seja ela exportada a título definitivo ou não (Decreto nº 6.759/2009, artigo 542).

2.12 DESPACHANTE ADUANEIRO

A principal função do despachante aduaneiro é a formulação da chamada Declaração Aduaneira, cujo conceito moderno foi delimitado pela Convenção de Kyoto, das Nações Unidas e absorvido pelas principais legislações aduaneiras do mundo, entre elas as dos mais importantes blocos econômicos formados no pós-guerra (União Europeia e Mercosul).

Tal declaração consiste na propositura da destinação a ser dada aos bens submetidos ao controle aduaneiro, na afirmativa de que se encontram reunidos os requisitos legais estabelecidos no regime pretendido e no compromisso formal do cumprimento das obrigações derivadas da declaração.

Os despachantes aduaneiros preparam e assinam os documentos que servem de base ao despacho aduaneiro, na importação e exportação, verificando o enquadramento tarifário da mercadoria respectiva e providenciando o pagamento do Imposto de Importação e do Imposto sobre Produtos Industrializados (atualmente mediante débito automático), bem como o do Imposto sobre Circulação de Mercadorias, do frete marítimo, rodoviário e ferroviário, da *demurrage*, da taxa de armazenagem e de capatazias, do adicional ao frete para renovação da marinha mercante etc. Atuam perante vários órgãos públicos vinculados a inúmeros Ministérios do Governo (da Saúde, da Agricultura, da Indústria e do Comércio, da Fazenda e de outros), finalizando a obtenção de documentos ou informações via Siscomex necessários ao procedimento fiscal aqui referido (licenças de importação, registros de exportação, certificados de origem e de tipo, certificados fitossanitários, fechamentos de câmbio, entre outros).

O procedimento fiscal de despacho aduaneiro envolve uma série de conhecimentos de natureza técnica, tais como o pleno domínio da Tarifa Externa Comum (TEC) e suas regras, das negociações tarifárias firmadas pelo Brasil, notadamente as que dizem respeito a Aladi, ao Mercosul e ao GATT (OMC), dos vários regimes sujeitos a isenção e suspensão de tributação, na área da importação e exportação (*drawback* etc.), das normas que regem o licenciamento e tantas outras.

Trata-se, assim, de uma atividade que exige conhecimentos não só na área aduaneira, mas igualmente na do direito tributário, administrativo, comercial, marítimo etc.

✓ Antes de contratar um despachante aduaneiro, recomendamos verifique os antecedentes comerciais junto a outras empresas atendidas por ele e os locais nos quais ele trabalha normalmente. Alguns despachantes possuem melhor trânsito em determinadas unidades e seu serviço e agilidade mudam se sua empresa deseja realizar o despacho em outra unidade da aduana. O mesmo aplica-se a alguns profissionais que possuem experiência, porém apenas com determinado perfil de produtos e, mesmo, conhecendo a legislação, desconhecem "detalhes importantes" a ser considerados na operação de outros produtos.

✓ A contratação de despachante aduaneiro é recomendável, mas não obrigatória. A empresa pode fazer o cadastro de um ou mais funcionários no Siscomex para que estes façam o seguimento ou ainda as rotinas confiadas aos despachantes aduaneiros.

Comissárias de despachos

É uma empresa que reúne um ou mais despachantes aduaneiros, com o objetivo de prestar um maior leque de serviços aos seus clientes.

2.13 TERRITÓRIO ADUANEIRO

O território aduaneiro compreende todo o território nacional, estando dividido, para fins de jurisdição dos serviços aduaneiros, em "Zona Primária" e "Zona Secundária".

2.14 ZONA PRIMÁRIA

A zona primária compreende as faixas internas de portos e aeroportos, recintos alfandegados e locais habilitados na fronteira terrestre, bem como outras áreas nas quais se efetuem operações de carga e descarga de mercadorias, ou embarque e desembarque de passageiros, procedentes ou destinados ao exterior.

Essa zona é demarcada pela autoridade aduaneira local, ouvido o órgão ou empresa a que esteja vinculada a administração do porto, aeroporto ou estação de fronteira, e abrange:

- a área terrestre ou aquática, contínua ou descontínua, ocupada pelos portos alfandegados;
- a área terrestre ocupada pelos aeroportos alfandegados;
- a área adjacente aos pontos de fronteira alfandegados.

Aqui, os recintos alfandegados são os pátios, armazéns, terminais e outros locais destinados à movimentação e ao depósito de mercadorias importadas ou destinadas à exportação, que devam se movimentar ou permanecer sob controle aduaneiro, assim como as áreas reservadas a verificação de bagagens destinadas ao exterior ou dele procedentes. Incluem-se ainda as dependências de lojas francas. Em tudo o que interessar à fiscalização aduaneira na Zona Primária, a autoridade aduaneira tem precedência sobre as demais que ali exerçam suas atribuições.

São ainda consideradas como Zona Primária, para fins de controle aduaneiro, as áreas de livre comércio caracterizadas como Zonas de Processamento de Exportação (ZPE), destinadas à instalação de empresas voltadas para a produção de bens a serem comercializados com o exterior.

2.15 ZONA SECUNDÁRIA

Zona secundária compreende o restante do território aduaneiro, nela incluídos as águas territoriais e o espaço aéreo.

Os recintos alfandegados na Zona Secundária são os entrepostos, depósitos, terminais ou outras unidades destinadas ao armazenamento de mercadorias importadas ou destinadas à exportação, que devam movimentar-se ou permanecer sob controle aduaneiro, incluindo-se também as dependências destinadas ao depósito de remessas postais internacionais sujeitas ao mesmo controle.

2.16 NACIONALIZAÇÃO

A nacionalização é a sequência de atos que transfere a mercadoria estrangeira para a economia nacional. Nas importações definitivas o documento que comprova a transferência de propriedade do bem importado é, normalmente, o conhecimento de embarque, enquanto que nas hipóteses de nacionalização de importações inicialmente ingressadas no país em caráter não definitivo, outros documentos, tais como a fatura comercial, podem servir para comprovar a referida transferência.

2.17 FREIGHT FORWARDER

São organizações que prestam serviços ao mercado internacional, com o gerenciamento das etapas (algumas ou todas) do processo de movimentação física de cargas da origem ao destino. Podem encarregar-se de pegar a mercadoria na origem e entregá-la em destino. São caracteristicamente estruturas multinacionais, com escritórios e/ou representações nos centros logísticos mais significativos do mundo.

✓ Se necessita cotação de frete e está dando seus primeiros passos em comércio exterior, as empresas de *freight forwarder* podem ser uma opção. Pode encontrar dados desse tipo de empresas e de outros prestadores de serviços similares/complementários em <http://www.freight-index.com/country/Brazil/BR.htm>.

2.18 OPERADORES LOGÍSTICOS

O Brasil pretende se alinhar às nações mais evoluídas em termos conceituais e práticos de organização de transportes, tendo para essa finalidade editado legislação específica em 1998, que criou a figura do OTM (operador de transporte multimodal), embora a legislação ainda sofra de falta de regulamentação, há muito ansiosamente aguardada pelo mercado. É a pedra de torque que está faltando para que se disponibilize finalmente no país um sofisticado processo de organização e execução de toda a logística envolvendo a movimentação de cargas, sob a responsabilidade de um único agente. Espera-se apenas que a regulamentação não traga regras ou impedimentos que inviabilizem a participação de todos nesse importante segmento de serviços, em detrimento da livre concorrência e da plena liberdade de seleção dos melhores pelos critérios próprios do mercado.

2.19 EX-TARIFÁRIO

É a redução temporária do Imposto de Importação incidente para uma determinada mercadoria, ou seja, é uma exceção à tarifa para atribuir-lhe uma alíquota distinta daquela que é aplicável à posição tarifária à qual pertence. A redução é valida por um período fixado (de até 2 anos) e terá alíquota mínima de 4%.

Essa redução poderá ser pleiteada por empresas interessadas em importar produtos sem similar ou quando quem o produz se encontra impossibilitado de atender à demanda empresarial.

Atualmente, os "Ex"-Tarifários de Imposto de Importação (II) são aprovados por resoluções da Câmara de Comércio Exterior (Camex).

A empresa importadora interessada em obter a redução do Imposto de Importação deve enviar o pleito, protocolado, ao Ministério da Indústria, Comércio Exterior e Serviços (MDIC), que o levará à reunião do Mercosul para ser ratificada sua aprovação ou não.

2.20 AFRMM

De acordo com o Decreto-lei nº 2.404/87, disciplinado pela Lei nº 10.893/2004 e com as alterações trazidas pelas Leis nºs 12.599/2012, 12.788/2013 e Decreto nº 8.257, de 29 de maio de 2014, a administração da cobrança, fiscalização, arrecadação, restituição e ressarcimento do AFRMM – Adicional de Frete para Renovação da Marinha Mercante – passou a ser de responsabilidade da Receita Federal do Brasil (RFB). É uma contribuição para o apoio ao desenvolvimento da marinha mercante e da indústria de construção e reparação naval brasileiras.

Ele é devido na entrada do porto de descarga, sendo calculado sobre o valor do frete marítimo internacional. A tributação varia de 10% a 40%, com um prazo de 10 dias para o recolhimento, após a entrada da embarcação no porto de descarga. Mesmo assim, a alíquota mais comum é a de 25% aplicada sobre o valor do frete marítimo internacional.

O AFRMM onera as importações e não incide sobre todas as mercadorias importadas. O Decreto-lei que o instituiu especifica quais as cargas que estão isentas da cobrança, a modo de exemplo:

- Bagagens de viajantes.
- Livros, jornais e periódicos, bem como o papel destinado a sua impressão.
- Bens doados a entidades filantrópicas ou que ingressem no país especificamente para participar de eventos culturais ou artísticos.
- Bens destinados à pesquisa científica e tecnológica, entre outras, de mercadorias.
- Mercadorias importadas em substituição a outras idênticas, em igual quantidade e valor, que tenham sido devolvidas ao exterior após a importação, por terem se revelado defeituosas ou imprestáveis para os fins a que se destinavam e outras.

DICA:

✓ A isenção pode demorar alguns dias. Veja o custo de armazém/depósito por dia e verifique se vale a pena solicitar a isenção ou pagar o AFRMM e evitar o pagamento adicional de depósito.

Maiores informações em:

<http://www.transportes.gov.br/component/content/article/49-incentivos-
-fiscais/3851-adicional-ao-frete-para-a-renova%C3%A7%C3%A3o-da-mari-
nha-mercante-afrmm.html>.

2.21 RECINTO ALFANDEGADO

Os recintos alfandegados, sejam eles de Zona Primária (localizados em portos, aeroportos e pontos de fronteira), ou de Zona Secundária (localizados em entrepostos, depósitos, terminais, armazéns, entre outras unidades destinadas ao armazenamento de mercadorias fora dos locais de Zona Primária), são os locais onde se realizam, efetivamente, os trabalhos aduaneiros de controle fiscal de cargas e mercadorias.

Para exemplificarmos, podemos afirmar que o Porto de Santos é alfandegado, contudo, dentro daquela área portuária existem "recintos", tais como "armazéns alfandegados", que se constituem em locais onde são examinadas as mercadorias nas operações de comércio internacional.

A utilização de algumas expressões como: *ponto alfandegado*, *armazém alfandegado*, *recinto alfandegado* e *área alfandegada* pode gerar uma certa confusão por parte daqueles que não estão acostumados com a prática aduaneira.

São recintos alfandegados:

I – de zona primária, os pátios, armazéns, terminais e outros locais destinados a movimentação e depósito de mercadorias importadas ou destinadas à exportação, que devam movimentar-se ou permanecer sob controle aduaneiro, assim como as áreas reservadas à verificação de bagagens destinadas ao exterior ou dele procedentes;

II – de zona secundária, os entrepostos, depósitos, terminais ou outras unidades destinadas ao armazenamento de mercadorias nas condições do inciso anterior;

III – de zona primária, as dependências de lojas francas;

IV – de zona secundária, as dependências destinadas ao depósito de remessas postais internacionais sujeitas a controle aduaneiro.

São terminais alfandegados de uso público:

I – Estações Aduaneiras de Fronteira (EAF), quando situadas em zona primária de ponto alfandegado de fronteira, ou em área contígua;

II – Terminais Retroportuários Alfandegados (TRA), quando situados em zona contígua à de porto organizado ou instalação portuária, alfandegados;

III – Estações Aduaneiras Interiores (portos secos) (EADI), quando situadas em zona secundária.

Entendem-se por área contígua:

I – no caso de EAF, aquela localizada no município onde se situa o ponto de fronteira;

II – no caso de TRA, aquela localizada no perímetro de cinco quilômetros dos limites da zona primária demarcada pela autoridade aduaneira local.

A definição de recintos alfandegados encontrava-se capitulada no artigo 6º e respectivos parágrafo e incisos do Regulamento Aduaneiro, aprovado pelo Decreto nº 91.030, de 5 de março de 1985. Atualmente, a definição legal dos recintos alfandegados encontra-se definida no artigo 9º do Decreto nº 6.759, de 5 de fevereiro de 2009.

2.22 PORTO SECO (EADIS)

São as Estações Aduaneiras do Interior (EADIs), ou seja terminais alfandegados de uso público, situados em zonas secundárias.

Esses terminais são instalados em pontos estratégicos, onde haja expressiva concentração de carga de importação ou destinada à exportação, podendo ficar armazenada por até três anos. Alguns serviços que poderão ser executados são: etiquetagem, acondicionamento, recondicionamento, montagem etc.

Cada zona secundária compreende toda a parte restante do território nacional, exceto a parte ocupada pela zona primária (portos, aeroportos e pontos de fronteira alfandegados). As Estações Aduaneiras podem fazer pequenas operações de industrialização e se tornar uma extensão das fábricas, abrindo novas possibilidades de negócios para as EADIs. Nas EADIs poderão ser realizadas operações com mercadorias submetidas aos seguintes regimes aduaneiros:

I – comuns, ou seja, sem nenhuma situação que suspenda o pagamento dos impostos; ou

II – suspensivos: entreposto aduaneiro na importação e na exportação; admissão temporária; trânsito aduaneiro; *drawback*; exportação temporária e Depósito Alfandegado Certificado (DAC).

(Fundamento legal: Decreto nº 91.030/85, art. 16, e Instrução Normativa SRF nº 55/2000.)

2.23 CANAL DE DISTRIBUIÇÃO

O exportador deve definir um canal de distribuição. As exportações podem ser cursadas: diretamente, indiretamente ou por intermédio de *trading companies*.

2.24 EXPORTAÇÃO DIRETA

A venda de produtos diretamente ao consumidor no exterior possibilita a eliminação de intermediários. O contato entre exportador e importador é direto, o exportador fatura a mercadoria em nome do importador, providencia todos os trâmites necessários para a exportação e recebe o pagamento diretamente do importador, eliminando a atuação de comerciais exportadoras ou *trading companies*.

2.25 EXPORTAÇÃO INDIRETA

São as exportações realizadas por meio de intermediários, conforme segue:
a) Empresa comercial exclusivamente exportadora.
b) Empresa comercial de atividade mista (que opera tanto nas atividades de mercado interno como da importação e exportação).
c) Cooperativas ou consórcios de fabricantes ou exportadores.
d) Indústria cuja atividade comercial de exportação seja desenvolvida com produtos fabricados por terceiros.

2.26 EXPORTAÇÕES POR INTERMÉDIO DE *TRADING COMPANIES*

Trading company é a empresa que compra mercadoria em um mercado para revendê-la em outro. Não deixa de ser uma exportação indireta, mas é diferente do que operar através de uma comercial exportadora.

2.27 DIFERENÇA ENTRE COMERCIAL EXPORTADORA E *TRADING COMPANY*

As comerciais exportadoras, comuns ou gerais, são empresas que têm como objetivo social, basicamente, a exportação indireta de produtos, ou seja, a Empresa Comercial Exportadora recebe mercadorias do fabricante ou produtor com o fim específico de exportar.

A Comercial Exportadora não estabelece nenhuma modalidade de sociedade, não está vinculada a composição de capital, de registro e de movimentação mínima de valores etc. Pode ser, portanto, qualquer empresa que exporta, até mesmo uma indústria que também opere comercialmente na exportação, constituindo-se como qualquer outra empresa.

A Trading Company – oficialmente denominada Empresa Comercial Exportadora –, é uma organização comercial que atende especificamente a algumas exigências como:

- Obter um registro especial.
- Possuir capital mínimo realizado equivalente a 703.380 Unidades Fiscais de Referência (UFIRs).
- Constituir-se sob a forma de sociedade por ações.
- Podemos, de certa forma, entender que as ECEs diferenciam-se das Empresas Comerciais Exportadoras, as *trading companies* exatamente pelos requisitos exigidos para a *trading*.

(Fundamento legal: Decreto-lei nº 1.248/72, Comunicado Decex nº 02/99 e Resolução Bacen nº 1.928/92; artigos 217 a 223 da Portaria Secex nº 35, de 24.11.2006.)

2.28 CERTIFICADO DE ORIGEM

O Certificado de Origem é um documento utilizado nas relações de acordos comerciais que envolvam concessão tarifária.

O Certificado atesta a origem do produto que está sendo exportado e somente ele garante ao importador redução ou isenção do Imposto de Importação devido. Em muitos casos, o importador faz essa exigência para ter garantia da origem e procedência da mercadoria, independentemente da vantagem aduaneira.

Quanto aos procedimentos para sua emissão, o primeiro passo é preencher os formulários de certificados de origem, que variam conforme o tipo de acordo ou esquema preferencial envolvidos. Esses formulários possuem modelos e formatos determinados pela legislação específica e são fornecidos por entidade oficial ou oficializada.

A seguir, o certificado deve ser encaminhado à entidade habilitada a emiti-lo, acompanhado da fatura comercial e dos demais documentos que se fizerem necessários (declaração de preço FOB, carta de crédito, B/L etc.).

Maiores informações em:

<http://www.fiesp.com.br/certificado-de-origem-2>.

2.29 INVESTE SÃO PAULO (E SIMILARES EM CADA ESTADO)

É a Agência Paulista de Promoção de Investimentos e Competitividade, que complementa o antigo CERICEX – Conselho Estadual de Relações Internacionais e Comércio Exterior, criado pelo Governo do Estado de São Paulo, que, em teoria, deveria funcionar como "Poupa Tempo do Comércio Exterior", dando orientação e facilitação para os procedimentos do comércio exterior.

Maiores informações em:

<www.investe.sp.gov.br/exporte/poupatempo-do-exportador>.

2.30 DESTINO DAS MERCADORIAS APREENDIDAS OU ABANDONADAS

A Portaria nº 100, do Ministério da Fazenda, estabelece normas para destinação dos bens apreendidos, abandonados ou disponíveis, administrados pela Secretaria da Receita Federal.

A Portaria diz que esses bens poderão ter a seguinte destinação:

a) Venda, mediante leilão, a pessoas jurídicas (para seu uso ou consumo, industrialização ou comércio) e a pessoas físicas (para uso ou consumo).

b) Incorporação a órgãos da administração pública ou a entidades sem fins lucrativos.

As mercadorias poderão ainda ser destruídas ou inutilizadas nos seguintes casos:

a) Cigarros e demais derivados do tabaco, nacionais ou estrangeiros, de acordo com o art. 14 do Decreto-lei nº 1.593/77.

b) Mercadorias deterioradas, danificadas, estragadas, ou seja, imprestáveis para fins de incorporação ou venda por meio de leilão.

c) Mercadorias colocadas em leilão por duas vezes e não alienadas, esgotadas outras possibilidades legais de destinação.

É de competência da Secretaria da Receita Federal a administração e alienação dos bens apreendidos.

2.31 SISCOMEX

O Siscomex começou a operar em 1993, para as exportações e, em 1997, para as importações. É administrado pelos chamados órgãos gestores, que são: a Secretaria de Comércio Exterior (Secex), a Secretaria da Receita Federal (SRF) e o Banco Central do Brasil (Bacen).

É um sistema informatizado, por meio do qual é exercido o controle governamental do comércio exterior brasileiro. É uma ferramenta facilitadora que permite a adoção de um fluxo único de informações, eliminando controles paralelos e diminuindo significativamente o volume de documentos envolvidos nas operações.

Maiores informações em:

<http://portal.siscomex.gov.br>.

2.32 COMPANHIAS *OFFSHORE*

Quanto maior a carga fiscal existente nos países, maior é o interesse de empresas e pessoas físicas em fazer investimentos no exterior, atraídas por inúmeros fatores, tais como: moedas fortes, estabilidade econômica e política, **isenções fiscais ou impostos reduzidos sobre os rendimentos, segurança, sigilo e privacidade nos negócios**, liberdade de câmbio, economia de custos administrativos e eventual acesso a determinados tipos de financiamento internacional, a juros baixos.

Essas zonas privilegiadas são conhecidas como *tax haven* ou "paraísos fiscais". E, para as sociedades comerciais constituídas nessas "zonas livres" convencionou-se dar o nome inglês de *offshore companies*. *Off-shore* se aplica à sociedade que está fora das fronteiras de um país.

Assim, uma *offshore company* é uma entidade situada no exterior, sujeita a um regime legal diferente, "extraterritorial" em relação ao país de domicílio de seus associados. *Mas a expressão é aplicada mais especificamente a sociedades constituídas em "paraísos fiscais", onde gozam de privilégios tributários* (impostos reduzidos ou até mesmo isenção de impostos). E isso só se tornou possível quando alguns países adotaram a política da isenção fiscal, para atrair investimentos e capitais estrangeiros.

✓ Não é ilegal possuir uma empresa *offshore* desde que esta empresa seja declarada ao fisco, através da declaração de Imposto de Renda anual.

As *holdings offshore* ainda são muito usadas para adquirir e vender patrimônio pessoal, fazer aplicações financeiras e outros negócios particulares, além de permitir a transmissão de heranças sem os custos, discussões e demoras inerentes a um inventário. No comércio exterior, essas empresas são utilizadas para "triangular" operações de importação e/ou exportação, com objetivos diversos. A modo de exemplo, para operar no mercado através de duas empresas (a própria e a *offshore*, fazendo concorrência a nós mesmos; para evitar que eventuais concorrentes consigam os dados do fabricante no exterior, pede-se a este que envie a mercadoria à empresa *offshore* e esta empresa a envia para o Brasil. Dessa forma, se alguém procura os dados do exportador, terá os dados da empresa *offshore* que pertence ao importador).

Além dos citados, outros motivos que podem justificar a operação via empresa *offshore*:

- Fundações familiares.
- Sociedades de serviços pessoais.
- Companhias de comércio internacional (*trading companies*).
- Investimentos internacionais.

DICA:

✓ Caso sua empresa tenha interesse em operar através de uma *offshore*, deverá observar também a Lei dos Preços de Transferência (Lei nº 9.430/96) e as correspondentes normatizações da Receita Federal (em especial, a IN nº 38/97).

2.32.1 Requisitos para uma entidade *offshore*

Para se constituir uma empresa *offshore*, é preciso estabelecer previamente seus objetivos e os requisitos legais exigidos para sua concretização.

A escolha do país onde será constituída a entidade dependerá de disposições legais vigentes no mesmo, devendo se averiguar, entre outros, os seguintes fatores:

- Proteção ao sigilo e privacidade dos negócios.
- Legislação tributária, prevendo incidência nula ou reduzida de impostos sobre rendimentos e sobre operações de compra e venda de mercadorias.
- Liberdade cambial, sem restrições à compra e venda e à transferência de divisas para qualquer outro território.
- Legislação bancária, permitindo depósitos em moedas fortes.
- Legislação sobre sociedades, abrangendo estudo sobre:
  - o valor do capital mínimo autorizado e integralizado;
  - qual o número de administradores exigido e possibilidade de haver diretores residentes fora do território;
  - viabilidade de emissão de ações ao portador, isto é: transmissíveis por simples entrega, sem exigência de identificação do proprietário nem de transferência formal por documento escrito;
  - limites de responsabilidades dos sócios ou acionistas.

2.33 OUTROS TERMOS UTILIZADOS NO COMÉRCIO INTERNACIONAL

ACF (Attainable cubic feet)	**Espaço Cúbico Permitido.**
Acknowledgement of receipt	**Confirmação de Recebimento.**
AD valorem	**Despesa cobrada sobre o valor total dos produtos.**
ADR	**Articles Dangereux de Route ou Transporte de Artigos Perigosos.**
Afretador	**Aquele que aluga um navio para sua utilização ou exploração comercial.**
AFRMM	**Adicional ao Frete para Renovação da Marinha Mercante.**
Airway bill	**Conhecimento de Carga Aérea.**
All cargo aircraft	**Avião cargueiro.**

All risks	**Cláusula de contrato de seguro, cobrindo todos os riscos normais de carga.**
Aquaviário	**Transporte marítimo, fluvial e lacustre.**
ASA (American Standards Association)	**Associação Americana de Padronização.**
ASP (Aplication Service Providers)	**Fornecedores de serviços de aplicações, que desenvolvem e fornecem aplicações em regime de aluguel para os seus clientes.**
Assinatura digital	**Método de assinar documentos eletronicamente.**
AWB (Air waybill)	**Conhecimento de Transporte Aéreo.**
B/L (Bill of lading)	**Conhecimento de Embarque marítimo.**
Back order	**Pedido em atraso.**
Back scheduling	**Programação Retrocedente.**
Back to back	**Consolidação de um único embarque em um M-AWB (*Master Air Waybill* – Conhecimento Principal de Transporte Aéreo) abrangendo um H-AWB (*House Air Waybill* – Conhecimento de Transporte Aéreo emitido pelo agente).**
Bar code	**Código de barras.**
Batch	**Número de Lote de um produto.**
Big bag	***Container* flexível.**
Bill of lading (B/L)	**Conhecimento de embarque marítimo.**
Bonded warehouse	**Armazém alfandegado.**
Booking note	**Documento utilizado para reserva de praça ou espaço em um determinado navio.**
Booking	**Reserva de praça ou espaço num navio.**
Broker	**Despachante.**
Built to order	**Fabricação por encomenda.**
Bulk cargo	**Carga a granel, carga solta e sem qualquer acondicionamento, podendo ser sólida ou líquida.**
Bulk carrier	**Navio graneleiro, ou seja, próprio para o transporte de cargas a granel.**
Bulk carrier	**Navio próprio para transporte de cargas a granel.**
Bulk container	***Container* usado para acondicionar carga sólida a granel.**
Bunker surcharge	**Sobretaxa de combustível, cobrada pelo armador, em ocasiões em que os preços do combustível estão oscilantes.**
Cabotagem	**Transporte dentro do país.**
Calado	**Expressão do transporte marítimo, que indica a profundidade em que o navio está submerso na água.**

Capatazia	**Despesa em terminais marítimos, aéreos ou ferroviários para execução do trabalho de carregamento, descarregamento ou movimentação de cargas.**
Car carrier	**Navio tipo *roll-on/roll-off*, especializado no transporte de veículos.**
Carrier	**Transportador.**
Charter	**Afretamento, aluguel de navios ou aeronaves.**
Claim	**Reclamação ou reivindicação.**
Clean (on board) bill of lading	**Conhecimento de embarque sem nenhuma ressalva ou anotação quanto ao estado da carga recebida a bordo.**
Clearance	**Desembaraço aduaneiro.**
Collapsible flat-rack container	***Container* tipo *flat rack* com cabeceiras dobráveis.**
Collect	**Pagamento a ser efetuado no destino da carga.**
Commercial invoice	**Fatura comercial.**
Common carrier	**Transportador marítimo de linha regular.**
Consignee	**Consignatário ou destinatário da carga.**
Consolidation	**Consolidação. Agrupamento de produtos de diferentes embarcadores para formar uma única carga.**
Container	**Equipamento de tamanho padrão e reutilizável para transporte de cargas.**
Conteinerizar	**Termo que expressa a unitização de carga em *container*.**
Copy not negotiable	**Cópia do conhecimento de embarque não negociável.**
Cross docking	**Transbordo de mercadorias em um armazém sem estocagem.**
CTD	***Combined transport document* ou documento de transporte combinado.**
Cubagem	**Volume cúbico. Utilizado para cálculo do espaço necessário num meio de transporte.**
Custom broker	**Despachante aduaneiro.**
Customs	**Alfândega.**

Fonte: *Manual básico de exportação* (2004).

2.34 FLUXOGRAMA DE UMA IMPORTAÇÃO

Veremos a seguir o processo de uma importação no Brasil. Trata-se apenas de um exemplo. Cada empresa possui suas rotinas, processos, controles e procedimentos. Nosso objetivo é ilustrar um processo de importação imaginário com as diferentes fases que atravessa. Dependendo da empresa, do produto, do regime de importação, dos requisitos etc. o processo aqui ilustrado sofrerá alterações. Trata-se apenas de um exemplo.

Cap. 2 • Definições Básicas | **53**

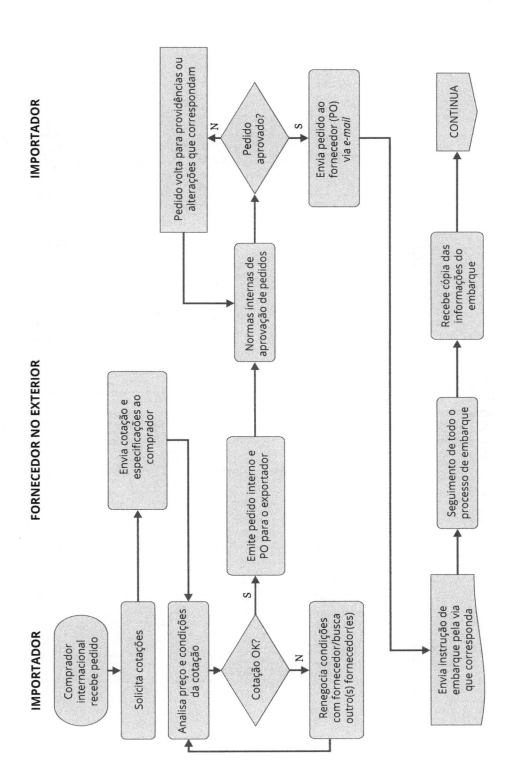

54 | MANUAL PRÁTICO DE COMÉRCIO EXTERIOR • *Segre*

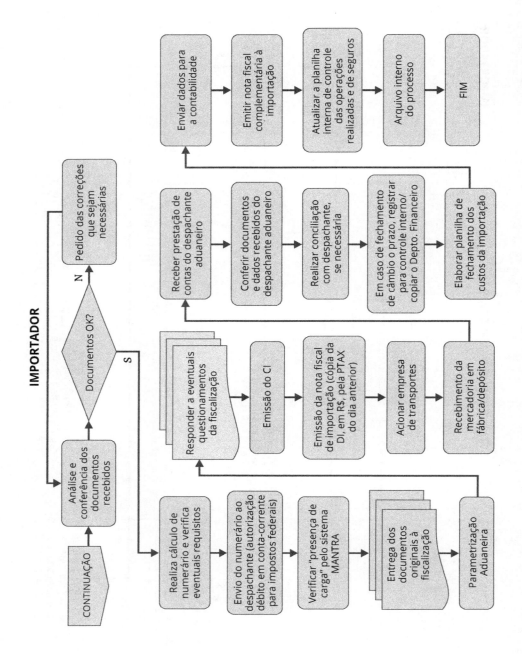

2.35 FLUXOGRAMA DE UMA EXPORTAÇÃO

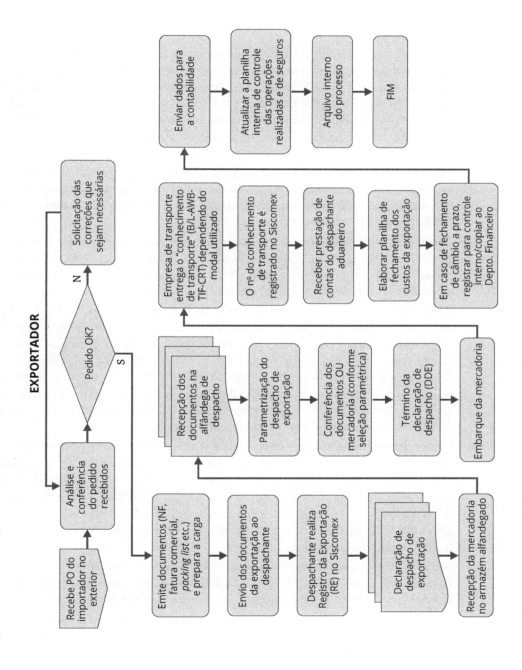

2.36 MODELOS DE DOCUMENTOS

Os documentos a ser utilizados na importação ou exportação variam de acordo com fatores como a existência ou não de acordos comerciais, o tipo de produto etc. Os principais documentos a ser utilizados são:

- **ProForma *invoice* (fatura proforma)**: é documento de responsabilidade do exportador, emitido a pedido do importador, para que este providencie a Licença de Importação – se for o caso –, dentre outras providências. Este documento é o modelo de contrato mais frequente, formaliza e confirma a negociação, desde que devolvido ao exportador, contendo o aceite do importador para as especificações contidas. Este documento não gera obrigações de pagamento por parte do importador. A fatura proforma deve ser emitida no idioma do país importador ou em inglês.

- **Commercial *invoice* (fatura comercial)**: é o documento internacional, emitido pelo exportador, que, no âmbito externo, equivale à nota fiscal, cuja validade começa a partir da saída da mercadoria do território nacional e é imprescindível para o importador desembaraçar a mercadoria em seu país.

- *Packing list* **(romaneio de embarque)**: deve ser emitido pelo exportador. É necessário para o desembaraço da mercadoria e para orientação do importador quando da chegada dos produtos no país de destino. Na verdade, é uma simples relação, indicando os volumes a serem embarcados e respectivos conteúdos.

- **Certificado de origem**: é o documento providenciado pelo exportador. É emitido pelas federações de agricultura, da indústria e do comércio, por associações comerciais, centros e câmaras de comércio. O importador o utiliza para comprovação da origem da mercadoria e habilitação à isenção ou redução do Imposto de Importação, em decorrência de disposições previstas em acordos internacionais, ou em cumprimento de exigências impostas pela legislação do país de destino. Os certificados de origem são fornecidos mediante a apresentação de cópia da fatura comercial e documentos de análise previstos em cada acordo internacional.

- **Conhecimento de embarque (B/L – AWB – TIF – CRT)**: documento emitido pela companhia transportadora que atesta o recebimento da carga, as condições de transporte e a obrigação de entrega das mercadorias ao destinatário legal, no ponto de destino preestabelecido, conferindo a posse das mercadorias. É, ao mesmo tempo, um recibo de mercadorias, um contrato de entrega e um documento de propriedade, constituindo assim um título de crédito. Esse documento recebe denominações de acordo com o meio de transporte utilizado.

- **Nota fiscal**: acompanha a mercadoria desde a saída do estabelecimento até o efetivo desembaraço físico junto à Secretaria da Receita Federal. Entende-se como desembaraço o procedimento aduaneiro que autoriza o embarque da carga para o exterior.

- **Certificado fitossanitário**: certificado confeccionado segundo o modelo da Convenção Internacional de Proteção de Plantas e emitido de acordo com o que estabelecem as Diretrizes para a Elaboração e Emissão dos Certificados Fitossanitários do Cosave.

- **Certificado Sanitário Internacional**: certificado expedido por autoridade veterinária, no qual conste que as carnes ou os produtos de origem animal cumprem com as

condições internacionais vigentes em matéria de higiene veterinária de produtos e/ou de sanidade animal.
- **Certificado zoosanitário internacional**: certificado expedido por autoridade veterinária do país exportador, atestando o perfeito estado de saúde do animal, dos animais, ou de materiais de multiplicação, e as medidas adotadas para evitar a transmissão de epizootias.

✓ Por limitações de espaço não reproduzimos aqui "modelos" de cada um deles. Caso deseje receber um "modelo" desses documentos, especificar sua necessidade ao *e-mail* <german@centergroup.net>.

Incoterms

German Segre

Os Incoterms são um dos melhores exemplos da "Lex Mercatória" – lei dos mercadores – instituída ao longo do tempo pelos costumes. Trata-se de regras internacionais para a interpretação dos Termos Comerciais fixados pela Câmara do Comércio Internacional. Seu nome significa *International Comercial Terms*, que em português significa Termos do Comércio Internacional.

A CCI instituiu, em 1936, os Incoterms (*International Commercial Terms*). Os Termos Internacionais de Comércio, inicialmente, foram empregados nos transportes marítimos e terrestres e a partir de 1976, nos transportes aéreos. Mais dois termos foram criados em 1980 com o aparecimento do sistema intermodal de transporte que utiliza o processo de unitização da carga. Em 2010, uma nova versão dos Incoterms foi instituída contendo onze termos e no Brasil autorizada pela Câmara de Comércio Exterior (Camex) através da Resolução Camex nº 21, publicada no Diário Oficial da União (*DOU*), em 8.4.2011.

Maiores informações em:

<http://www.camex.gov.br/noticias/62-resolucoes-da-camex/em-vigor/996-resolucao-n-21-de-07-de-abril-de-2011>.

Está em vigor, desde o final de 2011, o Incoterms 2010, que oferece uma visão mais simples e mais clara dos 11 Incoterms.

Além disso, o Incoterms 2000 oferece uma visão mais simples e mais clara dos 13 Incoterms.

Essas fórmulas contratuais fixam direitos e obrigações, tanto do exportador como do importador, estabelecendo com precisão o significado do preço negociado entre ambas as partes. Uma operação de comércio exterior com base nos *Incoterms* reduz a possibilidade de interpretações controversas e de prejuízos a uma das partes envolvidas. A importância dos *Incoterms* reside na determinação precisa do momento da transferência de obrigações, ou seja, do momento em que o exportador é considerado isento de responsabilidades legais sobre o produto exportado.

Os *Incoterms* definem regras apenas para exportadores e importadores, não produzindo efeitos com relação às demais partes, como transportadoras, seguradoras, despachantes etc.

A utilização dos *Incoterms* é feita através de 11 termos, denominados condições de venda, os quais são conhecidos e reconhecidos mundialmente por exportadores e importadores.

Os *Incoterms* regulam:

- A distribuição dos documentos.
- As condições de entrega da mercadoria.
- A distribuição dos custos da operação.
- A distribuição dos riscos da operação.

Os *Incoterms* não regulam:

- A legislação aplicável aos pontos não considerados pelos *Incoterms*.
- A forma de pagamento da operação.

Apesar de seu uso ser facultativo, os *Incoterms* são utilizados em praticamente todas as operações do comércio internacional.

✓ Use sempre os *Incoterms* acompanhados do local exato de entrega da mercadoria, para evitar "interpretações".

Incoterms – 2010 (Resumo e Quadro Comparativo)

GRUPO ORIGEM	E	EXW	EM FÁBRICA	Ex Work
GRUPO Sem pagamento de transporte	F	FCA	Livre no Transportador	Free Carrier
		FAS	Livre junto ao Navio	Free Alongside Ship
		FOB	Livre a bordo do Navio	Free On Board
GRUPO Com pagamento de transporte e com ou sem seguro	C	CFR	Custo e Frete	Cost and Freight
		CIF	Custo, Seguro e Frete	Cost, Insurance and Freight
		CPT	Transporte pago até ...	Carriage paid to
		CIP	Transporte e Seguro pagos até ...	Carriage and Insurance paid
GRUPO Entrega com ou sem imposto pago	D	DAF	Entrega em Fronteira	Delivery at Frontier
		DES	Entrega sobre o Navio	Delivery ex Ship
		DEQ	Entrega no Cais	Delivery ex Quay
		DDU	Entrega sem pagar imposto	Delivery Duty Unpaid
		DDP	Entrega com impostos pagos	Delivery Duty Paid

3.1 EXW – EX WORKS (EX-FÁBRICA)

Significa que o vendedor limita-se a colocar a mercadoria à disposição do comprador no local de origem convencionado e nos prazos estabelecidos.

O exportador não se responsabiliza pelo embarque da mercadoria ou pelo desembaraço para exportação, a menos que tenha sido firmado algum acordo em contrário.

O comprador assume todos os custos e riscos envolvidos no transporte da mercadoria do local de origem ao de destino.

O *Ex works* representa o item de obrigação mínima para o vendedor e não deve ser usado quando o comprador não está apto a, direta ou indiretamente, cumprir as formalidades de exportação.

O termo *Ex* é sempre seguido da indicação do local de entrega da mercadoria: *ex-warehouse* (ex-armazém), *ex-factory* (ex-fábrica), *ex-mine* (ex-mina), *ex – plantation* (ex-plantação).

3.2 FAS – FREE ALONGSIDE SHIP (LIVRE AO LADO DO NAVIO)

Significa que o vendedor encerra suas obrigações no momento em que a mercadoria for colocada ao longo do navio transportador, no cais ou em embarcações utilizadas para carregamento da mercadoria, no porto de embarque designado.

O termo *FAS* exige que o comprador providencie todos os documentos necessários para a exportação e, portanto, não deve ser utilizado quando o comprador não está apto para, direta ou indiretamente, desempenhar tais funções.

Este termo só pode ser utilizado no transporte marítimo ou fluvial.

3.3 FCA – FREE CARRIER (LIVRE NO TRANSPORTADOR)

Significa que o vendedor completa suas obrigações quando entrega a mercadoria, pronta para a exportação, aos cuidados do transportador, no ponto ou local designado. Caso o comprador não indique o ponto de entrega, o vendedor pode escolher o local onde a mercadoria será entregue aos cuidados do transportador. Quando, conforme as práticas comerciais, a assistência do vendedor é requerida na elaboração do contrato com o transportador, o vendedor pode agir por conta e risco do comprador.

Esse termo pode ser utilizado por qualquer modalidade de transporte, inclusive o intermodal.

Transportador significa qualquer pessoa que, em um contrato de transporte, se encarregue do transporte por ferrovia, rodovia, mar, ar, vias fluviais ou uma combinação de tais modalidades.

Caso o comprador instrua o vendedor a entregar a carga para uma pessoa, por exemplo, agente de frete, que não é transportador, o vendedor considera completa sua obrigação de entrega da mercadoria quando esta é entregue à custódia dessa pessoa.

Terminal de transporte significa um terminal ferroviário, estação de frete, um pátio ou terminal de transporte etc.

Container inclui qualquer equipamento para utilização de carga, como, por exemplo, qualquer tipo de *container*, aplicado para todas as modalidades de transporte.

3.4 FOB – FREE ON BOARD (LIVRE A BORDO)

Significa que o vendedor encerra suas obrigações quando a mercadoria transpõe a amurada do navio no porto de embarque indicado.

Isto significa que o comprador assume todas as responsabilidades a partir do momento em que a mercadoria é colocada a bordo do navio (no convés ou porão).

O vendedor tem que preparar a carga para a exportação. Este termo só pode ser utilizado no transporte marítimo ou fluvial.

3.5 CFR – COST AND FREIGHT (CUSTO E FRETE)

Significa que o vendedor assume todos os custos, inclusive frete, para transportar a mercadoria até o porto de destino indicado.

O risco por perdas ou danos na mercadoria é transferido do vendedor para o comprador no momento em que a mercadoria transpõe a amurada do navio no porto de embarque.

O termo *CFR (C&F)* determina que o vendedor providencie os documentos e prepare a carga para a exportação. Este termo só pode ser usado no transporte marítimo ou fluvial.

3.6 CPT – CARRIAGE PAID TO... (TRANSPORTE PAGO ATÉ...)

Significa que o vendedor paga o frete pelo transporte da mercadoria até o local designado.

O risco por perdas e danos da mercadoria, bem como quaisquer custos adicionais devidos a eventos ocorridos após a entrega da mercadoria ao transportador, é transferido pelo vendedor para o comprador quando a mercadoria é entregue à custódia do transportador.

Como transportador é definido qualquer pessoa encarregada de efetuar, ou agenciar, o transporte por via marítima, fluvial, aérea, rodoviária, ferroviária ou uma combinação de modalidades.

Caso ocorra transporte subsequente, a transferência do risco ocorre no momento em que o vendedor entrega a mercadoria ao primeiro transportador. O CPT determina que o vendedor providencie todos os documentos e prepare a mercadoria para a exportação.

Este termo pode ser usado em qualquer modalidade de transporte, inclusive o intermodal.

3.7 CIP – CARRIAGE AND INSURANCE PAID TO... (TRANSPORTE E SEGURO PAGOS ATÉ...)

Significa que o vendedor tem as mesmas obrigações do CPT e, adicionalmente, arca com o seguro contra riscos e danos na mercadoria durante o transporte. Portanto, o vendedor contrata e paga o prêmio de seguro.

O comprador deve observar que no termo *CIP* o vendedor é obrigado apenas a contratar o seguro pelo prêmio mínimo.

O termo *CIP* pode ser usado em qualquer tipo de transporte, inclusive o intermodal.

3.8 CIF – COST, INSURANCE AND FREIGHT (CUSTO, SEGURO E FRETE)

Significa que o vendedor tem as mesmas obrigações que no CRF e, adicionalmente, a obrigação de contratar o seguro marítimo contra riscos de perdas e danos durante o transporte.

O vendedor contrata o seguro e paga o prêmio de seguro. O comprador deve observar que no termo *CIF* o vendedor somente é obrigado a contratar seguro com cobertura mínima.

O termo *CIF* determina que o vendedor deve providenciar todos os documentos e preparar a mercadoria para a exportação.

Este termo só pode ser usado no transporte marítimo e fluvial.

> ✓ A Resolução nº 3, de 1971, do Conselho Nacional de Seguros Privados (CNSP), não permitia a utilização dos *Incoterms* em que o SEGURO era contratado pelo exportador no exterior (CIF – CIP, por exemplo). A Resolução nº 165, de 17 de julho de 2007, que entrou em vigência em 20 de julho de 2007, é interpretada por alguns juristas como o fim da referida proibição. Consulte sua companhia de seguros e seu departamento jurídico antes de utilizar esses Incoterms.

3.9 DAT – DELIVERED AT TERMINAL (ENTREGUE NO TERMINAL)

Significa que o vendedor completa suas obrigações quando a mercadoria é entregue ao comprador, já descarregadas, no terminal, sem ainda estar desembaraçada para a importação, no terminal de destino.

Este termo pode ser usado em todos os modais de transporte, logo, este novo incoterm substitui e amplia o uso do antigo DEQ que só podia ser utilizado no modal marítimo.

3.10 DAP – DELIVERED AT PLACE (ENTREGUE NO LOCAL DESIGNADO)

Significa que o vendedor completa suas obrigações quando a mercadoria é entregue ao comprador, no local determinado (negociado pelas partes), sem fazer o descarregamento das mercadorias, sem ainda estar desembaraçada para a importação, no porto de destino.

Este termo pode ser usado em todos os modais de transporte.

Nota Importante: nos Incoterms DAT e DAP entende-se que a responsabilidade do exportador cessa na entrega da mercadoria em destino.

3.11 DDP – DELIVERED DUTY PAID (ENTREGUE COM DIREITOS PAGOS)

Significa que o vendedor completa suas obrigações quando a mercadoria é colocada à disposição do comprador no local indicado no país importador. O vendedor assume todos os riscos e custos, inclusive impostos, taxas e outros encargos incidentes na importação. Ao contrário do termo EXW, que representa o mínimo de obrigação para o vendedor, o DDP representa o máximo de obrigação para o vendedor.

Esse termo não deve ser utilizado quando o vendedor não está apto para, direta ou indiretamente, obter os documentos necessários à importação da mercadoria. Caso as partes considerem conveniente excluir das obrigações do vendedor os custos que são cobrados no momento da importação (como, por exemplo, a Taxa de Valor Agregado – TVA), isso deve ser explicitado acrescentando-se à descrição do termo as palavras *Delivered duty paid, VAT unpaid* (... *local de destino indicado*). Esse termo pode ser utilizado em qualquer modalidade de transporte.

3.12 QUADRO-RESUMO

ORIGEM	EXW	FAS	FCA	FOB	CPT	CFR	CIP	CIF	DAT	DAP	DDP
Carga da mercadoria											
Frete interno (até embarque)											
Seguro interno (até embarque)											
Trâmites aduaneiros											
Gastos embarque											
DESTINO											
Transporte internacional											
Seguro internacional											
Gastos desembarque											
Trâmites aduaneiros											
Frete interno											até local determinado	
Descarga da mercadoria											
MODAL	Todos	Marítimo	Todos	Marítimo	Todos	Marítimo	Todos	Marítimo	Todos	Todos	Todos

■ EXPORTADOR

■ IMPORTADOR

Moeda e Câmbio

*Thadeu Cinti e
Marcelo Gonçalves de Assis*

4.1 INTRODUÇÃO

Devido à dificuldade de haver uma coincidência de interesses no comércio internacional de bens e serviços, os comerciantes demandaram a criação de um instrumento de troca que não fosse a própria mercadoria. As moedas, a partir daí, começaram a ter paridade entre si, sendo um meio facilitador do comércio como um todo.

 Maiores informações em:

<http://www.bcb.gov.br/htms/origevol.asp>.

Cambiar é trocar por definição. O mercado utiliza este conceito agregado ao de moeda (como um meio de troca). O câmbio é expresso em unidades de uma moeda, por exemplo, 2,3083 reais por 1 dólar. A maioria das moedas é expressa em unidades com relação a um dólar, com exceção da libra esterlina e do euro, que são expressos em unidades de dólares por libra ou euro. O euro é expresso em 1,05 dólares por euro, por exemplo.

O mercado de câmbio é aquele que envolve a negociação de moedas estrangeiras e as pessoas interessadas em movimentar essas moedas.

A paridade entre moedas pode variar muito de tempos em tempos. Quando uma moeda tem o mesmo valor do que outra (1 peso argentino = 1 dólar americano), dizemos que têm o mesmo valor. Porém, quando precisamos de mais unidades de uma moeda para adquirir outra, dizemos que ela vale menos do que a outra, por exemplo, 1,2 *yen* japonês por dólar americano.

Quando necessitamos de mais unidades de uma moeda para adquirir uma outra, dizemos que a primeira se desvalorizou ou depreciou com relação à segunda, e quando necessitamos menos unidades de uma moeda para adquirir outra, dizemos que essa se apreciou ou valorizou com relação à segunda.

O imbróglio reside no fato de que nem todas as moedas são totalmente conversíveis no mercado internacional, ou seja, nem todas as moedas são aceitas no mundo inteiro, por razões legais e comerciais. Parceiros comerciais normalmente aceitam a moeda um do outro com facilidade em função da liquidez que tal moeda tem no mercado de transações comerciais dos dois países. Muitas vezes restrições legais não permitem a convertibilidade de uma determinada moeda de um país, mas outro país a aceita livremente. Principalmente as moedas dos países desenvolvidos são aceitas plenamente no mercado internacional.

4.2 TIPOS DE MOEDAS

- **Conversíveis**: moedas aceitas livremente por outros países sem qualquer restrição em qualquer país (USD, libra, *yen*, euro etc.).
- **Inconversíveis**: moedas que não têm aceitação no mercado internacional do câmbio (real, peso argentino etc.).

Obs.: Existem algumas casas de câmbio na Europa e em países da América do Sul que trocam o real pela moeda local.

No mercado internacional de divisas são transacionadas as moedas conversíveis, tais como o YEN, o EURO, a LIBRA ESTERLINA etc. Esta negociação acontece com as moedas mais líquidas, uma em relação à outra.

4.3 INSTRUMENTOS CAMBIAIS NO PAÍS

Todos os instrumentos cambiais utilizam o dólar Ptax 800 de venda do dia anterior como parâmetro de variação cambial, no entanto, com a mudança do regime cambial, começam a aparecer instrumentos diferentes para atender a demandas específicas dos clientes, onde o ponto de partida, por exemplo, é o dólar do momento e não o do dia anterior, e também produtos onde o preço de liquidação do contrato é o dólar do fechamento de câmbio.

4.4 FATORES DETERMINANTES DA TAXA DE CÂMBIO

Influenciam a taxa de câmbio fatores domésticos, tais como: reservas cambiais, balanço de pagamentos e instrumentos cambiais no país.

Fatores não mensuráveis, mas que podem influenciar o preço da nossa moeda, são problemas políticos de sucessão, dificuldades de aprovação de reforma, situação fiscal etc. Estes podem gerar um maior grau de incerteza quanto à situação do país, aumentando o risco-país, o que vai influenciar diretamente no fluxo cambial. Há também fatores externos que podem interferir na taxa de câmbio – taxas de juros internacionais, principalmente a taxa americana e a da comunidade econômica europeia –, que podem definir para onde vai o fluxo de moeda dos investidores.

4.5 COMO SE NEGOCIA CÂMBIO NO BRASIL

As formas de negociação de câmbio no Brasil são:

- **Entre banco e cliente**: todas as operações de comércio exterior, seja importação ou exportação, operações financeiras – como a remessa de dividendos, pagamentos de empréstimos, *bonds* –, e ainda operações no setor de turismo, são negociadas entre uma instituição autorizada a operar com câmbio (esta autorização é dada pelo Banco

Central) e um cliente (seja empresa ou indivíduo). Este tipo de negócio é considerado como Mercado primário (mercado, na linguagem dos bancos).

- **Entre bancos**: os bancos negociam dólar entre si, seja tomando posição, comprada ou vendida, seja zerando posição assumida de um cliente. Um exportador vende dólares para uma instituição autorizada (um banco), e este, que não quer ficar posicionado, vende estes dólares para outro banco, que, ou quer ficar posicionado, ou tem um cliente que precisa comprar dólares para pagar uma importação. O negócio entre bancos é chamado de interbancário.

- **Entre bancos e o Bacen**: o Banco Central intervém cada vez menos no mercado, comprando ou vendendo dólares. Estes negócios são feitos quando o Banco Central pede preços de compra e venda para determinadas instituições financeiras. Estas atuações visam eliminar movimentos especulativos que não condizem com a situação presente de fluxo e de expectativas.

- **Entre bancos e banqueiros**: todas as operações realizadas no mercado doméstico são em dólares, no entanto, um cliente pode ter necessidade de comprar euros. Neste caso, o banco procura uma instituição no exterior, chamada "banqueiro", para poder trocar dólares por esta moeda e assim entregá-la ao cliente. Estas instituições estrangeiras também fornecem *Funding* (dinheiro) para o financiamento de exportação, ACC, ACE, pré-pagamento de importação, e ainda garantem operações com o exterior.

4.6 POLÍTICA CAMBIAL E MERCADO DE CÂMBIO

4.6.1 Política cambial

Política cambial é o conjunto de regras e mecanismos utilizados pelo governo brasileiro para controlar a entrada e saída de moeda estrangeira do país, visando manter o equilíbrio das contas externas.

A política cambial está intimamente ligada à política monetária. A movimentação de divisas implica obrigatoriamente a movimentação de moeda nacional, com interferência direta nos controles da inflação e da dívida pública.

Por ser um resumo contábil das transações econômicas que um país faz com o resto do mundo durante um certo período de tempo, o saldo do Balanço de Pagamentos é o principal indicador sobre a solidez das contas externas desse país, uma vez que revela sua dependência em relação aos investimentos externos que precisam ser atraídos para evitar a saída demasiada de divisas.

A política cambial brasileira vem evoluindo de um total controle governamental para um sistema de taxas de câmbio livres, em que a intervenção governamental é motivada apenas por distorções especulativas.

A legislação cambial brasileira prevê penalidades e outras sanções às pessoas que contratam operações a taxas que se situam em patamares distantes das praticadas pelo mercado. Também proíbe a livre circulação da moeda estrangeira em espécie no país, o que configura o "curso forçado da moeda nacional".

O governo brasileiro também pode se utilizar da política cambial para restringir o comércio internacional, principalmente no que tange às operações que provocam a saída de divisas do país. Exemplo dessa intervenção ocorreu de 1975 a 1979, quando para toda e qualquer importação de produto considerado "não essencial" era necessário um depósito compulsório à ordem do Banco Central do Brasil, equivalente a 100% do valor FOB da compra com prazo de liberação de 12 meses.

As diversas reformas monetárias que o governo realizou fizeram com que grande parte desses depósitos não fosse reclamada/reavida pelos respectivos depositantes.

No período compreendido entre 1º de abril de 1997 e 17 de março de 1999, nova intervenção cambial foi promovida. Para as compras do exterior, com prazos de pagamento de até 360 dias, exigia-se o desembolso em moeda nacional seis meses antes da data do vencimento da obrigação.

Se de um lado o governo restringe a saída de moedas, desestimulando, sempre que necessário, as compras externas, de outro incentiva o ingresso dessas mesmas moedas para reforçar o seu caixa. Entre as medidas adotadas em 1998 e 1999, que visam simplificar procedimentos e estimular as vendas para o exterior, encontram-se as seguintes:

SIMPLEX – Câmbio Simplificado de Exportação: simplificação nos procedimentos operacionais de câmbio que permite o fechamento de câmbio das exportações de até US$ 10 mil, mediante simples assinatura do exportador (pessoa física ou jurídica) no boleto correspondente à operação. Nessas transações fica dispensada a exigência de formalização do contrato de câmbio, cabendo ao exportador, entretanto, a responsabilidade pela guarda dos documentos que comprovam a venda, durante cinco anos, contados do término do exercício em que tenha ocorrido a operação (descontinuado a partir de 2013).

ACC – Adiantamentos sobre Contratos de Câmbio: antecipação parcial ou total em moeda nacional, por conta de valor em moeda estrangeira representativo de exportação futura. O governo ampliou o prazo pré-embarque, em que é permitido ao exportador tomar o ACC de 180 para 360 dias. Assim, as contratações de câmbio relativas às exportações podem ser feitas com até 750 dias de antecedência em relação à data de recebimento da moeda estrangeira.

4.6.2 Mercado de câmbio

É aquele que envolve a negociação de moedas estrangeiras e as pessoas interessadas em movimentar essas moedas.

No Brasil, as operações de câmbio não podem ser praticadas livremente e devem ser conduzidas através de um estabelecimento bancário autorizado a operar em câmbio.

Estão autorizados a operar em câmbio nas posições compradas e vendidas os bancos múltiplos com carteira comercial ou de investimento, os bancos comerciais e os bancos de investimentos. As SCFI (Sociedades de Crédito, Financiamento e Investimento), CTVM (Corretoras de Títulos e Valores Mobiliários), DTVM (Distribuidoras de Títulos e Valores Mobiliários) e corretoras de câmbio atuam apenas nas posições compradoras de taxas flutuantes.

Um banco, em suas operações de câmbio, caracteriza-se como um órgão de pagamentos internacionais, utilizando-se de suas agências e correspondentes no exterior.

Os elementos que participam do mercado de câmbio se dividem nos que produzem divisas e nos que cedem divisas.

Os que produzem são os exportadores, os devedores de empréstimos e investimentos, os turistas estrangeiros os que recebem transferências do exterior.

Os que cedem são os importadores, os devedores de empréstimos que remetem ao exterior o principal e os juros; os tomadores de investimentos que enviam ao exterior os rendimentos do capital investido lucros/dividendos, os que fazem transferências para o exterior.

Pelo sistema brasileiro, as divisas são monopólio do Estado, que é representado pelo Banco Central, o qual estabelece as condições pelas quais um banco pode operar em câmbio.

Os bancos deverão comprovar que desfrutam de linhas de crédito concedidas por banqueiros estrangeiros, até determinados limites que lhes permitam sacar a descoberto.

Os bancos podem comprar e vender moedas estrangeiras, mas, ao final do dia, o saldo deverá situar-se dentro dos limites permitidos de posições compradas e vendidas.

Existe, também, a importante figura do corretor de câmbio, que é o intermediário nas operações de câmbio, isto é, funciona como contato entre clientes e os bancos autorizados a operar em câmbio.

Os corretores, que só trabalham no mercado de taxas livres (dólar comercial), não atuando, portanto, no mercado de taxas flutuantes (dólar turismo), têm como principal função procurar no mercado o melhor negócio com as melhores taxas para seu cliente efetuar o fechamento do câmbio. As operações são conduzidas e fechadas por telefone e totalmente calcadas nas palavras dos operadores das corretoras e dos bancos.

A necessidade do mercado de câmbio decorre, fundamentalmente, da internacionalidade de comércio, em confronto com a nacionalidade da moeda. Se houvesse apenas uma moeda no mundo, não existiriam os complexos problemas cambiais.

Estabelecimento das cotações cambiais

No início das atividades do dia, os banqueiros e corretores, mediante consultas recíprocas, procuram determinar as taxas em que têm interesse de realizar negócios.

Isso feito, os bancos declaram as taxas que irão adotar. São as chamadas "cotações de abertura".

As taxas são agrupadas em tabelas de cotações, as quais são afixadas nos bancos para conhecimento público, tabelas essas que contêm dois valores para a moeda estrangeira: um de compra (*bid rate*) e outro de venda (*offer rate*). A diferença entre elas é chamada de *spread*, que representa o ganho do banco.

Além da afixação das cotações feitas pelos bancos ao público, o Banco Central do Brasil (Bacen) disponibiliza tais cotações através de sua página www.bcb.gov.br – Boletins de Taxas de Câmbio.

A tabela de cotações de câmbio poderá ser elaborada de duas maneiras, segundo o país dê o certo (método indireto) ou o incerto (método direto).

Um país dá o certo quando a taxa cambial indica o número variável de unidades de moeda estrangeira que são trocadas por unidade de moeda nacional.

O país dá o incerto quando a taxa cambial indica o número variável de unidades de moeda nacional que são trocadas por uma unidade de moeda estrangeira.

Exemplo:

Supondo que o Brasil dê o incerto em relação aos EUA:

US$ 1.00 = R$ 3,00

Porém, se o Brasil desse o certo:

R$ 1,00 = US$ 0.33333

Praticamente, todos os países dão o incerto para os demais. Como exceção digna de nota, devemos citar a Inglaterra, a qual dá o certo para os demais países.

4.6.3 Taxa de câmbio

Uma definição fácil, objetiva e clara do conceito de taxa de câmbio é: a taxa de câmbio é o preço da moeda estrangeira expresso em moeda nacional. Por isso, no Brasil a taxa de câmbio estimula as exportações – geradoras das desejadas divisas – ou as importações – que podem causar o déficit no Balanço de Pagamentos.

Simplificando, se a taxa de câmbio variasse conforme as forças da oferta e da procura, o Balanço de Pagamentos estaria automaticamente equilibrado, isto é, quando as exportações fossem maiores que as importações, naturalmente haveria sobra de divisas, o que determinaria uma redução da taxa de câmbio. Se as exportações fossem menores que as importações, faltariam divisas, ocasionando uma procura maior, o que, pelas leis de mercado, levaria ao aumento da taxa de câmbio.

Na prática sabemos que, muito antes de ser influenciado apenas por flutuações de curto prazo, esse equilíbrio é determinado pelos fatores de interdependência econômica, além de outros aspectos tão complexos, como as tendências inflacionárias, as variações de renda, as diretrizes políticas, as manobras especulativas etc.

Exatamente por essas razões, as autoridades monetárias brasileiras vêm há muito exercitando a imaginação para subordinarem às decisões governamentais as cotações de compra e venda de divisas. Com isso, pretendem evitar ou corrigir possíveis distorções, em relação aos interesses do país, que poderiam ocasionar de as taxas variarem livremente ao sabor do mercado.

Durante longo período o Brasil adotou o mecanismo de frequentes desvalorizações cambiais, que caracterizaram o período das taxas administradas. Devido à significativa diferença entre as taxas fixadas pelas autoridades monetárias e as praticadas pelo mercado paralelo e também aos rigorosos limites impostos à aquisição de moedas, grande montante de divisas era desviado para o "mercado negro", naturalmente sem nenhum controle do governo.

Pretendendo controlar esse desvio de divisas, o governo instituiu, em janeiro de 1989, o mercado de taxas flutuantes, o chamado dólar-turismo, ocasião em que foram aumentados os limites para determinadas operações de aquisição de moeda estrangeira. Coexistindo com esse segmento de taxas flutuantes, permaneceu em vigor o sistema de taxas administradas para as operações comerciais de importação e exportação.

Um passo a mais no sentido de maior liberação das taxas ocorreu em março de 1990. Atendendo a expectativas, principalmente de importadores e exportadores, o governo liberou também as taxas para o segmento de taxas livres, o chamado dólar comercial.

No início de 2005, o Bacen alterou toda a legislação de câmbio do país, extinguindo a CNC – Consolidação das Normas Cambiais e criando o RMCCI – Regulamento do Mercado de Câmbio e Capitais Internacionais.

Mais tarde, em dezembro de 2013, o Bacen publicou as circulares 3688, 3689, 3690 e 3691, que substituíram o RMCCI e trouxeram o advento da Mensageria, que impôs maior agilidade e liberdade às instituições financeiras para a contratação de operações de câmbio e demais procedimentos da área cambial, demonstrando alinhamento com os direcionamentos internacionais que preconizam a atuação de supervisão sem intervenção do Bacen no mercado de câmbio.

Hoje, basta abrir um caderno de Economia de qualquer jornal para depararmo-nos com um quadro bem brasileiro em termos de taxa cambial: estão ali expressas, sob os nomes de dólar oficial (ou livre) e dólar paralelo, diferentes cotações, espelhando uma convivência de relativa harmonia.

Atualmente, com a liberalização das taxas, as oscilações assumem características próprias de mercado, em que os bancos, corretoras e governo interagem de acordo com suas convicções de oferta, procura interna e externa. Por envolver as operações de maior interesse para o país, é de se esperar que o Bacen, participante desse mercado e monopolizador das divisas, interfira de alguma forma nas pressões de oferta e procura, porém, muito raramente.

Tipos de taxas cambiais

Quando estudamos o mercado cambial, fizemos menção a dois tipos de taxas: de compra e de venda. Todavia outros tipos existem:

– Taxa de repasse e taxa de cobertura

Taxa de Repasse é utilizada quando os bancos "repassam" moeda estrangeira ao Bacen.

Pelo contrário, Taxa de Cobertura é a utilizada pelo Bacen para "cobrir", isto é, vender moeda aos bancos comerciais.

– Taxas cruzadas (*Cross Rates*)

São taxas teóricas resultantes da comparação de duas moedas em relação a uma terceira moeda.

– Taxas livres e taxas oficiais

Classificação em função do controle cambial existente. A taxa é livre quando determinada pelo mercado livre de divisas e oficial quando determinada pelas autoridades cambiais.

– Taxas prontas e taxas futuras

Taxas utilizadas em operações prontas e futuras, como veremos em seguida.

– Taxas fixas e taxas variáveis

Taxas fixas são aquelas mantidas por força de determinações governamentais. Taxas variáveis, como o próprio nome diz, são taxas que variam. Ambos os tipos possuem méritos e deficiências, devendo ser utilizados conforme a situação econômica de cada país.

O mercado cambial é subdividido em naturezas, tipos, prazos e formas de entrega da moeda estrangeira.

Quanto à natureza, podemos classificar as operações cambiais em financeiras e comerciais.

O aspecto de diferenciação é a vinculação ou não a operações comerciais (mercadorias).

Existem dois tipos de classificação: manual e sacado.

Manual pressupõe a transação, o "manuseio" da moeda estrangeira, isto é, moeda em espécie e/ou *traveller checks*.

Sacado envolve a movimentação de contas sem o manuseio da moeda em espécie.

Para o prazo existem também duas classificações: pronto e futuro.

Operações prontas são liquidadas em até dois dias úteis (*business days*).

Operações futuras são liquidadas a partir de dois dias úteis.

Vale lembrar que liquidar a operação significa entregar a moeda estrangeira.

A forma de entrega da moeda estrangeira classifica de que forma a moeda estrangeira será entregue ao comprador.

Tais classificações figurarão no contrato/boleto de câmbio fechado entre as partes.

Além dessas classificações, existem também as formas de pagamento utilizadas para as operações de natureza comercial.

4.6.4 Contratos de câmbio

O contrato de câmbio é um instrumento particular, bilateral, no qual um vendedor se compromete a entregar certa quantidade de moeda estrangeira, sob determinadas condições (taxas, prazos, forma de entrega etc.) a um comprador, recebendo em contrapartida o equivalente em moeda nacional.

Tal como as taxas de câmbio, os contratos de câmbio podem ser de compra ou de venda, sempre sob a ótica do estabelecimento financeiro, que atua por conta e ordem do Banco Central do Brasil. Um contrato de câmbio de compra é celebrado quando o banco está comprando moeda estrangeira e, de forma análoga, o contrato de câmbio de venda é celebrado quando a venda da moeda estrangeira é realizada pela instituição financeira.

Levando-se em conta a importância que o controle de divisas tem para a economia nacional, o Conselho Monetário Nacional (CMN) estabelece normas para a formalização dos contratos de câmbio, que são implementadas pelo Bacen através da padronização dos formulários e de seu preenchimento.

Essa padronização ocorre eletronicamente, desde 1991, porém, a partir de dezembro/2013, o Bacen implantou o sistema de Mensageria, sistema pelo qual existe a autorização das transações junto àquela autarquia, substituindo o sistema de geração de contratos de câmbio através de transação específica no Sisbacen.

Após ser firmado pelas partes, o contrato de câmbio torna-se um documento irrevogável, isto é, somente poderá ser alterado ou cancelado por consenso entre as partes, obedecidas as normas do BACEN.

A liquidação do contrato de câmbio ocorre quando o vendedor entrega a moeda estrangeira ao comprador. Pode ter *liquidação futura* (quando acertado que, a partir do fechamento até a sua liquidação, o comprador concederá determinado prazo ao vendedor) ou ter sua *liquidação pronta* (em até dois dias úteis do seu fechamento).

Eram utilizados 10 tipos de contratos de câmbio. Cada um com destinação específica. Os contratos de números ímpares referiam-se a operações de compra; e os de números pares, a operações de venda.

Vale lembrar que essa terminologia ainda pode ser encontrada nos bancos que operam em câmbio em virtude de usos e costumes.

Tipo 01 – Exportação de mercadorias ou de serviços.

Tipo 02 – Importação de mercadorias pagáveis com prazo de pagamento até 360 dias.

Tipo 03 – Transferência Financeira do Exterior.

Tipo 04 – Transferência Financeira para o Exterior.

Tipo 05 – Operações de Câmbio de Compra, entre agentes autorizados (interbancário), ou de arbitragem, no Brasil ou no exterior.

Tipo 06 – Operações de Câmbio de Venda, entre agentes autorizados (interbancário), ou de arbitragem, no Brasil ou no exterior.

Tipo 07 – Alteração de Contrato de Câmbio de Compra – utilizado para alterar alguma cláusula ou condição, de qualquer contrato de compra de moeda estrangeira (Tipo 1, Tipo 3 e Tipo 5).

Tipo 08 – Alteração de Contrato de Câmbio de Venda – utilizado para alterar alguma cláusula ou condição, de qualquer contrato de venda de moeda estrangeira (Tipo 2, Tipo 4 e Tipo 6).

Tipo 09 – Cancelamento de Contrato de Câmbio de Compra – utilizado para cancelar, total ou parcialmente, qualquer contrato de compra de moeda estrangeira (Tipo 1, Tipo 3 e Tipo 5).

Tipo 10 – Cancelamento de Contrato de Câmbio de Venda – utilizado para cancelar, total ou parcialmente, qualquer contrato de venda de moeda estrangeira (Tipo 2, Tipo 4 e Tipo 6).

4.6.5 Regularização cambial

4.6.5.1 *Alterações de contrato de câmbio*

Podem ser processadas, desde que não contrariem as normas cambiais vigentes e banco e cliente estejam de acordo. Não se alteram:

- as partes intervenientes (comprador e vendedor) – Nome/Razão Social e CPF/CNPJ;
- o valor em moeda estrangeira e moeda nacional;
- o tipo de moeda estrangeira;

- a taxa cambial;
- a data;
- o número de registro no Sisbacen.

4.6.5.2 Prorrogação

Poderá ser concedida após criteriosa análise dos reais motivos causadores da necessidade de dilação dos prazos pactuados inicialmente, obedecidas as normas vigentes.

4.6.5.3 Regularizações – fase pré-embarque

4.6.5.3.1 Cancelamento

Trata-se de rescisão contratual por mútuo consenso das partes intervenientes da operação e na fase pré-embarque independe de autorização do Bacen.

4.6.5.3.2 Baixa cambial

Ao contrário do cancelamento, é um procedimento unilateral e decorre do não-recebimento da dívida atualizada do exportador, e, consequentemente, o valor da baixa será lançado em Créditos em Liquidação (CL). Na fase pré-embarque será necessário o protesto do contrato de câmbio ou a comprovação da falência ou concordata do exportador.

4.6.5.4 Regularizações – fase pós-embarque

4.6.5.4.1 Cancelamento

Analogamente ao cancelamento na fase pré-embarque, caracteriza-se pela rescisão contratual por mútuo acordo entre as partes intervenientes da operação, porém na fase pós--embarque independe de autorização do Bacen nos casos de devolução de mercadoria, de comprovação do início de ação judicial contra o importador ou, ainda, de desconto parcial autorizado pela Secex. Demais casos dependerão de autorização prévia do Bacen.

4.6.5.4.2 Baixa cambial

Da mesma forma que na fase pré-embarque, trata-se de procedimento unilateral e decorre do não recebimento da dívida atualizada do exportador, e, consequentemente, o valor da baixa será lançado em Créditos em Liquidação (CL). Será necessário o protesto do contrato de câmbio ou deverá ter sido iniciada a ação judicial contra o importador, nos casos de falência ou concordata do exportador.

4.7 MODALIDADES DE PAGAMENTOS INTERNACIONAIS

4.7.1 Pagamento antecipado

Também conhecido como remessa antecipada, somente nesta modalidade ocorre a remessa financeira antes do embarque da mercadoria ou da prestação de um serviço. Trata-se também de uma forma de o vendedor se financiar durante o seu processo produtivo, sem a utilização de capitais onerosos, ou seja, sem o respectivo pagamento de juros de qualquer natureza.

Vale lembrar que o pagamento antecipado é uma modalidade de pagamento cujos recursos são remetidos diretamente pelo importador, não devendo ser confundido com a modalidade de financiamento chamada "Pré-pagamento", onde ocorre a remessa dos recursos provenientes de uma instituição financeira, mediante cobrança de juros pagos pelo exportador.

Uma vez que esta modalidade de pagamento coloca o importador na posição de dependência do exportador, é necessário que exista um alto grau de confiança entre ambos, pois, uma vez efetuado o pagamento e não concretizado o embarque, o importador poderá encontrar dificuldades para reaver o montante desembolsado.

Sob o aspecto geoeconômico, vale lembrar que os países carentes de divisas impõem normas que dificultam a utilização dessa modalidade, pois representam a saída de moeda estrangeira antecipada.

Por outro lado, esses países também dificultam o regresso dos valores pagos antecipadamente, referentes a exportações futuras, obrigando que tais valores sejam convertidos em investimentos e/ou empréstimos estrangeiros.

4.7.2 Pagamento antecipado na exportação

Sob o aspecto financeiro, trata-se de uma excelente oportunidade de alavancar o processo produtivo da empresa, visto que, com os altos juros cobrados na economia brasileira, o exportador pode captar recursos a "custo zero".

Comercialmente, o pagamento antecipado elimina todo e qualquer risco comercial, político e extraordinário inerente à operação, tratando-se de um "ganho" não somente na mesa de negociação entre exportador e importador, mas também nas relações negociais do Brasil com o país importador.

Em termos cambiais, é importante salientar que o pagamento antecipado somente se configura quando a contratação e a liquidação do contrato de câmbio ocorrem antes do embarque da mercadoria, isto é, antes da data do conhecimento de embarque internacional, lembrando que contratação e liquidação são eventos distintos que podem ou não ocorrer em datas distintas. A liquidação, por força de legislação cambial, somente poderá ser processada após o recebimento das divisas na conta do banco contratante.

A inobservância de tais normativos poderá sujeitar banco e exportador a penalidades pecuniárias, bem como, em casos extremos, impedi-los de contratar operações nessa modalidade de pagamento.

Também sob o aspecto cambial, o prazo máximo permitido para o pagamento antecipado é de 360 dias antes da data do embarque da mercadoria ou da fatura de prestação do serviço, devendo ser comprovado o embarque e/ou a prestação do serviço à Instituição Financeira. Para prazos superiores, é necessária autorização expressa do Banco Central do Brasil.

Após esse prazo, no caso da não ocorrência do embarque, o pagamento deverá ser transformado em investimento direto ou empréstimo externo para a empresa receptora das divisas, ficando sujeito à verificação quanto à existência de crime de lavagem de dinheiro (Lei nº 12.683/2012, regulamentada pela Circular nº 3.461/2009, do Banco Central do Brasil).

4.7.3 Pagamento antecipado de importação

Analogamente ao pagamento antecipado de exportação, do ponto de vista financeiro, o importador brasileiro estará financiando o exportador estrangeiro a "custo zero".

Comercialmente, trata-se de um retrocesso negocial, visto que o importador assume todos os riscos que podem advir da operação, sem guardar para si nenhum instrumento de proteção.

No entanto, o importador tem a possibilidade de exigir, para sua proteção, que o exportador apresente uma garantia de devolução dos valores adiantados, na hipótese de não embarque da mercadoria ou prestação do serviço. Essa garantia, prestada por uma instituição financeira, é chamada de *Refundment Bond*, ou *Advanced Payment Bond*. Entretanto, por representar custo financeiro para o exportador, nem sempre tal estrutura é bem-sucedida ou aceita.

Sob a ótica cambial, o importador deve efetuar o fechamento de câmbio no máximo 180 dias antes do embarque da mercadoria no exterior ou da fatura de prestação dos serviços. Prazos superiores somente podem ser processados mediante autorização expressa do Banco Central do Brasil.

Da mesma forma, uma operação de pagamento antecipado de importação deverá ser vinculada, no Sisbacen, a um Comprovante de Importação (CI), devidamente emitido por autoridade aduaneira no Siscomex.

Quanto às questões relacionadas ao crime de lavagem de dinheiro, o tratamento é similar ao dado ao pagamento antecipado de exportação.

4.7.4 Remessa direta de documentos

Também conhecida como remessa sem saque, uma vez que o exportador embarca a mercadoria e remete diretamente os documentos ao importador, sem a existência de título constitutivo da dívida (saque).

Tal operação é largamente utilizada entre firmas interligadas, pois, ao contrário do pagamento antecipado, nesta modalidade é o exportador que assume todos os riscos inerentes à operação, ficando o importador em situação "confortável" para efetuar o pagamento em qualquer momento.

Suas vantagens consistem na liberação rápida na aduana de destino, pois os documentos chegam ao importador sem a demora causada pelos trâmites bancários, bem como na redução das despesas bancárias incidentes em relação à modalidade de cobrança documentária.

Por não envolver, num primeiro momento, movimentação de numerário, a remessa direta não sofre restrições por parte das autoridades de comércio exterior, porém, sob o aspecto cambial, a remessa direta na exportação não é bem aceita pelo Banco Central do Brasil, que prevê sanções nos casos de inadimplência.

4.7.5 Remessa direta na exportação

Ao contrário do pagamento antecipado de exportação, a remessa direta na exportação configura uma posição de retrocesso negocial em operações entre empresas que não possuem vínculos estatutários.

O prazo máximo para pagamento é de 360 dias da data do embarque, cabendo ao exportador brasileiro, ao final desse prazo, em caso de inadimplência, providenciar o regresso da mercadoria ou o início de ação judicial contra o importador no exterior.

Para possibilitar o início de ação judicial, deverá o exportador emitir saque à vista e remetê-lo em cobrança através de um banco.

Em casos de fracasso no recebimento, o exportador poderá sofrer penalidades, por parte do Banco Central do Brasil, que, em casos extremos, exigirá o recebimento antecipado das divisas nas próximas operações da empresa.

Entretanto, para sua proteção, poderá o exportador solicitar a emissão, por parte do importador, de uma garantia bancária a fim de se resguardar no caso de não recebimento do valor do embarque. Tal garantia é chamada de *Stand by Letter of Credit*.

Contudo, como a emissão de tal garantia costuma envolver a cobrança de encargos por parte do banco, sua aceitação por parte do importador é remota, uma vez que as negociações via remessa direta de documentos têm como princípios a agilidade e a redução de custos.

4.7.6 Remessa direta na importação

Por outro lado, na importação a remessa direta de documentos configura um avanço nas negociações, pois permite ao importador brasileiro desembaraçar a mercadoria e pagá-la em momento futuro.

Como não existe a emissão de documento que comprove a dívida, fica agora o importador brasileiro em situação confortável, porém, em caso de inadimplência, deverá ser levado em consideração que o nome do Brasil estará envolvido.

4.7.7 Cobrança

Esta modalidade de pagamento é regida pela Publicação nº 522 da Câmara de Comércio Internacional (CCI), onde o exportador, após o embarque da mercadoria, entrega a documentação a um banco (banco remetente), para que seja encaminhada a outro banco no país do importador (banco cobrador), que se encarregará de obter o pagamento ou aceite e posterior pagamento do importador.

Por envolver um terceiro na transação (banco), a modalidade de cobrança documentária pode ser classificada como de médio risco para ambas as partes.

Existem duas modalidades de cobrança: cobrança a vista e a prazo.

Na cobrança a vista, o risco para o exportador é limitado, pois os documentos necessários ao desembaraço da mercadoria somente serão liberados pelo banco cobrador contra pagamento por parte do importador. Porém, o importador poderá recusar-se a pagar. Nesse caso, resta ao exportador procurar novo comprador para a mercadoria ou trazer a mesma de volta ao país.

Vale lembrar que na cobrança à vista o importador corre o risco de pagar o embarque para a liberação dos documentos e no momento do desembaraço constatar falta, modificação ou avaria na mercadoria, restando somente a possibilidade de reclamação junto ao exportador e/ou companhia de seguros ou, ainda, início de ação judicial contra o exportador.

Já na cobrança a prazo, o risco é maior, visto que a documentação será liberada mediante aceite do saque, o qual deverá ser pago no vencimento.

Caso não seja pago no vencimento, restará ao exportador iniciar cobrança judicial no país do importador.

As cobranças podem ainda ser classificadas como "documentárias" ou "limpas". Cobrança documentária existe quando os documentos financeiros (saque) são acompanhados dos documentos comerciais (fatura e conhecimento de embarque). A cobrança será limpa quando somente são enviados os documentos financeiros ao banqueiro cobrador.

Sob o aspecto cambial, a legislação brasileira prevê o prazo máximo de 360 dias após o embarque para as cobranças de exportação e 360 dias para as cobranças de importação. Para as operações envolvendo prazos superiores, deverão ser solicitadas autorizações ao Banco Central do Brasil via Sisbacen através de Registro de Operação de Crédito – RC (exportação) ou Registro de Operação Financeira – ROF (importação).

4.7.8 Crédito documentário

O Crédito Documentário, usualmente chamado de "Carta de Crédito", pode ser definido como um instrumento pelo qual um banco (emissor), por instruções de um cliente seu (tomador), ou em seu próprio nome, compromete-se a efetuar um pagamento a um terceiro (beneficiário), ou à sua ordem, ou deve pagar ou aceitar saques emitidos pelo beneficiário, contra entrega de documentos estipulados, desde que os termos e condições do crédito sejam cumpridos.

As partes intervenientes na operação são:

a) Tomador (*Applicant*): é aquele que instrui a emissão do crédito e assume a responsabilidade de efetuar o(s) pagamento(s) decorrente(s).

b) Banco emitente (*Issuing Bank*): é o banco que recebe as instruções de emissão do tomador e se compromete a honrar o(s) pagamento(s), desde que cumpridos em perfeita ordem todos os termos e condições da carta de crédito.

c) Beneficiário (*Beneficiary*): é o favorecido da carta de crédito, que, para fazer jus ao pagamento, deve cumprir todos os termos e condições do instrumento.

d) Banco Avisador (*Advising Bank*): é o banco responsável por avisar o beneficiário da emissão de uma carta de crédito a seu favor. O banco avisador não assume qualquer compromisso quanto ao conteúdo da carta de crédito, mas somente quanto a sua autenticidade.

e) Banco Negociador (*Negotiating Bank*): é o banco designado para receber e negociar documentos, verificar se os mesmos estão em boa ordem, atribuindo-lhes valor e assumir, em nome do emitente, o compromisso de honrar o pagamento ao beneficiário.

f) Banco Confirmador (*Confirming Bank*): é o banco que a pedido e por instruções do emitente assume o compromisso de efetuar o pagamento ao beneficiário, agregando sua confirmação.

g) Banco Reembolsador (*Reimbursing Bank*): é o banco que disponibiliza o pagamento da carta de crédito, em favor do banco negociador.

Internacionalmente, os Créditos Documentários são regulamentados pela Publicação nº 600 da Câmara de Comércio Internacional (CCI). Tal regulamentação tem por objetivo a padronização de procedimentos e salvaguardar as partes envolvidas na transação e, ainda, permitir uma interpretação uniforme do instrumento, principalmente em suas condições imprecisas ou omissas.

A Carta de Crédito é uma modalidade de pagamento que oferece relativa segurança tanto para o comprador quanto para o vendedor, uma vez que ocorre a negociação de documentos por parte de um banco. O comprador tem a garantia de somente efetuar o pagamento depois de conferidos os documentos. Já o vendedor tem a garantia firme de pagamento, por parte do banco emissor, depois de efetuado o embarque, nas condições acordadas na transação comercial.

Vale ressaltar que, nas operações amparadas em créditos documentários, as partes intervenientes transacionam com documentos e não com mercadorias e/ou serviços aos quais os documentos possam referir-se. Isto significa que, caso o exportador embarque ou execute os serviços contratados e os documentos negociados estejam rigorosamente de acordo com os termos da carta de crédito, o pagamento por parte do tomador deverá ser honrado, mesmo que tais mercadorias e/ou serviços estejam em desacordo com o contrato comercial.

Quanto à natureza, uma carta de crédito pode ser revogável ou irrevogável. O crédito revogável pode ser cancelado ou alterado a qualquer época pelo banco emitente, sem prévio aviso ao beneficiário. Por esse motivo, deve sempre o exportador exigir do importador a emissão de um instrumento irrevogável.

A carta de crédito pode ser, também, transferível ou intransferível.

Uma carta de crédito transferível autoriza o banco a pagar a um ou a vários outros segundos beneficiários, conforme instruções recebidas do primeiro beneficiário. Para ser considerada transferível, a carta de crédito deve conter expressamente a designação "transferível". De outra forma, a carta de crédito será considerada intransferível. Ou seja, qualquer pagamento somente poderá ser efetuado ao beneficiário designado no instrumento original.

Quanto à forma de utilização, a carta de crédito pode ser por pagamento à vista, por aceite, por pagamento diferido ou por negociação.

4.7.8.1   Por pagamento a vista

Nessa condição, depois de apresentados os documentos exigidos no instrumento, em perfeita ordem, o banco negociador efetua o imediato pagamento ao beneficiário.

4.7.8.2   Por aceite

Os documentos são apresentados pelo beneficiário acompanhados de um saque a prazo emitido contra o banco determinado na carta de crédito. Após considerar os documentos em boa ordem, o banco aceita o saque, devolvendo-o ao beneficiário. Caso não deseje aguardar até o vencimento do saque para receber o pagamento, o beneficiário pode antecipar o recebimento da moeda estrangeira negociando, no mercado financeiro, um desconto do saque aceito.

4.7.8.3 Por pagamento diferido

Nessa modalidade, a transação comercial é concretizada mediante pagamento a prazo. Assim, o pagamento decorrente da carta de crédito ocorre somente após um período de tempo previamente estabelecido no instrumento.

Não há obrigatoriedade de apresentação de saques a serem aceitos pelo banco, o que torna essa modalidade menos custosa para o importador.

Uma carta de crédito utilizável mediante pagamento diferido pode ser descontada pelo próprio banco negociador, depois de apresentados os documentos em boa ordem, observadas taxas de desconto aplicáveis, bem como a disponibilidade de recursos financeiros (*funding*) para a transação.

4.7.8.4 Por negociação

A carta de crédito pode ser restrita ou não restrita.

A carta de crédito restrita somente permite negociação junto ao banco previamente designado no instrumento.

Já na modalidade não restrita, a carta de crédito pode ser negociada junto a qualquer instituição financeira, de livre escolha do beneficiário.

4.8 FINANCIAMENTOS ÀS EXPORTAÇÕES – OBJETIVOS

- Obtenção de prazos e/ou recursos para pagamento/liquidação de operações de curto ou longo prazo.
- Mecanismo de crédito.
- Fator de estímulo à produção nacional, gerador de empregos e de divisas.

4.8.1 Riscos

- Riscos comerciais ⇒ insolvência do comprador.
- Riscos especiais ⇒ acontecimentos políticos, econômicos ou catastróficos.

4.8.2 Garantias

Como garantia, as instituições financeiras exigem/negociam aval financeiro ou de terceiros, geralmente de um banco no exterior, uma carta de crédito preferencialmente de banco de primeira linha ou a cessão dos direitos a indenização de uma apólice de seguro de crédito à exportação.

4.8.3 Classificação dos financiamentos

4.8.3.1 Quanto ao beneficiário

- Ao exportador (*supplier's credit*): concedidos aos exportadores junto aos bancos de seu país, com ou sem apoio de sistemas financeiros públicos nacionais.

- Ao importador (*buyer's credit*): requeridos pelos importadores junto aos bancos de seu país ou do país do exportador, com ou sem apoio dos órgãos públicos nacionais.

4.8.3.2 Quanto às fases

- Pré-embarque: recursos para a produção dos bens a serem exportados.
- Pós-embarque: recursos para a comercialização dos bens.

4.8.3.3 Quanto ao prazo

- De curto prazo: máximo de até 180 dias para pagamento.
- De longo prazo: a partir de 181 dias para pagamento.

4.8.4 Financiamentos encontrados no Brasil

- Adiantamento sobre Contratos de Câmbio (ACC).
- Adiantamento sobre Cambiais Entregues (ACE).
- ACC Indireto.
- Pré-pagamento de Exportação.
- EXIM.
- PROEX.

4.8.5 Adiantamento sobre Contratos de Câmbio (ACC)

Embora seja considerado um financiamento, como o próprio nome diz, trata-se de um adiantamento do valor equivalente em moeda nacional para que o exportador possa produzir os bens a serem embarcados posteriormente; por isso, é considerado um incentivo à exportação.

Com o ACC, o exportador poderá antecipar total ou parcialmente o valor do embarque, pagando por isso uma certa remuneração, conhecida tecnicamente como deságio, pelo prazo máximo de 360 dias antes do embarque.

4.8.6 Adiantamento sobre Cambiais Entregues (ACE)

Incentivo à exportação que visa fornecer ao exportador condições para as atividades de comercialização na fase pós-embarque, antecipando total ou parcialmente o valor da mercadoria, objeto da exportação em moeda nacional, pagando por isso uma certa remuneração (deságio), pelo prazo máximo de até o último dia útil do 12º mês subsequente ao do embarque, respeitando-se o prazo máximo de 750 dias desde a contratação (ACC + ACE).

O ACE equivale a um desconto de cambiais, que é concedido contra a entrega dos documentos representativos do embarque.

4.8.7 ACC/ACE – Operacionalização

Através de celebração de um Contrato de Câmbio junto ao Sistema de Informações do Banco Central do Brasil (Sisbacen).

A liquidação da operação se efetiva quando do efetivo ingresso das divisas, liquidando-se o Contrato de Câmbio no Sisbacen.

A remuneração (deságio) é cobrada no ato da liquidação da operação, além de outros acessórios (taxas de comunicação, despesas de banqueiro etc.).

- ✓ Por ser um mecanismo de crédito destinado exclusivamente a incentivar as exportações brasileiras, o não cumprimento do compromisso de embarcar uma mercadoria será altamente oneroso para o exportador, em razão dos elevados encargos financeiros do Bacen, bem como pela incidência de IOF, pela descaracterização da utilização dos recursos.
- ✓ Dependendo da situação financeira do exportador, ocorrências como a indicada acima podem inviabilizar a existência da empresa, causando sua insolvência em função dos valores dos encargos e multas cobrados.

4.8.8 ACC indireto

Nova linha de financiamento, também conhecida como ACC Insumos, que consiste na concessão de crédito aos fabricantes ou produtores dos insumos utilizados nas mercadorias a serem exportadas, por um prazo máximo de 360 dias, com taxas semelhantes às do ACC, através da entrega de duplicatas em dólares, de venda a prazo e aceitas pelo exportador, a um banco.

4.8.9 Pré-pagamento de exportação

Finalidade: financiar até 100% da exportação com anterioridade de até 360 dias do embarque.

Participantes:

- um exportador brasileiro;
- importador ou investidor estrangeiro;
- banco no exterior (como supridor dos recursos);
- um banco brasileiro.

Operacionalização

O banco no exterior efetua o pré-pagamento da exportação enviando uma ordem de pagamento para o beneficiário exportador. Mediante contratação do câmbio o mesmo recebe contravalor em moeda nacional.

Após o embarque da mercadoria o importador efetuará o pagamento, no prazo pactuado no contrato mercantil, diretamente ao banco supridor no exterior. Os juros relativos à operação serão pagos pelo exportador brasileiro.

4.9 EXIM

São as linhas de apoio às exportações com recursos da Agência Especial de Financiamento Industrial (Finame), gerenciadas pelo BNDES – Banco Nacional de Desenvolvimento Econômico e Social. São elas:

- Exim Pré-Embarque;
- Exim Pré-Embarque Empresa Inovadora;
- Exim Pré-Embarque Empresa Âncora;
- Exim Pós-embarque Bens;
- Exim Pós-Embarque Serviços;
- Exim Pós-Embarque Automático.

4.9.1 Exim Pré-Embarque

Finalidade: financiar bens a serem produzidos no país, conforme relação de produtos financiáveis (www.bndes.gov.br).

Beneficiários: empresas produtoras e exportadoras, constituídas sob as leis brasileiras e que tenham sede e administração no País.

Valor financiável: até 70% do valor FOB, em Dólares americanos ou Euros.

Prazo: máximo de 2 anos e 6 meses, não podendo ultrapassar a data prevista para embarque.

Custo final: LIBOR semestral + 2,1% a. a. + *spread* do agente financeiro ou TJLP + 2,1% a. a. + *spread* do agente financeiro.

4.9.2 Exim Pré-Embarque Empresa Inovadora

Finalidade: financiar bens a serem produzidos no país, conforme relação de produtos financiáveis (*www.bndes.gov.br*), além de serviços de tecnologia da informação desenvolvidos no Brasil.

Beneficiários: empresas produtoras e exportadoras, qualificadas como inovadoras, de porte MPME (micro, pequena e média empresa), constituídas sob as leis brasileiras e que tenham sede e administração no País.

Valor financiável: até 70% do valor FOB, em Dólares americanos ou Euros.

Prazo: máximo de 3 anos, não podendo ultrapassar a data prevista para embarque.

Custo final: TJLP + 2,1% a. a. + *spread* do agente financeiro.

4.9.3 Exim Pré-Embarque Empresa Âncora

Finalidade: financiar bens a serem produzidos no país, conforme relação de produtos financiáveis (www.bndes.gov.br).

Beneficiários: empresas exportadoras de todos os portes, constituídas sob as leis brasileiras e que tenham sede e administração no País. A critério do BNDES poderão ser enquadradas *trading companies*, comerciais exportadoras ou demais empresas exportadoras que participem da cadeia produtiva e que adquiram a produção de outras empresas visando a exportação.

Valor financiável: até 70% do valor FOB, em Dólares americanos ou Euros.

Prazo: máximo de 2 anos e 6 meses, não podendo ultrapassar a data prevista para embarque.

Custo final: TJLP + 2,1% a. a. + *spread* do agente financeiro.

✓ As opções de dilações de prazos citadas serão concedidas somente se as projeções forem integralmente cumpridas, caso contrário, o prazo ficará reduzido a 12 meses, devendo ser liquidado em uma única parcela, ao custo final de LIBOR + 20,0% a. a. + *spread* do agente financeiro.

4.9.4 Exim Pós-Embarque Bens

Finalidade: financiar bens a serem produzidos no país, conforme Relação de produtos financiáveis (*www.bndes.gov.br*).

Beneficiários: empresas exportadoras de bens de fabricação nacional, constituídas sob as leis brasileiras e com sede e administração no país, incluindo *trading companies* e empresas comerciais exportadoras.

Valor financiável: 100% do valor da exportação.

Prazo: até 15 anos.

Custo final: LIBOR ou EURIBOR + mínimo de 1,5% a.a. + taxa de risco de crédito.

4.9.5 Exim Pós-Embarque Serviços

Finalidade: financiar bens a serem produzidos no país, conforme relação de produtos financiáveis (*www.bndes.gov.br*), no subgrupo "serviços".

Beneficiários: empresas exportadoras de serviços, constituídas sob as leis brasileiras e com sede e administração no país, incluindo *trading companies* e empresas comerciais exportadoras.

Valor financiável: 100% do valor da exportação.

Prazo: até 15 anos.

Custo final: LIBOR ou EURIBOR + mínimo de 1,5% a.a. + taxa de risco de crédito.

4.10 PROEX – PROGRAMA DE FINANCIAMENTO ÀS EXPORTAÇÕES

Programa do Governo Federal de financiamento às exportações brasileiras de bens e serviços, que propicia o recebimento à vista de uma venda efetuada a prazo, objetivando dar condições aos exportadores brasileiros de competir internacionalmente.

Seus recursos são provenientes do Orçamento Geral da União e o Banco do Brasil é o Agente do Tesouro Nacional para o Programa.

4.10.1 Modalidades

- **Financiamento**: recursos provindos do Tesouro Nacional.
- **Equalização**: recursos oriundos de banqueiros no exterior.

4.10.1.1 Financiamento

Refinanciamento ou financiamento direto de bens e/ou serviços brasileiros, inclusive *softwares* e filmes (itens relacionados nas Portarias MDIC nº 208, de 20/10/2010, e 191, de 31/07/2012).

> ✓ Nos casos de exportações para o MERCOSUL, somente serão financiados bens de capital.

Custo: LIBOR fixa ou variável, de acordo com a moeda da operação, de 2 dias antes da data do embarque.

Beneficiários:

- exportador (*supplier's credit*): concedido ao exportador mediante desconto de títulos representativos de vendas a prazo ou da cessão dos direitos creditórios;
- importador (*buyer's credit*): concedido ao importador por intermédio de contrato de financiamento firmado com o governo brasileiro, sem vinculação do exportador aos títulos.

Prazo do financiamento: pode variar de 30 dias a 10 anos, em função do tipo da mercadoria. Quanto às exportações de serviços, os prazos serão fixados pelo Comitê de Financiamento e Garantia das Exportações (Cofig).

Percentual financiável: contempla o valor da exportação, na modalidade *incoterm* negociada, excluída a comissão de agente, nos seguintes percentuais:

- até 85% do valor da exportação, de acordo com o índice de nacionalização da mercadoria;
- até 100% nas exportações com prazo de até 2 anos;
- em ambos os casos, para se habilitar ao percentual máximo, o índice de nacionalização das mercadorias deverá ser igual ou superior a 60%.

Garantias

- aval, fiança ou carta de crédito de bancos de primeira linha ou através do CCR;
- aval de governo ou de bancos oficiais do país do importador, a critério do COFIG;
- seguro de crédito à exportação.

Operacionalização

- Pedido de enquadramento da operação.
- Confecção do Registro de Operações de Crédito – RC (Siscomex).
- Aprovação do RC.
- Embarque da mercadoria.
- Negociação dos documentos, constituição da garantia e entrega de certidões negativas.
- Desembolso dos recursos.

4.10.1.2 Equalização

Remuneração paga pelo Tesouro Nacional (*spread*) às instituições financiadoras, visando à redução do custo financeiro da operação.

Condições do financiamento: são livremente pactuadas (prazo, percentual, juros, carência e garantias).

Beneficiários do financiamento:

- exportador brasileiro (*supplier's credit*), mediante o desconto de títulos representativos da exportação, junto à instituição financeira;
- importador estrangeiro (*buyer's credit*), para pagamento à vista ao exportador brasileiro.

Percentual equalizável: contempla o valor da exportação, na modalidade *incoterm* negociada, excluída a comissão de agente, nos seguintes percentuais:

- até 85% do valor, que poderá ser reduzido se o índice de nacionalização da mercadoria for inferior a 60%;

Produtos equalizáveis: os mesmos elegíveis para o Proex financiamento.

***Spread* equalizável**: estipulado pelo Bacen, de acordo com a mercadoria e o prazo do financiamento.

Prazo equalizável: a partir de 60 dias até 10 anos.

Beneficiários da equalização:

- no país, os bancos múltiplos, comerciais, de investimento, de desenvolvimento e a FINAME;
- no exterior, os estabelecimentos de crédito ou financeiros, inclusive as agências de bancos brasileiros.

Pagamento da equalização: ocorre mediante crédito do valor das NTN-I, na conta de Reservas Bancárias da instituição financeira fornecedora dos recursos ou seu representante no país, junto ao Bacen.

Operacionalização: semelhante à do Proex financiamento, porém, após o embarque o exportador deverá encaminhar os documentos representativos do embarque ao seu agente financeiro, que fará a remessa ao exterior para aceite pelo importador e aval do banco garantidor, se for o caso. Cumpridas as formalidades, o agente financeiro creditará na conta do exportador o correspondente à parcela financiada e encaminhará os documentos necessários ao cadastramento da operação pelo Banco do Brasil.

Maiores informações em:

<http://www.bb.com.br/pbb/pagina-inicial/empresas/produtos-e-servicos/comercio-exterior/vendas-para-o-exterior/proex-financiamento#/>.

4.11 EXPORT NOTES

Trata-se da venda, por parte de um exportador, dos direitos representativos de uma exportação, para captação de capital de giro.

Necessita da existência de um investidor (doador), que compra as cambiais na expectativa de obter ganhos cambiais e/ou fazer *hedge* de compromissos futuros em moeda estrangeira.

Os bancos agem nesse tipo de operação como intermediador, buscando "casar" as duas pontas da operação.

São operações com prazo mínimo de 30 dias.

4.12 FINANCIAMENTO À IMPORTAÇÃO

Mecanismo de apoio às empresas para aporte de recursos de capital de giro e/ou investimento, utilizando taxas internacionais de juros.

Tais financiamentos podem ser de dois tipos: repasse de linha ou financiamento direto.

Repasse de linhas: após fechamento de acordo entre banqueiro internacional e banco brasileiro, o qual disponibiliza recursos para utilização em financiamento de importações brasileiras, este último repassa tais recursos ao importador brasileiro através do pagamento à vista ao exportador no exterior.

Financiamento direto: modalidade em que o banqueiro internacional ou agência externa de banco brasileiro financia diretamente o importador brasileiro através de contrato de financiamento, pagando à vista o exportador.

Note-se que em ambas as modalidades todos os custos incidentes serão cobrados em moeda estrangeira.

Tipos de comissões e custos:

- taxa de juros (OCDE-CIRR, LIBOR);

- *spread*;
- comissão de gestão;
- comissão de compromisso;
- comissão de repasse;
- comissão *flat*;
- prêmio de seguro de crédito;
- Imposto de Renda (paraísos fiscais).

4.13 HEDGE

4.13.1 O conceito de risco

Segundo Chorafas (1992, p. 21), risco pode ser definido como uma situação, posição ou escolha que envolve uma possibilidade de prejuízo ou perigo. Esta situação ou posição envolve risco, pois não tem seu resultado claramente definido. A grande quantidade de variáveis que controlam o resultado pode fazer com que este seja de difícil predição. Um resultado em particular pode ser possível, mas não é certo que aconteça. "O risco é, então, o custo da incerteza."

Pode-se dizer também que risco é uma situação onde uma aleatoriedade que afeta uma situação ou posição pode ser expressa em probabilidades numéricas. A incerteza se dá quando a empresa se depara com uma aleatoriedade que não pode ser expressa em probabilidades numéricas, isto é, o risco pode ser calculado e a incerteza não.

O risco está presente em toda atividade econômica exercida por um indivíduo ou empresa. Estes riscos podem ser físicos ou inerentes ao próprio negócio. Os riscos físicos podem ser sinistros que de alguma forma possam causar prejuízos para a empresa, como acidentes de transporte, roubo de material, incêndio, ou qualquer outro tipo de dano aos equipamentos, instalações ou produtos da empresa.

Os riscos inerentes ao próprio negócio ou riscos financeiros podem ser riscos de crédito, de liquidez, de mercado ou riscos operacionais.

Os riscos de mercado são decorrentes dos movimentos de preços, taxa de juros, de câmbio, índices, ações e títulos, *commodities* ou qualquer outro tipo de ativo que possa afetar de alguma forma as atividades da empresa ou seu preço de mercado. O risco de crédito é devido ao risco de a contraparte não honrar seus compromissos de pagamento.

Os riscos operacionais advêm do gerenciamento da empresa. Uma fraude ou falhas gerenciais dentro da organização podem ser consideradas como risco operacional. O risco de liquidez é devido à possibilidade de a contraparte ter dificuldades de liquidez de caixa para honrar suas obrigações. A administração das empresas, até a crise de liquidez de 1982, não se preocupava em demasia com o risco financeiro, sendo sua atenção totalmente focada no risco físico.

As empresas com grandes instalações industriais têm seus ativos segurados através de empresas de seguro, que oferecem uma garantia em caso de algum sinistro ocorrer.

A atenção geralmente é dada aos equipamentos industriais, instalações e estoques, com o intuito de, caso ocorra um sinistro, ter seus bens protegidos e os prejuízos ressarcidos.

Uma característica importante do risco é a sua capacidade de ser transferido de um agente para outro, desde que uma parte esteja interessada em se proteger e a outra esteja disposta a correr perigo de sofrer prejuízos em busca de um ganho. A gerência de riscos procura a transferência do risco para terceiros, seja buscando seguro ou saindo do risco, passando este para outro indivíduo.

Os mercados de derivativos têm esta capacidade de dar aos participantes a possibilidade de transferir riscos para aqueles indivíduos que querem correr riscos em troca de retornos maiores (especuladores), assim como as empresas de seguro buscam um retorno ao receberem o risco do indivíduo segurado.

4.13.2 O que é *hedge*?

Hedge significa acima de tudo proteção. Fazer *hedge* é utilizar os instrumentos derivativos para se proteger de possíveis mudanças que possam acarretar prejuízos para a empresa ou para o indivíduo. Segundo Araújo (1998, p. 28), "*hedge* pode ser definido como uma operação realizada no mercado de derivativos com o objetivo de proteção quanto à possibilidade de oscilação de um preço, taxa ou índice. Por meio do *hedge*, a empresa se vê livre de um risco inerente a sua atividade econômica principal. O *hedger* abre mão de possíveis ganhos futuros para não incorrer em perdas futuras".

O *hedge* reduz o risco de uma empresa em relação à determinada situação que possa ocorrer, desde que este risco seja relacionado com a atividade econômica desempenhada pela empresa.

Assim, um banco estará realizando *hedge* quando se proteger de um possível aumento das taxas de juros. Uma empresa multinacional americana com uma fábrica no Brasil estará realizando *hedge* se operar com instrumentos financeiros que tenham seu valor derivado da taxa do dólar comercial.

De acordo com Bessada (1998, p. 32), "as operações de *hedging* são estratégias de administração de riscos de ativos ou de produtos possuídos no presente ou no futuro. [...] O objetivo econômico do *hedge* é transferir risco de preços para um agente econômico particular: o especulador. Esse se dispõe a assumir tal risco por conta da expectativa de retorno sobre a posição especulativa que assume".

De acordo com Koziol (1990, p. 3), *hedge* é um processo para se administrarem riscos e se atingirem objetivos. "*Hedge* é multidisciplinar, pois, contabilidade, produção, marketing, finanças, tributos e aspectos legais entre outras áreas devem ser consideradas para se obter um programa de *hedge* compreensivo." *Hedge* não é simplesmente comprar ou vender futuros ou opções contra bens físicos. É o processo de seleção cuidadoso de quais instrumentos devem ser utilizados e com qual finalidade.

Para gerenciar risco, todos os programas bem-sucedidos de *hedge* têm uma característica em comum: *insight*. Ou seja, não há fórmulas prontas com as respostas, mas a capacidade dos indivíduos que estabelecem *hedge* em considerar todas as alternativas e escolher a melhor para o perfil da empresa.

É preciso penetrar no problema, reconhecer as variáveis principais e tomar a posição de *hedge* apropriada. Saber por exemplo quanta cobertura é necessária entre outras variáveis e um passo crucial que precede qualquer ação.

4.13.3 Tipos de *hedge*

Existem dois tipos de *hedge* que podem ser considerados: o *hedge* com caixa e o *hedge* sem caixa.

No primeiro tipo, a empresa acaba imobilizando parte de seu caixa em instrumentos que irão ajudá-la a eliminar o risco inerente de sua atividade. Quando um banco compra um Certificado de Depósito Bancário e faz um *swap* CDB contra CDI (o banco paga a taxa do CDB para a contraparte do *swap* e recebe deste a variação do CDI), ele está se protegendo de um possível aumento dos juros, e ao mesmo tempo tem aquele determinado valor investido no CDB. Esta operação envolveu caixa da empresa.

Já se este banco tivesse comprado contratos futuros de taxa de juros teria realizado um *hedge* sem caixa, pois a compra de futuros não envolve uma saída de caixa, já que futuros são valores virtuais.

4.13.4 O que é um derivativo?

Existem muitas definições sobre o que são derivativos. Basicamente, derivativos são instrumentos que de alguma forma têm seu preço derivado do preço de algum outro ativo, seja ele financeiro ou um bem físico.

Conforme Santos (1998, p. 77), "instrumentos financeiros cujo preço de mercado deriva daí o nome do preço de mercado de um ativo real ou outro instrumento financeiro".

De acordo com Lozardo (1998, p. 16), "derivativo pode ser definido como sendo um título financeiro cujo preço deriva do preço de mercado de outro ativo real ou financeiro: preço da saca de café, preço da arroba da carne bovina, preço da ação, taxa de juro, taxa de câmbio, índices ou quaisquer instrumentos financeiros – aceitos para serem negociados nesse mercado".

Um instrumento derivativo tem a capacidade de transferir o risco de uma pessoa ou agente do mercado para outro, desde que este tenha uma predisposição ao risco diferente à do primeiro agente.

Segundo Araújo (1998, p. 18), "o derivativo presta-se para a troca de um resultado financeiro obtido por meio da aplicação da variação do valor de índices ou projeções de preços, em um determinado período de tempo, sobre um montante teórico inicial. Ele não é, normalmente, usado para a negociação ou comercialização de produtos e serviços. Ele é usado para alterar a característica do risco do caixa, ou da carteira, de uma empresa, dada a possibilidade de alteração no valor de determinado ativo, seja uma *commodity*, taxa de câmbio, taxa de juros ou um índice de preços".

Existem vários instrumentos chamados de derivativos. De acordo com Hull (1996, p. 13), "os contratos futuros e de opções são exemplos do que chamamos de derivativos ou produtos derivativos, que podem ser definidos como títulos cujos valores dependem dos valores de outras variáveis mais básicas".

Um contrato futuro de dólar tem seu preço derivado da taxa de câmbio entre o dólar americano e o real. Assim, uma opção de compra de Recibo da Telebrás tem seu valor derivado do preço à vista do Recibo da Telebrás cotado na Bovespa.

Os *swaps* também podem ser considerados como instrumentos derivativos, dado que seus fluxos de caixa são resultado de variáveis do mercado, como taxa de juros prefixada ou pós-fixada ou da variação cambial.

A possibilidade de fazer *hedge* de moedas no mercado internacional foi aberta aos brasileiros recentemente. Na verdade, as empresas brasileiras estão ainda se familiarizando com as regras da legislação, e novamente esbarraram com um problema de ordem legal.

No mercado internacional, normalmente a operação de *hedge* de moedas é liquidada pela entrega efetiva de divisa. No entanto, o sistema cambial brasileiro não permite, na prática, a liquidação como é de praxe no exterior, devendo ser feita por diferença, como ocorre com *hedge* de taxas de juros.

A legislação brasileira permite fazer o *hedge* de moedas em bolsas internacionais ou no mercado de balcão. Nas bolsas são possíveis as operações nos mercados futuros e de opções. No balcão são realizadas operação de *forwards* (*hedge* a termo), opções de compra ou venda e *swaps*, e neste caso os bancos no exterior assumem o risco do cliente, como contraparte direta de empresa interessada em fazer o *hedge*.

4.13.5 Tipos de operações de *hedge*

Citamos a seguir os principais tipos de operações de *hedge* no mercado internacional:

Swap de moedas: são contratos entre duas partes que concordam em trocar dois fluxos de caixa em moedas diferentes, por um período determinado. Permite que se troque uma dívida em uma moeda com certa taxa de juros específica por outra dívida em outra moeda, e com taxa de juros distinta. Um ponto favorável é permitir contratos relativamente longos (para este tipo de operação), além de possibilitar a proteção contra variações dos juros num único contrato. Um ponto desfavorável é a complexidade da operação, o que só se aconselha para casos de prazos longos e/ou valores elevados.

FX *forwards*: são compromissos de compra de uma moeda contraentrega de outra em momento futuro. A operação em si é relativamente simples, exceto quanto à documentação inicial exigida, com um acordo entre o cliente e o banco no exterior, estipulando as condições em que se realizará. A grande vantagem deste tipo de operação é a liquidez, associada a prazos relativamente curtos (2 anos).

FX *options*: é a opção do cliente de comprar ou vender um ativo para o lançador da opção a um preço determinado e numa data futura de vencimento. Oferece uma grande flexibilidade na administração dos riscos, exigindo, entretanto, uma documentação complexa, uma vez que a operação é contratada diretamente com um banco no exterior.

Finalmente, mesmo tratando com o mercado internacional (com taxas menores), é necessária a preocupação com as oscilações das taxas de juros envolvidas nas operações. Falemos então de algumas modalidades de *swap* de taxas de juro.

Como já foi dito, convém citar que esse tipo de *swap* é um mecanismo que permite às empresas trocar as taxas flutuantes incidentes sobre seus passivos ou ativos por taxas fixas ou vice-versa, exatamente como o *swap* de moedas, só que agora com taxas de juros. Vamos então às modalidades:

Cap: o cliente paga um prêmio ao banco para limitar um teto para as taxas de juros flutuantes que incidem sobre determinado financiamento.

Floor: mecanismo para doadores de recursos em taxas flutuantes, para os quais não interessa que a taxa caia abaixo de determinado piso, abaixo da qual o banco arca com a diferença.

Collar: numa situação de juros flutuantes, pode-se fixar um teto e um piso, limitando o ganho e a perda. Desta forma baixa-se o custo da operação.

Forward: a empresa busca fixar taxas por períodos que serão estipulados de acordo com o vencimento das taxas flutuantes em que suas dívidas foram contratadas.

Passamos, então, pela construção de um cenário favorável a captações de recursos externos pelo Brasil, verificamos alguns tipos de operações utilizadas pelas empresas brasileiras para isso e, finalmente, falamos sobre a preocupação quanto ao risco cambial e às taxas de juros, listando os instrumentos principais para a eliminação ou minimização destes riscos. Desta forma, sem a pretensão de esgotar o assunto, encerramos o que se pode considerar um ciclo de captação de recursos externos pelas empresas brasileiras.

4.13.6 Swap

O instrumento ao qual chamamos de *swap* é um acordo de troca de remuneração entre duas partes. De acordo com Araújo (1998, p. 70), "podemos definir *swap* como um contrato de derivativo por meio do qual as partes trocam o fluxo financeiro de uma operação sem trocar o principal". Esta definição é a que mais se enquadra nas descrições dos principais autores.

4.13.7 Participantes do mercado de derivativos

Existem três participantes do Mercado de Bolsa que operam com derivativos que merecem ser apresentados: *hedgers*, arbitradores e especuladores.

Os **hedgers** são aqueles indivíduos ou empresas que utilizam os instrumentos derivativos para proteção de eventuais mudanças nos preços de algum ativo ou da taxa de juros ou câmbio.

Arbitradores são aqueles indivíduos que buscam ganhar pequenas margens ou *spreads* operando em mais de um mercado ao mesmo tempo. Sua função econômica é muito importante, pois, ao aproveitarem pequenas distorções de preços no mercado, acabam fazendo com que estas distorções de preço diminuam até se voltar a uma posição de equilíbrio.

E existem os **especuladores**, que visam ganhar dinheiro assumindo o risco que os *hedgers* buscam eliminar.

Para que haja proteção é preciso que exista alguém correndo risco. Esta é a função econômica dos especuladores no mercado moderno. Sem as suas operações, não haveria liquidez no mercado para que empresas e indivíduos utilizassem os mercados de derivativos para se protegerem de eventuais reviravoltas.

De acordo com Araújo (1998, p. 29), "ao contrário do que muitos pensam, o especulador não é nocivo ao mercado, pelo contrário, ele é muito necessário. Quando um produtor planta uma semente também planta um risco, o de seu produto não dar preço na hora da venda e colocar toda sua safra a perder. A atividade econômica gera risco, o que é inevitável. Quando o *hedger* não quer correr o risco, deve encontrar outra pessoa para assumi-lo: aí entra o especulador".

4.13.8 *Hedge* com futuros

Hedge de venda

- Data: 15-5-XX
- 1 milhão de barris de petróleo
- Contrato de venda pelo preço de 15-8-XX
- Valor em 15-3-XX → US$ 19,00/barril
- Valor em 8-XX → US$ 18,75/barril

Cenário 1

- → em 15-8-XX: US$ 17,50/barril
- Vende os barris por US$ 17,5 milhões e recebe US$ 1,25 milhão de ajuste pelos contratos negociados na bolsa, totalizando US$ 18,75 milhões.

Cenário 2

- → em 15-8-XX: US$ 19,50/barril
- Vende os barris por US$ 19,5 milhões e paga US$ 0,75 milhão de ajuste pelos contratos negociados na bolsa, totalizando US$ 18,75 milhões.

Hedge de compra

- Data: 15-1-XX
- 100.000 libras-peso de cobre
- Contrato de compra pelo preço de 15-5-XX
- Valor em 15-1-XX → US$ 0,140/libra-peso
- Valor em 5-XX → US$ 0,120/libra-peso

Cenário 1

- → em 15-5-XX: US$ 0,125/libra-peso
- Compra o cobre por US$ 125,000 e recebe US$ 5,000 de ajuste pelos contratos negociados na bolsa, totalizando US$ 120,000.

Cenário 2

- → em 15-5-XX: US$ 0,105/libra-peso
- Compra o cobre por US$ 105,000 e paga US$ 15,000 de ajuste pelos contratos negociados na bolsa, totalizando US$ 120,000.

4.14 FORMAS DE CAPTAÇÃO DE RECURSOS NO MERCADO INTERNACIONAL

- Captação de Recursos de Curto Prazo.
- Captação de Recursos de Longo Prazo.

Lei nº 4.131, de 3 de dezembro de 1962

- Disciplina a aplicação do capital estrangeiro e as remessas de valores para o exterior.
- Caracteriza o empréstimo estrangeiro direto a empresa brasileira.
- Regula a emissão de eurobônus e euronotas.

Eurobônus/Euronotas

- Principal instrumento de captação externa.
- Modifica o perfil do endividamento brasileiro.
- Pulverização dos investidores e do risco.
- Os eurobônus têm prazos superiores a 10 anos.
- As euronotas possuem prazos de até 5 anos.
- Pode-se dizer que os títulos brasileiros são notas e não bônus.
- No Brasil, a grande parte das emissões são de empresas, embora os títulos do país sejam muito bem aceitos.

Em 1993, o Bacen interviu nesse mercado em função do excesso de captação, fazendo as seguintes alterações:

- Aumento do prazo mínimo de permanência de 2,5 para 3 anos.
- Prolongamento do período mínimo para isenção do Imposto de Renda de 5 para 8 anos.

Bônus conversíveis

- Variante dos eurobônus que permite a conversão em ações ou resgate do principal no vencimento.
- A conversão pode ser feita em ações da devedora ou de outras empresas de sua propriedade.
- Existe outra variante com opção de compra de ações que pode ser negociada separadamente.

Certificados de depósitos

- Semelhantes ao nosso CDB, são emitidos pelas agências de bancos brasileiros no exterior.
- Seus recursos são utilizados para financiar o funcionamento dessas agências.

- Podem ser negociados no mercado secundário, pois são títulos ao portador.
- Não estão sujeitos às limitações do Bacen.
- Possuem prazos inferiores a 1 ano e taxas menores que as dos eurobônus.
- Possuem documentação simplificada.

4.14.1 Classificação do mercado de capitais

Mercado Primário: onde ocorre a primeira negociação de uma determinada ação ou outro valor mobiliário. É nesse mercado que as empresas buscam recursos para seus projetos ou outras atividades produtivas.

Mercado Secundário: onde ocorre a transferência entre diversos proprietários, porém, esses recursos *não são canalizados para a empresa*.

A principal função desse mercado é dar liquidez aos papéis emitidos.

Os ativos financeiros não encontram colocação no mercado primário se não existir um mercado secundário organizado capaz de dar liquidez a esses papéis.

Commercial papers

- São títulos de renda fixa que estabelecem obrigação direta entre emissor e portador do papel.
- São utilizados em operações de empréstimos *intercompanies*, devido aos prazos impostos pelo Bacen.
- Nos EUA, o prazo mínimo é de 270 dias, e na Europa, 1 ano, onde a realização sem intermediação é permitida.
- Possui documentação simples.

American Depositary Receipts (ADR)

- Forma pela qual as empresas estrangeiras têm suas ações negociadas nas bolsas americanas.
- Constituem-se em depósitos de lotes de ações em banco custodiante brasileiro.
- Com base nessa custódia, um banco no exterior emite ADRs, que são negociáveis no mercado americano.
- Todo ADR tem os mesmos direitos das ações custodiadas (dividendos, bonificações, desdobramentos).

Obrigações da empresa emissora:

- A empresa emissora deve comunicar ao banco custodiante qualquer deliberação de assembleia ou reuniões de diretoria, com respeito a fatos relevantes, especialmente aumento de seu capital e distribuição de benefícios.
- Também deve enviar ao banco depositário e ao banco custodiante cópias de todas as deliberações, tais como atas de assembleias e de reuniões de diretoria.

- Comunicar o início da distribuição de qualquer desses direitos com antecedência de dez dias úteis.
- Efetuar o pagamento de dividendos ao banco custodiante, a quem cabe a responsabilidade da remessa dos valores ao exterior.

Obrigações do banco custodiante:

- Receber as ações em depósito e enviar instruções ao banco depositário para que este possa emitir os ADRs nos prazos estabelecidos.
- Receber instruções do banco depositário sobre cancelamento de ADR e entregar as ações para a corretora brasileira nos prazos estabelecidos.
- Controlar a movimentação da conta de custódia do Programa ADR para atender às exigências da CVM e do Bacen.
- Comunicar ao Bacen, até o oitavo dia útil, sobre recursos que ingressaram no Brasil, referentes a depósitos de ações no Programa ADR do investidor nacional.
- Controlar e informar ao banco depositário dos direitos das ações depositadas em custódia.
- Enviar ao banco depositário cópias das deliberações da companhia emissora das ações.
- Remeter ao banco depositário o valor dos dividendos sobre as ações depositadas no Programa ADR.

Existem quatro tipos de ADR:

- **Nível 1**: correspondente a ações já em circulação. Não envolve captação de dinheiro novo e é negociado no mercado de balcão.
- **Nível 2**: somente habilita a negociação nas bolsas de ações já existentes. Também não envolve a captação de dinheiro novo.
- **Nível 3**: emissão de novas ações para negociação em bolsas. Único tipo que envolve captação de dinheiro novo.
Regra 144-A: permite a colocação privada de ações de empresas brasileiras no mercado americano, para compra por investidores institucionais qualificados, com exigências legais menos rígidas.

O ADR Nível 1 é a emissão mais barata, pois não exige taxa de *underwriting*. Sendo assim, é o tipo mais utilizado pelas empresas brasileiras que efetuam lançamentos para conhecer o mercado.

Para outros mercados além do americano existem os *Global Depositary Receipts* (GDR) e os *International Depositary Receipt* (IDR), para a Europa.

4.15 *LEASING* INTERNACIONAL E OPERAÇÕES ESTRUTURADAS

4.15.1 *Leasing* internacional

É uma modalidade de financiamento muito utilizada em importações de máquinas e equipamentos, novos ou usados, porém, com utilização de recursos provindos do exterior.

Como o *leasing* interno, pode ter ou não opção de compra do bem no final do prazo contratado.

Geralmente, a arrendadora é uma empresa sediada no exterior, principalmente em paraísos fiscais, como forma de reduzir custos tributários.

É caracterizado pelo pagamento de aluguel de um bem ao arrendador.

Existem três modalidades de *leasing*:

- *Leasing* Operacional.
- *Leasing* Financeiro.
- *Lease Back*.

4.15.1.1 Leasing *operacional*

Operacionalizado diretamente entre arrendador e arrendatário, o qual usufrui do equipamento, podendo rescindir o contrato a qualquer momento, não havendo obrigação de adquirir o bem ao final do prazo contratado. Sendo assim, o bem retorna ao arrendador ao término do contrato.

4.15.1.2 Leasing *financeiro*

É o mais contratado na atualidade, pois a arrendadora adquire o bem integralmente de um vendedor e o repassa à arrendatária, que efetuará os pagamentos semestrais ou trimestrais. Na prática, trata-se de um financiamento, pois a arrendadora não tem interesse no bem adquirido. Espera com a operação receber rendimentos financeiros. Nesse tipo de operação a arrendatária poderá ao final adquirir o bem mediante pagamento de valor residual previamente contratado, renovar o contrato por outro período ou devolver o bem.

4.15.1.3 Lease back

Muito utilizado entre empresas do mesmo grupo. Consiste na venda do bem a uma empresa de *leasing* ou coligada e arrendá-lo de volta com opção de compra.

É uma alternativa de levantamento de capital de giro.

Vantagens

- Possibilidade de financiamento de longo prazo, de 100% do valor do equipamento.
- Obtenção de benefícios fiscais por dedução do valor das prestações do lucro tributável.
- Não imobilização do capital, melhorando os índices contábeis do balanço.
- Conservação do capital próprio.
- Taxas de juros internacionais.

Desvantagem

- Como todos os financiamentos de importação, cuja origem dos recursos é externa: Risco Cambial.

4.15.2 Operações estruturadas

4.15.2.1 Securitização de exportações

Disciplinada pela Resolução nº 1.834, do Conselho Monetário Nacional, e regulamentada pelo Banco Central do Brasil, através da Circular nº 1.979, ambas de 26 de junho de 1991.

É um processo de geração antecipada de recursos com vínculo com a exportação.

É um empréstimo tomado no exterior, em moeda estrangeira, através do lançamento de títulos (*notes* ou *securities*) no mercado de capitais internacional.

Podem-se financiar investimentos garantindo-se a operação pela caução de recebíveis de exportação.

Por ser uma operação complexa e trabalhosa, é utilizada para captação de grande volume de recursos (acima de US$ 30 milhões), embora sejam possíveis captações de valores menores.

Embora os recursos obtidos possuam vínculo com exportações, não existe a obrigatoriedade da aplicação dos recursos na produção de bens exportáveis.

Oferece vantagens em relação aos financiamentos em virtude dos prazos maiores e taxas de juros menores.

Quanto ao risco cambial, uma vez que os pagamentos serão realizados através das exportações, esse risco não existirá.

4.15.2.2 Project finance

Trata-se do financiamento de projetos.

É uma estrutura montada, visando atender às necessidades específicas de um empreendimento, formando uma espécie de pacote, formado exclusivamente para a viabilização de um projeto.

Como exemplos conhecidos temos a Eurodisney, o Eurotunel e o Gasoduto Brasil/Bolívia.

É utilizado em empreendimentos que, financiados pelas vias normais, teriam pouca ou nenhuma chance de conquistar sucesso, se saíssem do papel.

Pode ser definido como "uma captação de recursos para financiar um projeto de investimento de capital economicamente separável, no qual os provedores de recursos veem o fluxo de caixa vindo do projeto como fonte primária de recursos para atender ao serviço de seus empréstimos e fornecer o retorno sobre seu capital investido" (FINNERTY, 1996, p. 2).

De acordo com a definição, os ativos deverão constituir uma nova empresa, por isso menciona-se "investimento de capital economicamente separável".

Pode representar a criação de uma empresa, sem história anterior, criada especialmente para o financiamento e gerenciamento do projeto.

Avaliando os exemplos conhecidos, verificamos que eles realmente se transformaram em unidades autônomas, independentes das unidades de origem.

Contudo, é possível realizar um *Project Finance* para empreendimentos que já existam.

São operacionalizados para empreendimentos que ultrapassam a casa de dezena de milhões de dólares. Já houve casos de alcançar a casa do bilhão de dólares.

Por ser muito complexo, deverá ser analisado exaustivamente em aspectos como:

- viabilidade econômico-financeira;
- valorização do empreendimento;
- viabilidade técnica.

Também, por envolver grande volume de recursos, poderá possuir várias origens, tais como:

- financiamentos bancários;
- mercado de capitais doméstico;
- mercado de capitais internacional;
- agências governamentais.

4.15.2.3 Compra e venda de ativos em moeda estrangeira

É uma operação que se processa entre bancos e visa o melhor atendimento de um determinado cliente através da transferência de direitos sobre uma operação.

Imaginemos uma operação de financiamento de importação de 4 anos, com pagamento semestral de principal e juros.

Após o pagamento de algumas parcelas, o banco financiador decide realizar nova operação com aquele cliente, por ser mais rentável que a anterior.

O banco financiador contrata um terceiro banco, que possui recursos disponíveis e se interessa pela operação a ser vendida, assumindo o restante do financiamento.

Através da transferência de ativos, o banco financiador vende ao outro a operação, recebendo seu valor antecipadamente, com deságio ou não, passando a ter margem no limite de crédito do cliente para fazer a nova operação.

Um fator que pode contribuir para a viabilização desse tipo de operação é a escrituração.

É desejável que esteja escriturada em um Paraíso Fiscal, para se evitar a tributação sobre a transferência, o que pode fazer com que o negócio deixe de ser rentável.

4.15.2.4 Assunção de dívida internacional

É mais utilizada sempre quando a moeda nacional encontra-se estabilizada.

Pode facilitar o acesso de importadores a equipamentos ou produtos importados ou transferir a dívida de um devedor que se encontra em situação inadimplente.

Diferencia-se da Compra e Venda de Ativos em Moeda Estrangeira pelo fato de que se processa entre importador e tomador, sempre com a anuência do banco financiador.

Trata-se então de uma troca de devedor, ou seja, uma transferência da responsabilidade pela quitação de um empréstimo a um terceiro, que em princípio nada teria a ver com a dívida inicial.

4.15.2.5 Back finance

É uma aplicação de recursos, em moeda estrangeira, que se encontram no exterior e pertencem a um cliente interessado em cedê-los, isto é, investi-los.

A estrutura é muito parecida com os *Export Notes*, contudo, os recursos encontram-se no exterior.

Nessa estrutura, o doador dos recursos é garantido por uma *Stand By Letter of Credit*, para viabilizar o retorno da moeda estrangeira ao exterior.

É muito utilizada entre coligadas.

Sua vantagem principal é que o doador dos recursos consegue juros superiores aos do mercado.

Em outras palavras, um importador que possua recursos no exterior pode se financiar e remeter juros legalmente ao exterior.

Também pode beneficiar os chamados *Private Banking*, brasileiros que possuem recursos aplicados no exterior.

4.15.2.6 Pledge agreement

Trata-se de uma estrutura voltada para importadores que possuem recursos no exterior, pretendem investir na compra de máquinas e equipamentos importados, mas que não pretendem utilizar tais recursos na compra do equipamento.

Através do *Pledge Agreement* o importador "garante" a emissão de uma carta de crédito financiada ou de um financiamento de importação, o qual não impactará o seu limite de crédito junto ao banco financiador.

Com isso, poderá conseguir desconto comercial junto ao exportador em função do pagamento à vista e terá um custo financeiro diminuído em função da remuneração recebida pelos recursos aplicados no exterior.

Logística Internacional

*Enzo Fiorelli Vasques e
Claudio Eidelchtein*

5.1 INTRODUÇÃO

Um dos efeitos mais sensíveis do processo de globalização que vêm afetando a grande maioria das nações é o aumento do comércio internacional, que nos últimos 20 anos vem crescendo a uma taxa superior ao PIB mundial. Entre 1995 e 2003, a taxa de crescimento do comércio internacional foi o dobro do PIB mundial. Enquanto o PIB cresceu a uma taxa de 2,7% ao ano, o comércio cresceu a uma taxa de 5,4%.

Esse contexto forjou mercados altamente competitivos, obrigando as organizações a alinharem suas estratégias de manufatura às suas estratégias competitivas globais, redefinindo a estrutura organizacional a parâmetros internacionais de competitividade.

Após as reengenharias que possibilitaram o enxugamento das estruturas físicas e de pessoal, as empresas estão investindo maciçamente em logística, eleita como a última fronteira da área de administração de empresas para obter economia e ganhar produtividade.

Antes considerada uma atividade focalizada de maneira isolada nas tarefas de transporte, armazenagem e gestão de estoques, atualmente a logística se apresenta sob uma perspectiva mais estratégica, como um processo coordenado e integrado em alguns aspectos considerados essenciais, entre eles: necessidades do cliente, prazos, valor agregado e opções de fornecimento.

Esse processo dinâmico, além de integrar as várias funções dentro da organização, estabelece relações com o ambiente externo combinando as funções de três áreas: suprimentos (compras), produção e distribuição. Essas áreas garantem a gestão integrada de materiais, produtos semiacabados e produtos finais que são movimentados entre instalações, fornecedores e clientes.

A logística está ligada, dessa forma, intrinsecamente ao gerenciamento da cadeia de suprimento (*supply chain*), integrando processos-chaves do negócio desde o consumidor até o fornecedor primário, compreendendo produtos, serviços, informações que agregam valor de forma recíproca a todos os envolvidos.

Segundo dados da Associação Brasileira de Movimentação e Logística – ABML, o índice de redução de custo de uma organização pode chegar a 25% a partir de uma estruturação eficiente da cadeia de suprimentos, sobretudo quando se cria um alinhamento entre os sistemas e metodologias de trabalho e os parceiros envolvidos.

5.2 A LOGÍSTICA NO BRASIL E NO MUNDO

A logística no Brasil e no mundo está passando por um período de extraordinárias mudanças. Pode-se mesmo afirmar que estamos no limiar de uma revolução, tanto em termos das práticas empresariais quanto da eficiência, qualidade e disponibilidade da infraestrutura de transportes e comunicações, elementos fundamentais para a existência de uma logística moderna.

O rápido crescimento do comércio internacional gerou uma enorme demanda por logística internacional, uma área para a qual alguns países, especialmente o Brasil, nunca haviam se preparado adequadamente tanto em termos burocráticos quanto de infraestrutura e práticas empresariais.

Particularmente para as empresas que operam no Brasil, é um período de riscos e oportunidades. Riscos devido às enormes mudanças que precisam ser implementadas e oportunidades devido aos enormes espaços para melhorias de qualidade do serviço e aumento de produtividade, fundamentais para o aumento da competitividade empresarial.

No Brasil, a explosão do comércio internacional, a estabilização econômica produzida pelo Real e as privatizações da infraestrutura são os fatores que estão impulsionando este processo de mudanças. O fim do processo inflacionário induziu a uma das mais importantes mudanças na prática da logística empresarial, ou seja, o crescente movimento de cooperação entre clientes e fornecedores na cadeia de suprimentos, dentro do conceito de *Supply Chain Management*.

Grandes investimentos estão sendo realizados com o objetivo de aprimoramento das operações logísticas. No entanto, todo este esforço empresarial esbarra nas enormes deficiências ainda hoje encontradas na infraestrutura de transportes e comunicações. Existem aí enormes oportunidades para aumento de produtividade e melhoria da qualidade de serviços.

Com gastos equivalentes a 10% do PIB, o transporte brasileiro possui uma dependência exagerada do modal rodoviário, o segundo mais caro, atrás apenas do aéreo. Enquanto no Brasil o transporte rodoviário é responsável por 58% da carga transportada (em toneladas-km), na Austrália, EUA e China os números são 30%, 28% e 19%, respectivamente.

Considerando os padrões norte-americanos, em que o custo do transporte rodoviário é três vezes e meia maior que o ferroviário, seis vezes maior que o dutoviário e 9 vezes maior que o hidroviário, percebe-se o potencial para redução de custos se a participação do rodoviário vier a seguir os padrões internacionais, abrindo espaço para o crescimento de modais mais baratos.

O crescimento do comércio exterior brasileiro contribuiu para o aumento da participação do Brasil nas exportações mundiais, que saltou de 0,86% para 1,03%, o crescimento da participação das exportações no PIB nacional, que pulou de 7% para 13%, e o aumento das reservas cambiais do país. Por outro lado, revelou uma série de fragilidades logísticas do país.

As fragilidades no modo rodoviário são representadas pelas condições precárias das rodovias, resultado de uma infraestrutura inadequada e deteriorada, além de um baixo nível de manutenção da frota. Nas ferrovias, constata-se baixa eficiência, inadequação operacional, malha insuficiente, obsoleta e em péssimo estado de conservação, falta de investimentos no setor, com o agravante da dificuldade de integração entre as malhas, consequência do uso de bitolas diferentes ao longo das malhas.

O transporte marítimo sofre pela desorganização e excesso de burocracia dos portos, que tiveram como resultado o aumento das filas de caminhões nos principais portos, longas esperas de navios para a atracação, o não cumprimento dos prazos de entrega ao exterior, tudo isto resultando no aumento dos custos e redução da competitividade dos produtos brasileiros no exterior. Os custos elevados e carência de investimento em infraestrutura limitam a competitividade do modal aéreo.

Uma utilização do modo dutoviário de uma forma mais eficiente esbarra no monopólio do setor petrolífero, nas características deste modal que é específico para determinadas cargas, além da falta de planejamento e investimento. Por sua vez, o transporte aquaviário apresenta ineficiências e inadequação da infraestrutura portuária e altos custos.

Corroborando com as alegações, a tendência no Brasil seguindo à mundial é que ocorra cada vez mais incremento na utilização de contêineres no transporte de carga, nos principais modais de transporte, tais como o aquaviário, ferroviário e rodoviário.

Evidenciados os gargalos da logística no Brasil o contraponto desta realidade são as perspectivas de expansão do setor baseadas na elevação dos volumes importados e exportados pelas empresas brasileiras.

5.3 FRETE INTERNACIONAL

O transporte é o principal componente do sistema logístico. Sua importância pode ser medida através de pelo menos três indicadores financeiros: custos, faturamento e lucro.

O transporte representa, em média, 60% dos custos logísticos, 3,5% do faturamento e, em alguns casos, mais que o dobro do lucro. Além disso, o transporte tem um papel preponderante na qualidade dos serviços logísticos, pois impacta diretamente o tempo de entrega, a confiabilidade e a segurança dos produtos.[1]

5.3.1 Escolha de modais

O transporte internacional pode ser realizado pelos meios aéreo, marítimo e terrestre, ou pela combinação dos mesmos em uma mesma remessa que denominamos Multimodalidade. Cada um possui custos e características operacionais próprias, que os tornam mais adequados para certos tipos de operações e produtos.

Os critérios para escolha de modais devem sempre levar em consideração aspectos de custos, por um lado, e características de serviços, por outro. Em geral, quanto maior o desempenho em serviços, maior tende a ser o custo do mesmo.

As diferenças de custo/preço entre os modais tendem a ser substanciais. Tomando como base um transporte de carga fechada a longa distância, verifica-se que, em média, os custos/preços mais elevados são os do modal aéreo, seguido pelo rodoviário, ferroviário e aquaviário, pela ordem.

---

[1] *Log-In* In: 3ª Reunião do Grupo de Trabalho Conjunto de Competitividade das Comissões de Trabalho, Administração e Serviço Público e Desenvolvimento Econômico, Indústria e Comércio, Brasília, 14 de agosto de 2007.

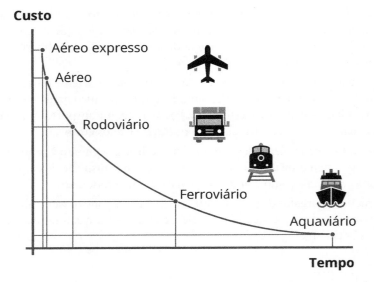

Figura 5.1 *Custo × eficiência nos transportes.*

Por outro lado, a classificação dos produtos por volume e valor agregado é de suma importância quando se considera a adequação da infraestrutura logística às necessidades do país.

Produtos de baixo valor agregado, transacionados em grandes volumes (em geral produtos básicos a granel), requerem sistemas logísticos de grande capacidade e baixo custo unitário, mesmo que para isso seja necessário sacrificar certas dimensões de serviço, tais como frequência e prazos de entrega.

Por sua vez, produtos de alto valor agregado e baixo volume (tipicamente produtos industrializados e containerizados) demandam sistemas logísticos que possam oferecer altos níveis de serviço, em termos de frequência e prazos, mesmo que para isso seja necessário sacrificar os custos logísticos.

Assim, são cinco as dimensões mais importantes, no que diz respeito às características dos serviços oferecidos: velocidade; consistência; capacitação; disponibilidade e frequência.

A Figura 5.1 procura comparar os quatro modais em relação a seu desempenho teórico. Em termos de **velocidade**, o modal aéreo é o mais veloz, seguido pelo rodoviário, ferroviário e aquaviário. Entretanto, considerando que a velocidade deve levar em consideração o tempo gasto no porta-a-porta, essa vantagem do aéreo só ocorre para distâncias médias e grandes, devido aos tempos de coleta e entrega, que precisam ser computados.

A **consistência** representa a capacidade de cumprir os tempos previstos. Neste quesito, as condições climáticas ou de congestionamentos podem afetar o serviço de transporte. Nos modais apresentados, o rodoviário apresenta-se mais consistente, seguido pelo ferroviário, aquaviário e aéreo. O baixo desempenho do aéreo resulta de sua grande sensibilidade a questões climáticas e sua elevada preocupação com questões de segurança, o que torna bastante comuns atrasos nas saídas e nas chegadas.

A **capacitação** está relacionada à possibilidade de um determinado modal trabalhar com diferentes volumes e variedades de produtos. Nesta dimensão, o destaque de desempenho é o modal aquaviário, que praticamente não tem limites sobre o tipo de produto que pode transportar, assim como do volume, que pode atingir centenas de milhares de toneladas.

A dimensão **disponibilidade** se refere ao número de localidades onde o modal se encontra presente. Aqui, aparece a grande vantagem do rodoviário, que quase não tem limites onde pode chegar. Teoricamente, o segundo em disponibilidade é o ferroviário, mas isso depende da extensão da malha ferroviária em um determinado país. O modal aquaviário, embora ofereça potencial de alta disponibilidade devido à nossa costa de oito mil quilômetros e nossos cinquenta mil quilômetros de rios navegáveis, apresenta, de fato, uma baixa disponibilidade, função da escassez de infraestrutura portuária, de terminais e de sinalização.

Por **frequência**, entende-se o número de vezes em que o modal pode ser utilizado em um dado horizonte de tempo. No transporte internacional, por ordem de desempenho temos o rodoviário, ferroviário, aéreo e hidroviário. A baixa frequência do hidroviário resulta dos grandes volumes envolvidos na operação, o que o obriga a trabalhar com carga consolidada, diminuindo dessa maneira a frequência.

A combinação de preço/custo com o desempenho operacional nestas cinco dimensões de serviços resulta na escolha do modal mais adequado para uma dada situação de origem – destino e tipo de produto.

5.3.2 Tipos de Transporte

5.3.2.1 *Transporte Marítimo*

5.3.2.1.1 Personagens do Direito Marítimo

5.3.2.1.1.1 Proprietário

É o dono da embarcação; é aquele em cujo nome a embarcação está registrada no Tribunal Marítimo e inscrita na Capitania dos Portos. Em seu nome, é expedida a Provisão de Registro. Temos ainda que, no Brasil, para ser proprietário de embarcação brasileira, necessariamente deverá ser pessoa física brasileira ou empresa brasileira de navegação.

5.3.2.1.1.2 Armador (*owner*)

Segundo o disposto no inciso III do artigo 2º da Lei nº 9.537 (LESTA), de 11 de dezembro de 1997, que dispõe sobre a segurança do tráfego aquaviário em águas sob jurisdição nacional:

> "*Artigo 2º [...]*
> *III – Armador – pessoa física ou jurídica que, em seu nome e sob sua responsabilidade, apresta a embarcação com fins comerciais, pondo-a ou não a navegar por sua conta.*"

Ou seja, é a pessoa física ou jurídica que coloca a embarcação em condições necessárias para que possa ser empregada em sua finalidade comercial. Contudo, inexiste a obrigatoriedade do proprietário ser armador, da mesma forma de o armador ser o proprietário do navio.

De acordo com o nosso direito, se o armador nacional for uma pessoa individual, seu titular deverá ser brasileiro, isto é, pessoa física residente e domiciliada no Brasil. Se for uma sociedade, deverá ser empresa brasileira de navegação, pessoa jurídica constituída segundo as leis brasileiras, com sede no país, que tenha por objeto o transporte aquaviário, autorizada a operar pelo órgão competente (Agência Nacional de Transportes Aquaviários – ANTAQ), conforme disposto nos incisos IV e V do artigo 2º da Lei nº 9.432, de 8 de janeiro de 1997, que dispõe sobre a ordenação do transporte aquaviário.

Os tribunais vêm ratificando a teoria da responsabilidade objetiva do armador, isto é, imputando-lhe responsabilidades independentemente de culpa, tanto no contexto cível quanto no administrativo do Tribunal Marítimo.

Há situações em que o armador e o proprietário podem se constituir em uma só pessoa, denominado *shipowner*.

5.3.2.1.1.3 Fretador e afretador

Contrato de fretamento é o contrato pelo qual o fretador (armador) põe à disposição do afretador um determinado navio ou mesmo parte dele (espaço), equipado e armado, obrigando-se a realizar uma ou mais viagens, por um prazo certo e mediante pagamento de quantia determinada.

Logo, fretamento deriva de fretar, de frete, ou seja, preço do transporte. Fretear significa dar o navio a frete e, afretar, recebê-lo a frete.

Portanto, fretador (*owner*) é quem dá o navio a frete; é o dono do navio ou a pessoa física ou jurídica com capacidade civil de fazer a cessão de uso e gozo do navio, como instrumento do exercício do comércio marítimo.

Afretador (*charterer*), o que recebe mediante frete; é o locatário do navio, que é a pessoa física ou jurídica que recebe o navio a frete, para o exercício comercial da navegação.

5.3.2.1.2 Empresas de navegação

É aquela que se oferece ao mercado para realizar o transporte de cargas e/ou passageiros. Denominadas de *commom carrier*, ou transportador público. Serviço de utilidade pública.

Temos como comum a operação de navios próprios e afretados. Estes são utilizados para complementar a frota, quando não estão disponíveis ou por qualquer outro motivo.

Em regra, temos como serviços prestados comercialização dos espaços do navio para o transporte de cargas, bem como a operação do mesmo.

Estão inclusas no serviço de comercialização dos espaços do navio as atividades de angariar e fechar cargas, cobrança de fretes, embarque, desembarque, enfim, tudo que se relaciona à parte comercial.

No serviço de operação do navio, estão inclusas a contratação e manutenção da equipagem, manutenção do navio, reparos, atracação, desatracação etc.

5.3.2.1.2.1 Comandante e imediato

Os ordenamentos jurídicos, tanto nacionais quanto os internacionais, outorgam total responsabilidade pela operacionalização do transporte marítimo ao comandante exaltando-o à condição de autoridade máxima do navio. O comandante é considerado um tripulante e sua relação jurídica com o armador é empregatícia. Também é representante do dono da carga, logo, é considerado depositário desta.

No caso de impedimento é imediatamente substituído pelo imediato.

5.3.2.1.3 Agentes × agência de navegação

É muito comum a confusão entre o conceito de agência de navegação e o agente.

A agência atua como se fosse o armador; é um prolongamento da empresa.

O agente é uma pessoa física ou jurídica contratada para representar o armador em um determinado porto ou área geográfica, tendo com este um contrato de mandato, regido pelo Código Civil.

A diferença entre agência e agente está na espécie de navegação, pois, aquela representa companhias de navegação de linhas regulares, enquanto este representa somente companhias que esporadicamente fazem escala naquele porto.

Veremos as diferenças nitidamente quando nos reportarmos aos contratos marítimos.

5.3.2.1.4 Transitários ou *freight forwards*

São mandatários comerciais, do embarcador ou do recebedor da carga, atuando em operações anteriores ou posteriores ao transporte marítimo propriamente dito, não incumbidas ao comandante do navio, nem aos agentes.

Temos que na exportação o transitário recebe do exportador a mercadoria e a envia para o porto onde deverá ser embarcada. Na importação, o transitário recebe a mercadoria do navio e a remete ao importador. Sua atividade fica restrita ao ocorrido entre duas etapas do percurso entre dois transportes. Atualmente poderá executar as funções de comissário de despachos e despachante aduaneiro.

O *freight forwarder*, inobstante proceda a realização de toda a operação anterior ou posterior ao transporte marítimo propriamente dito, é apenas mandatário do embarcador, isto é: AGE EM NOME E SOB RESPONSABILIDADE DO EMBARCADOR (EXPORTADOR OU IMPORTADOR). Nada mais.

O *freight forwarder* não executa, nem responde pelo contrato de transporte, nem muito menos pelas obrigações ou penalidades imponíveis ao armador/afretador de navio.

5.3.2.1.5 NVOCC (*Non-Vessel Owning Common Carrier*)

Trata-se de um armador sem navio, registrado no Departamento do Fundo de Marinha Mercante para poder operar, proposto a realizar transporte marítimo em navios de armadores constituídos. Para isso, mantém um acordo com esses armadores, envolvendo tanto a utilização de contêineres como do próprio navio deles. Sua atuação sempre foi maior junto a pequenos comerciantes que não encontram facilidades junto a armadores por possuírem cargas fracionadas. Atualmente até as multinacionais utilizam-se desse serviço.

5.3.2.1.6 Praticagem

Trata-se da prestação de serviços, prevista em lei, por profissionais habilitados que possuem conhecimentos específicos das condições locais (zonas de praticagem) – como rochas, rochedos submersos, bancos de areia, marés e correntes de marés etc., auxiliando os comandantes dos navios a efetuarem com segurança e sem risco à integridade física das embarcações as manobras no porto. O prático é o profissional aquaviário não tripulante.

Registre-se, inclusive que, de acordo ao disposto no art. 14, *caput*, da Lei nº 9.537/97 (LESTA), o serviço prestado pela *praticagem* é, para todos os efeitos, considerado *serviço público essencial*. Confira-se:

> Art. 14. *O serviço de praticagem, considerado atividade essencial, deve estar permanentemente disponível nas zonas de praticagem estabelecidas."* (Grifo nosso)

5.3.2.1.7 Porto organizado

Definido pela Lei nº 12.815, de 5 de junho de 2013, art. 2º, inciso I, é o bem público construído e aparelhado para atender às necessidades da navegação, de movimentação de passageiros ou de movimentação e armazenagem de mercadorias e cujo tráfego e operações portuárias estejam sob a jurisdição de autoridade portuária.

Note-se que a área do porto organizado está definida no inciso II do mesmo artigo como área delimitada por ato do Poder Executivo que compreende as instalações portuárias e a infraestrutura de proteção e de acesso ao porto público.

5.3.2.1.8 Operadores

Figura recente no Brasil, surgiu da necessidade de prestação de serviços ao armador; podendo ser subdivididos em:

5.3.2.1.8.1 Operador técnico

Surge da necessidade quando o armador não possui estrutura própria para suprir o navio com os itens operacionais (tripulação, material, reparos etc.), bem como quando não tem interesse em fazê-lo, contratando empresa especializada nesse ramo, que passa a agir em seu nome, em troca de uma taxa mensal por navio e por escalas, mantendo assim o navio operando.

5.3.2.1.8.2 Operador comercial

Surge quando o armador não possui estrutura para comercializar a utilização do navio, ou não tem interesse em fazê-lo, delegando esse serviço a firma especializada no ramo, passando, assim, a operar comercialmente o navio, angariando cargas, celebrando contratos em troca de comissão ou taxa fixa.

Atualmente, a figura do operador técnico e comercial vem sendo exercida pelas agências de navegação.

5.3.2.1.8.3 Operador portuário

Com o advento da Lei nº 8.630/93, denominada "Lei dos Portos", abriu-se a possibilidade da exploração de instalações portuárias, de uso privativo, no porto organizado, por empresas privadas interessadas, através de contrato de arrendamento com as companhias docas, detentoras do poder para a licitação dos terminais. Criou-se, assim, a figura do operador portuário, a ele atribuindo-se a obrigação de realizar investimentos de vulto e de melhor administrar a atividade portuária.

Contudo, com a publicação da Lei nº 12.815, de 5 de junho de 2013, em especial a disposição contida no artigo 2º, incisos III a VII, resultaram as seguintes classificações:

> "[...]
>
> III – instalação portuária: instalação localizada dentro ou fora da área do porto organizado e utilizada em movimentação de passageiros, em movimentação ou armazenagem de mercadorias, destinadas ou provenientes de transporte aquaviário;
>
> IV – terminal de uso privado: instalação portuária explorada mediante autorização e localizada fora da área do porto organizado;
>
> V – estação de transbordo de cargas: instalação portuária explorada mediante autorização, localizada fora da área do porto organizado e utilizada exclusivamente para operação de transbordo de mercadorias em embarcações de navegação interior ou cabotagem;
>
> VI – instalação portuária pública de pequeno porte: instalação portuária explorada mediante autorização, localizada fora do porto organizado e utilizada em movimentação de passageiros ou mercadorias em embarcações de navegação interior;
>
> VII – instalação portuária de turismo: instalação portuária explorada mediante arrendamento ou autorização e utilizada em embarque, desembarque e trânsito de passageiros, tripulantes e bagagens, e de insumos para o provimento e abastecimento de embarcações de turismo;
>
> [...]"

Importante notar que a exploração se dará da seguinte forma, de acordo com o artigo 2º, também da lei acima, nos incisos IX a XII:

i) concessão: cessão onerosa do porto organizado, com vistas à administração e à exploração de sua infraestrutura por prazo determinado;

ii) delegação: transferência, mediante convênio, da administração e da exploração do porto organizado para Municípios ou Estados, ou a consórcio público, nos termos da Lei nº 9.277, de 10 de maio de 1996;

iii) arrendamento: cessão onerosa de área e infraestrutura públicas localizadas dentro do porto organizado, para exploração por prazo determinado;

iv) autorização: outorga de direito à exploração de instalação portuária localizada fora da área do porto organizado e formalizada mediante contrato de adesão.

De acordo com o disposto no art. 2º, inciso XII, da referida lei, operador portuário é "a pessoa jurídica pré-qualificada para exercer as atividades de movimentação de passageiros ou movimentação e armazenagem de mercadorias, destinadas ou provenientes de transporte aquaviário, dentro da área do porto organizado. Responde, perante a administração do porto, pelos danos culposos causados à infraestrutura, às instalações.

Antes do advento da Lei nº 8.630/93, a execução dos serviços portuários relativos à movimentação da carga em terra era realizada pela administração do porto, exercida pelas companhias docas. E os serviços a bordo das embarcações eram realizados pelas agências marítimas, na qualidade de entidades estivadoras, mediante utilização de mão de obra avulsa. Com a promulgação da Lei nº 8.630/93, os serviços que incumbiam às companhias docas e às agências marítimas passaram para a responsabilidade do operador portuário.

Serão igualmente responsáveis, perante o proprietário ou consignatário da mercadoria, pelas perdas e danos que ocorrerem durante as operações que realizar ou em decorrência delas; perante o armador, pelas avarias provocadas na embarcação ou na mercadoria dada a transporte; perante o trabalhador portuário, pela remuneração dos serviços prestados e respectivos encargos; perante o órgão gestor de mão de obra avulsa local, pelas contribuições não recolhidas; perante os órgãos competentes, pelo recolhimento dos tributos incidentes sobre o trabalho portuário avulso.

5.3.2.1.8.4 Terminais portuários

Temos então, segundo o inciso I do artigo 4º da Lei nº 8.630/93 (integralmente revogada pela Lei nº 12.815/2013), a autorização para que os *terminais públicos sejam privatizados o que, até então, não era permitido.*

O atual marco regulatório do setor portuário (Lei nº 12.815/2013 e Decreto nº 8.033/2013) definiu novos termos para exploração de Terminais de Uso Privado (TUP), Estações de Transbordo de Carga (ETC), Instalações Portuárias de Turismo (IPT) e Instalações Portuária de Pequeno Porte (IP4).

De acordo com a nova legislação, os interessados em obter a autorização para instalação portuária fora da área do porto organizado podem apresentar requerimento à Agência Nacional de Transportes Aquaviários (Antaq) a qualquer tempo.

Cenário

Segundo dados da Antaq, o Sistema Portuário Nacional (Portos Organizados e Instalações Portuárias Privadas) permitiu a movimentação de 1,07 bilhão de toneladas de carga bruta (granel sólido, granel líquido, carga geral e contêineres) em 2015. As IPP's representaram 65,1% dessa movimentação, 656 milhões de toneladas.

Até julho de 2016, já eram 180 (cento e oitenta) Instalações Portuárias Privadas autorizadas pelo Governo Federal.

Os TUPs são agora denominados, pelo Governo Federal, Terminais de Uso Privado – antes, Terminal de Uso Privativo. São empreendimentos cuja exploração das atividades portuárias ocorrem sob o regime da iniciativa privada. Atualmente, os TUPs são a grande arma da União para atração de investimentos, aumento da concorrência e melhoria da eficiência logística.

Os TUPs são terminais outorgados pela Agência Nacional de Transportes Aquaviários (Antaq) para empresas privadas. Após grandes confusões regulatórias, agora obedecem à Lei nº 12.815, que define o funcionamento do setor portuário no Brasil.

Pode ser definido, de maneira mais completa, como "a instalação, não integrante do patrimônio do porto público, construída ou a ser construída por empresa privada ou entidade pública para a movimentação ou movimentação e armazenagem destinadas ou provenientes de transporte aquaviário".

Novos TUPs após a Lei nº 12.815

Desde a promulgação da Lei nº 12.815/2013, a SEP (Secretaria Nacional de Portos do Ministério dos Transportes, Portos e Aviação Civil) já autorizou 67 Instalações Portuárias Privadas, dentre novas autorizações e ampliações de terminais já existentes, totalizando uma previsão de investimento de R$ 16,2 bilhões. Já estão em análise no sistema SEP/Antaq mais 67 processos, com previsão de investimentos de R$ 6,25 bilhões.

O acréscimo de movimentação de cargas, nesse cenário, é distribuído conforme segue: carga geral, 83,66 milhões de toneladas/ano; granel sólido, 155,95 milhões de toneladas/ano; granel líquido, 23,72 milhões de m³/ano; e passageiros, 0,5 milhões/ano.

Pela legislação anterior (Lei nº 8.630/93, integralmente revogada pela Lei nº 12.815/2013), havia somente duas modalidades de terminais: *o de uso público*, explorado pelas concessionárias, e *o de uso privativo*, que se destinava à movimentação exclusiva de carga própria.

5.3.2.1.8.5 Portos secos ou EADI (Estação Aduaneira Interior)

Porto Seco é um terminal alfandegário de uso público, localizado num porto seco, em zona secundária (fora do porto organizado), geralmente no interior. Os portos secos oferecem serviços de desembaraço, entrepostagem, desova, movimentação de contêineres e mercadorias em geral, destinadas à importação ou exportação. Em outras palavras, é utilizado para armazenagem da carga em regime de importação e/ou exportação até seu efetivo desembaraço pelos órgãos anuentes.

No porto seco são executados serviços aduaneiros a cargo da Receita Federal do Brasil, inclusive os de processamento de despacho aduaneiro de importação e de exportação, possibilitando a interiorização desses serviços no país.

Como funciona?

a) Recebe cargas diversas e as prepara para exportação.
b) Recebe mercadorias em importação ainda consolidadas, destinadas a despacho para consumo imediato ou a entreposto aduaneiro.
c) Nas importações, armazena a mercadoria pelo período desejado pelo importador (1 ano, prorrogável até 3 anos) em regime de suspensão de impostos, podendo fazer a nacionalização fracionada.

Para se obter a relação completa dos Portos Secos no Brasil, segue o endereço eletrônico:

<http://idg.receita.fazenda.gov.br/orientacao/aduaneira/importacao-e-exportacao/recinto-alfandegados/arquivos-e-imagens/totalizacao-caracterizacao-so-portos-secos-2016-04-22.pdf>.

5.3.2.1.8.6 *Shipping terms*

- **Serviço regular ou *liner***: escalas programadas e anunciadas com antecedência. Desde os anos 90 a maioria dos serviços na Costa Leste da América do Sul são SEMANAIS.
- ***Joint service***: acordo OPERACIONAL que permite uso de navios maiores e mais eficientes, atendendo maior número de portos com frequência regular.
- **Transbordo**: permite juntar cargas para diversos tráfegos numa única escala de navio. Fator determinante para o aumento das exportações, facilitando o acesso a mercados antes inatingíveis.
- ***House to house***: a mercadoria é colocada no contêiner nas instalações do exportador e retirada do contêiner ("desovada") no pátio do consignatário.
- ***Pier to pier***: (apenas entre dois terminais marítimos). Relativamente ao serviço *Pier to pier*, existem formas padronizadas, dentre as quais podem ser destacadas:
   - ***Linear*** ou ***Berthterivis***: embarque e desembarque por conta do armador.
   - ***Fi*** *(free in to vessel)* ou ***Filo*** *(free in, liner out)*: livre de despesas de carregamento para o armador.
   - ***Fis*** *(free in and stowed to vessel)* ou ***Fislo*** *(free in and stowed, linear out)*: livre de despesas de embarque e estiva para o armador.
   - ***Fist*** *(free in, stowed and trimmed to vessel)*: livre de despesas de embarque, estiva e rechego (balanceamento) para o armador.
   - ***Fo*** *(free out)* ou ***Lifo*** *(liner in, free out)*: livre de despesas de descarregamento para o armador.
   - ***Fio*** *(free in and out to vessel)*: livre de despesas de carregamento e descarregamento para o armador.
   - ***Fios*** *(free in, out and stowed to vessel)*: livre de despesas de carregamento, descarregamento e arrumação para o armador.
   - ***Fiot*** *(Free in, out and trimmed to vessel)*: livre de despesas de carregamento, descarregamento e rechego (balanceamento) para o armador.

5.3.2.2 Contratos do direito marítimo
5.3.2.2.1 Contrato de seguro
5.3.2.2.1.1 Seguro carga – conceitos

Segundo a definição oferecida por Hermard:[2]

> "O seguro é uma operação pela qual, mediante o pagamento de uma pequena remuneração, uma pessoa, o segurado, se faz prometer para si ou para outrem, no caso da realização de um evento determinado, a que se dá o nome de risco, uma prestação de uma terceira pessoa, o segurador, que assumindo um conjunto de riscos os compensa de acordo com as Leis da Estatística."

---

[2] ZOGAHIB, Miguel Jorge Elias. *Fundação de estudos do mar*.

Portanto, temos como elementos básicos do contrato de seguro:

- O risco – elemento fundamental do seguro.
- As partes intervenientes – segurado e segurador.
- O prêmio ou quota – prestação do segurado.
- A indenização – contraprestação do segurador.

O risco é elemento fundamental do seguro; o objeto do seguro não é a coisa e nem a pessoa a que ele se refere, e sim o risco que pode ocorrer a esta ou àquela; é a expectativa do sinistro.

Temos como características do risco:

- ser possível;
- ser futuro;
- ser incerto;
- ser independente da vontade humana;
- resultar de sua ocorrência prejuízo de natureza econômica.

5.3.2.2.1.2 O contrato de seguro

A operação de seguro, juridicamente, reveste-se da forma de um contrato, expressamente caracterizado e definido em Lei.[3]

Nosso Código Civil define o contrato de seguro como

> "aquele pelo qual uma das partes se obriga para com a outra, mediante a paga de um prêmio, indenizá-la do prejuízo resultante de riscos futuros, previstos no contrato".

O contrato de seguro é:

- Bilateral: as partes intervenientes assumem obrigações recíprocas.
- Oneroso: não é gratuito para nenhum dos contratantes.
- Aleatório: no momento de sua conclusão, as vantagens dele esperadas dependem da realização de um evento futuro e incerto, que é a realização do risco previsto.
- Solene: tem forma específica prevista em lei.
- Regido pela boa-fé: a boa-fé é fundamental no contrato de seguro. O segurador confia na veracidade das informações do segurado.
- Condicional: exige que a coisa segurada seja posta ao risco.
- Consensual: pelo consentimento das partes.

---

[3] ZOGAHIB, Miguel Jorge Elias. *Fundação de estudos do mar*.

5.3.2.2.1.3 Condições gerais para os seguros de transportes marítimos

Riscos cobertos:

- Naufrágios, encalhe, abalroação e colisão da embarcação transportadora com qualquer corpo fixo ou móvel.
- Explosão, incêndio, raio e suas consequências.
- Ressacas, tempestades e trombas marinhas.

Riscos não cobertos:

- Contrabando, comércio e embarques ilícitos ou proibidos.
- Flutuações de preço e perda de mercado.
- Vício próprio ou da natureza do objeto segurado, influência da temperatura, mofo, outros estragos causados por animais, vermes, insetos ou parasitas.
- Roubo, extravio, quebra, vazamento, contaminação, contato com outra mercadoria.
- Incêndio, raio e suas consequências, nos armazéns, pátios, plataformas ou áreas cobertas ou não, dos portos de embarque, baldeação ou destino da viagem segurada.
- Arresto, sequestro, detenção, embargo, penhora, apreensão, confisco, decorrente de qualquer ato de autoridade, de direito ou de fato, civil ou militar, guerra civil, revolução, rebelião.
- Greves, *lock-out*, tumultos, motins e quaisquer outras perturbações de ordem pública.
- Radioatividade.

Começo e fim dos riscos

A cobertura dos riscos assumidos na apólice inicia-se no momento em que o objeto segurado começa a embarcar no cais (a borda d'água do local do início) e termina quando é posto a salvo no cais (a borda d'água no local de destino), observadas as seguintes restrições:

- Se a embarcação transportadora não iniciar viagem no prazo de 30 dias, contado do momento do início da cobertura, o seguro ficará automaticamente extinto, retendo a Companhia, nessa hipótese, metade do prêmio.
- Se o objeto segurado não for posto em terra até 30 dias, contados após a chegada da embarcação ao local de destino, cessa imediatamente após esse prazo a cobertura concedida nessa apólice.

Clubes de P&I

Cerca de 90% de toda a tonelagem mercante mundial tem hoje o benefício do seguro de responsabilidade para com terceiros, oferecido pelos Clubes de Proteção e Indenização. Esses clubes hoje são disseminados pelo mundo com sede em Londres, Bermudas, Escandinávia, Japão e Estados Unidos.

Um dos mais importantes serviços prestados pelos clubes de P&I é o de obter, através de seus correspondentes em todo o mundo, informações valiosas sobre mudanças de legislação e tendências dos tribunais nos vários países, alertando seus membros e oferecendo ao mesmo tempo a necessária cobertura a novos riscos surgidos.

Ainda através dessa vasta rede de correspondentes, um serviço permanente é feito para atender aos vários sinistros que incluam reclamações por danos a carga, abalroamento ou colisões, acidentes pessoais, promovendo não só a defesa da reclamação, mas, também sua liquidação, se for o caso.

5.3.2.2.1.4 Hipoteca naval

A hipoteca naval rege-se pelo Código Civil e pela Lei nº 2.189/54, alterada pela Lei nº 5.066/66 e pela Lei nº 7.652/88 e alterações e se constitui mediante escritura pública, após apresentação do título de propriedade naval, inscrevendo-se no Tribunal Marítimo.

É contrato do tipo convencional, estabelecida pelas partes, que celebram entre si um contrato de natureza acessória, formal, sendo exigida a escritura pública como substância do ato jurídico. Pode ser constituída em favor do construtor ou financiador.

A escritura dos contratos de hipoteca pode ser lavrada por qualquer tabelião de notas, quando não houver nas comarcas ofícios privativos de registros de contratos marítimos.

5.3.2.2.1.4.1 Restrições sofridas pelo navio hipotecado

Constituída e registrada a hipoteca, na forma da lei, a embarcação sofre algumas restrições:

- Não pode ser afretada ou arrendada.
- Não pode ser empregada, de qualquer modo, em serviços de nação estrangeira.
- Não pode ter mais de um porto de registro, nem o seu proprietário alterar o seu porto de inscrição.

5.3.2.2.1.5 Contratos de fretamento de navios

Como já vimos, são aqueles nos quais uma das partes contratantes (fretador) disponibiliza o navio, ou mesmo parte dele, com o objetivo de navegação marítima a outra parte contratante (afretador), mediante pagamento denominado frete (*hire*).

Relembrando, fretar é ceder o navio a frete e afretar é recebê-lo a frete. Fretador (*owner*) é quem cede o navio e afretador (*charterer*) é quem o toma a frete.

O instrumento jurídico que representa o contrato de fretamento é a carta-partida (*charter party*).

Tipos de contratos de fretamento

a) **a casco nu**: a posse fica com o afretador e a administração com o proprietário. O afretador assume todo o controle de operação do navio. O proprietário entrega o navio ao afretador, assegurando que o mesmo se acha em boas condições de navegabilidade. O afretador será responsável por todas as despesas decorrentes da operação do navio;

b) **por tempo ou a prazo**: o afretador toma o navio em aluguel pelo tempo que julgar conveniente, mas o proprietário não perde a posse. O proprietário cede ao afretador o uso da capacidade de transporte do navio dentro de certos limites, por um determinado período de tempo. É o armador quem arca com as despesas de operação do navio, pois mantém o controle operativo do navio, mas o coloca à disposição do afretador;

c) **por viagem**: é o contrato para o transporte de carga em uma viagem redonda ou por viagens consecutivas, entre dois ou mais portos enumerados. O proprietário ou armador cede o navio, cabendo a ele as despesas da viagem e ainda assume a responsabilidade pela navegação do navio e segurança da carga;

d) **fretamento parcial**: ocorre quando o espaço do navio é dividido em numerosas pequenas partes cedidas a um grande número de embarcadores. O seu uso é muito comum no transporte por navio de linha regular.

5.3.2.2.1.6 Contratos de transporte marítimo internacional de mercadorias

Contrato de transporte marítimo internacional de mercadorias é identificado como sendo aquele pelo qual um empresário transportador (*carrier*) se obriga, mediante remuneração (frete), a transportar por mar, de um porto para outro, uma certa quantidade de mercadoria que lhe foi entregue pelo embarcador (*shipper*) e a entregá-la a um destinatário.

O contrato de transporte marítimo é efetuado entre o transportador (*carrier*, também conhecido como condutor) e o embarcador (comumente denominado expedidor, carregador ou remetente). As partes contratantes, no contrato de transporte, de fato, são exclusivamente o transportador e o embarcador.

5.3.2.3 Conhecimento de carga/embarque no transporte marítimo (bill of lading – BL)

No transporte marítimo, é conhecido mundialmente como *bill of lading*. É um documento comercial referente a um contrato de transporte, celebrado entre os proprietários da carga e o transportador marítimo, ficando este obrigado a conduzir a mercadoria até o destino designado, mediante o pagamento do frete ajustado.

De acordo com o disposto nos artigos 566 e seguintes do Código Comercial Brasileiro, fica o transportador obrigado a promover todas as diligências necessárias objetivando a entrega da carga incólume em seu destino ajustado, respondendo pela integridade da carga enquanto estiver sob sua custódia, ficando também responsável por perdas e danos acontecidos por ato próprio ou de seus prepostos. Como já visto, vamos encontrar três figuras envolvidas na transação comercial:

- O exportador.
- O transportador.
- O importador.

A primeira e a terceira figuras detêm a propriedade da carga mediante a posse do *bill of lading*. À segunda figura cabe a responsabilidade de transportá-la e entregá-la nas mesmas condições recebidas na origem. Verifica-se que o transportador somente tem a custódia e não a propriedade da carga.

Temos então que o conhecimento de embarque (BL) é o instrumento do contrato de transporte, firmado entre o embarcador e o transportador, como partes contratantes, regulando assim as relações decorrentes do respectivo contrato e valendo, dessa forma, como um título de crédito em relação a terceiros.

Logo, a partir da definição de contrato, de que "*é acordo entre duas ou mais pessoas que transferem entre si algum direito ou se sujeitam a alguma obrigação*", podemos concluir que o BL é um contrato.

Assim sendo, como contrato, o BL é um documento escrito e transferível por endosso.

Como endosso, podemos entender a possibilidade de transferência de propriedade de um título de crédito (documento que autentica um direito).

De um modo geral, o original do *bill of lading* contém a palavra *original* e usualmente nas cópias consta a expressão *copy not negotiable* (cópia não negociável).

A mercadoria antes de ser embarcada é submetida a conferência por profissionais denominados conferentes. Após a entrega e sua conferência, é emitido um recibo através de um documento denominado *tally*, comprovando o efetivo recebimento da mercadoria pelo armador. Este, por sua vez, emite o plano de carga (*bay plan*).

Note-se que somente após o efetivo recebimento da carga a bordo é que o BL será assinado e entregue ao transportador.

Ao preencher o BL e entregar sua mercadoria a embarque, mediante a contratação do frete ajustado pelo "aluguel" do espaço/praça na embarcação e consequentemente pelo transporte, concordou com as condições do transporte impressas no BL.

Podemos assim concluir que o conhecimento de embarque (BL) tem tríplice função:

- É recibo de entrega das mercadorias a bordo de um navio.
- É evidência da existência de um contrato de transporte.
- É título de crédito representativo das mercadorias.

Conhecimento de embarque como recibo

De acordo com nosso Código Comercial (artigo 519), o comandante do navio, ao receber as mercadorias para o transporte, torna-se depositário da carga, e como tal está obrigado à sua guarda, bom acondicionamento e conservação, sendo responsável pela carga, do momento que a recebe até o ato da entrega no local que se houver mencionado.

Logo, nota-se que as mercadorias são confiadas ao transportador, através de seu representante, que é o comandante da embarcação, que as recebe para que sejam transportadas para o porto de destino.

Esse recebimento é evidenciado pelo conhecimento de embarque, que prova que as cargas nele descritas foram recebidas e estarão embarcadas no navio mencionado no documento e nas condições descritas.

Após o embarque das mercadorias, os conhecimentos são emitidos, normalmente em três vias originais, com várias cópias não negociáveis (*not negotiable*). Os originais são datados e são assinados pelo comandante do navio ou pelo agente do transportador.

O transportador, através do comandante (preposto) deve verificar, até onde possa ir seu conhecimento, a quantidade ou peso, qualidade, estado e adequabilidade ao transporte marítimo. Caso contrário, qualquer avaria encontrada pelo consignatário ao receber a carga no destino lhe dará direitos de acionar o transportador pelos danos.

O conhecimento de embarque como evidência de contrato de transporte

O conhecimento de embarque é prova de um contrato de transporte. Temos que a definição mais simples de contrato é um acordo de vontades, isto é, demonstra a relação obrigacional existente entre alguém que dispõe de uma embarcação e outro que necessite de um transporte.

O conhecimento de embarque como título de crédito

É sua mais importante função.

A Lei, através do Código Comercial (artigo 587), estabelece que o conhecimento de embarque tem força e é acionável como escritura pública. É transferível e negociável por endosso, sendo transferido por endosso *"em preto"* quando consta o nome por extenso do endossatário, ou *"em branco"*, quando é ao portador.

Características do conhecimento de embarque/cargas:

- Nome da empresa de navegação.
- Nome do embarcador (*shipper*).
- Nome do consignatário (*consigned to*).
- Parte a ser notificada (*notify party*).
- Lugar do recibo (*place of receipt*).
- Nome do navio e número da viagem (*ocean vessel voy no*).
- Porto de embarque (*port of loading*).
- Data do embarque (*date of shippment*).
- Porto de descarga (*port of discharge*).
- Lugar da entrega (*place of delivery*).
- Tipo de frete pagável (*freight payable*).
- Número de conhecimento de embarque (*bill of lading no*).
- Descrição das mercadorias (*discription of goods*).
- Número dos contêineres (*container no*).
- Peso bruto (*gross weight*).
- Nome do agente (*agents name*).
- Declaração do valor da carga (*declare cargo value*).
- Data (*data*).
- Assinatura (*signed for/by*).

Segundo muito bem observado pela Dra. Eliane M. Octaviano Martins, *in Curso de direito marítimo*, v. II, Ed. Manole, 3ª edição, São Paulo, 2008, p. 157: *"Muitos confundem contratos de fretamento e de transporte. A diferenciação se dá pelo objeto. Temos como elemento fundamental do contrato de fretamento de navios a exploração comercial, entendendo-se como a* utilização do navio para o transporte de mercadorias e/ou pessoas por mar. *No caso do contrato de transporte especificamente o* transporte da carga de um ponto ao outro pelo mar." (Grifo nosso)

5.3.2.3.1 Sobreestadia demurrage

Sobrestadia, multa (conceito muito discutível em juízo) ou indenização (conceito mais aceito em juízo) paga pelo afretador ao armador, por ter o primeiro ultrapassado o prazo estipulado num contrato de fretamento por viagem para as operações de carregamento e/ou descarga do navio. A retenção do navio no porto por tempo adicional ao concedido para carregamento ou descarga.

Há muito tempo que as cargas, de modo geral, passaram a ser unitizadas para facilitar a sua movimentação, e o equipamento atualmente mais utilizado para o transporte marítimo de cargas é o contêiner, podendo-se dizer mesmo que hoje ele está universalizado. Por isso mesmo, o armador ou transportador tem de ter grande quantidade desse equipamento em seu estoque para que não ocorram faltas e possa atender regularmente a demanda de transporte. Assim, a retenção do equipamento pelo importador por tempo além do necessário ao desembaraço e retirada da carga acarreta prejuízo ao transportador, porquanto, na medida em que ele, não tendo disponibilidade no estoque, terá que adquirir mais equipamento para suprir a falta, arcando com o respectivo custo, que é de certa forma expressivo.

Além desse prejuízo, que, por si só, já seria suficiente para que o transportador cobrasse do importador a sobreestadia pela retenção indevida do equipamento, ainda há, entre eles, um instrumento escrito, o termo de responsabilidade em anexo, um contrato do qual surge a obrigação deste de pagar àquele um valor a título de sobreestadia, ou seja, pela não devolução do equipamento após o prazo denominado *free time,* prazo esse mais que suficiente para que o importador efetive o desembaraço e a retirada da carga.

Por esse contrato de transporte (*bill of lading*) e pelo termo de responsabilidade, firmados entre as partes, os contêineres utilizados para acondicionar as mercadorias devem ser devolvidos à autora limpos e em boas condições; além disso, fica a ré responsável pelo pagamento de sobreestadia (*demurrage*), estabelecida para o Brasil, caso a devolução dos referidos contêineres não ocorra no período de franquia "dias livres", previamente acordado.

5.3.2.4 Atualidades jurídicas necessárias ao conhecimento do setor

5.3.2.4.1   Lei nº 12.815/2013

i)

Exploração indireta do (as)...	Instrumento
Porto organizado	CONCESSÃO
Instalações portuárias localizadas dentro de um porto organizado	ARRENDAMENTO DE BEM PÚBLICO
Instalações portuárias localizadas fora da área do porto organizado	AUTORIZAÇÃO

ii) Concessão, arrendamento e autorização

Concessão	Arrendamento	Autorização
É a cessão onerosa do porto organizado para que uma pessoa o administre e explore a sua infraestrutura por prazo determinado (art. 2º, IX).	É a cessão onerosa de área e infraestrutura públicas localizadas dentro do porto organizado, para exploração por prazo determinado (art. 2º, XI).	É a outorga pela União a uma pessoa jurídica do direito de explorar uma instalação portuária localizada fora da área do porto organizado (art. 2º, XII).
É formalizada por meio de contrato de concessão.	É formalizado por meio de contrato de arrendamento.	É formalizada por meio de um contrato de autorização, com cláusulas predeterminadas (contrato de adesão).
É necessária licitação, que pode ser na modalidade leilão. Atenção quanto a isso: como regra geral, a Lei nº 8.987/95 estabelece que a modalidade de licitação a ser utilizada no caso de concessões de serviço público é a concorrência (art. 2º). Desse modo, a Lei nº 12.815/2013, ao permitir que a licitação seja feita por meio de leilão, estabelece uma exceção à regra da concorrência. Exceção semelhante já tinha sido verificada no art. 29 da Lei nº 9.074/95.	É necessária licitação, que pode ser na modalidade leilão.	Não exige licitação. A Lei afirma apenas que, antes de ser concedida a autorização, deverão ser realizadas chamadas ou anúncios públicos para que outros interessados se inscrevam. Havendo mais de uma proposta e mostrando-se inviável a concessão para todos os interessados, deverá ser realizado um processo seletivo público.

Fonte: <http://www.dizerodireito.com.br/2013/06/lei-128152013-nova-lei-dos-portos.html>.

iii) Trabalhador Portuário

O novo marco regulatório do setor portuário (Lei nº 12.815/2013) trouxe mudanças na regulação da mão de obra do setor portuário.

Os operadores portuários devem constituir em cada porto organizado um órgão gestor de mão de obra (OGMO), que será responsável por administrar o fornecimento do trabalhador portuário com vínculo empregatício permanente e do trabalhador portuário avulso. O OGMO também deverá manter, com exclusividade, o cadastro e o registro desses trabalhadores.

Caberá ao órgão gestor estabelecer o número de vagas, a forma e a periodicidade para acesso ao registro do trabalhador portuário avulso, além de arrecadar e repassar aos beneficiários os valores devidos pelos operadores portuários relativos à remuneração desse trabalhador e aos correspondentes encargos fiscais, sociais e previdenciários.

Seis serviços portuários foram tipificados na Lei nº 12.815/2013, conforme descrito no artigo 40: capatazia, estiva, conferência de carga, conserto de carga, vigilância de embarcações e bloco.

Essas atividades somente podem ser exercidas por profissionais registrados no OGMO (trabalhadores avulsos ou trabalhadores com vínculo empregatício permanente).

No porto organizado, se o operador portuário necessitar de mão de obra avulsa deverá requisitar ao OGMO. Se a necessidade for exercer qualquer das seis funções portuárias típicas, o serviço também será ofertado a trabalhadores registrados no órgão gestor.

A seleção e o registro do trabalhador portuário avulso serão feitos de acordo com as normas estabelecidas em contrato, convenção ou acordo coletivo de trabalho.

Serviços portuários tipificados:

a) Capatazia: atividade de movimentação de mercadorias nas instalações dentro do porto, compreendendo o recebimento, conferência, transporte interno, abertura de volumes para a conferência aduaneira, manipulação, arrumação e entrega, bem como o carregamento e descarga de embarcações, quando efetuados por aparelhamento portuário;

b) Estiva: atividade de movimentação de mercadorias nos conveses ou nos porões das embarcações principais ou auxiliares, incluindo o transbordo, arrumação, peação e despeação, bem como o carregamento e a descarga, quando realizados com equipamentos de bordo;

c) Conferência de carga: contagem de volumes, anotação de suas características, procedência ou destino, verificação do estado das mercadorias, assistência à pesagem, conferência do manifesto e demais serviços correlatos, nas operações de carregamento e descarga de embarcações;

d) Conserto de carga: reparo e restauração das embalagens de mercadorias, nas operações de carregamento e descarga de embarcações, reembalagem, marcação, remarcação, carimbagem, etiquetagem, abertura de volumes para vistoria e posterior recomposição.

Fonte: <http://www.aedb.br/seget/arquivos/artigos15/21322160.pdf>.

5.3.2.4.2 Lei nº 9.611/98 (Lei do operador de transporte multimodal – OTM)

As atividades do operador de transporte multimodal, seu registro, responsabilidades e controle das operações encontram-se regulamentadas principalmente pela Lei nº 9.611, de 19.2.98, pelo Decreto nº 3.411, de 12.4.2000, pela Portaria do Ministério dos Transportes nº 141, de 19.5.2000, pela Resolução nº 37, de 8.12.2000 e outras disposições legais.

De acordo com os preceitos do mencionado Decreto, somente poderão exercer as atividades de operador de transporte multimodal as empresas, nacionais ou estrangeiras, que atenderem aos requisitos do mencionado documento legal. No caso de empresas estrangeiras, estas deverão nomear representante legal domiciliado no país que atenda às exigências estabelecidas nesse decreto.

A atividade do transporte multimodal inicia-se com a coleta da carga em sua origem e finaliza-se com a entrega da mesma em seu destino final, devendo o operador de transporte multimodal utilizar-se das modalidades de transportes necessárias ao cumprimento do compromisso assumido com o exportador ou importador.

O transporte multimodal é regido por um único contrato que abrange todas as modalidades utilizadas para efetiva entrega da carga. Compreende, além do transporte em si, os serviços de coleta, unitização, desunitização, movimentação, armazenagem e entrega de carga ao destinatário, bem como a realização dos serviços correlatos que forem contratados entre a origem e o destino, inclusive os de consolidação e desconsolidação documental de cargas.

Há de se ressaltar que a responsabilidade cessa apenas quando a mercadoria for efetivamente entregue ao cliente. Portanto, o operador de transporte multimodal deverá garantir a segurança da carga não somente em território nacional, mas também no exterior, por conta própria ou de terceiros, devendo, para tanto, manter estrutura fora do território nacional ou formar parcerias com prestadores de serviços similares.

Trata-se de opção seguida por muitos países, entre eles, não por coincidências, os detentores das maiores taxas de crescimento no comércio exterior mundial.

Não obstante a existência de previsão legal, demonstraremos a seguir algumas dificuldades encontradas até hoje, apesar de quase 10 (dez) anos da promulgação da lei e de toda a evolução havida no comércio exterior brasileiro:

Dificuldades de operacionalização

- Não incidência do ICMS no transporte multimodal destinado à exportação foi rejeitada pelo Confaz, apesar de estar prevista e definida em lei complementar.
- O caos do ICMS: há tratamentos estaduais diversos.
- O Decreto nº 3.411, de 12 de abril de 2000, permite que o Operador de Transporte Multimodal (OTM) no tocante às cargas de sua responsabilidade, possa atuar no despacho aduaneiro dessas mercadorias, em nome do importador ou exportador.
- A Receita Federal do Brasil tributa com Imposto de Renda Retido na Fonte (IRF) serviços prestados no exterior; por exemplo, nas vendas DDP, a Receita Federal do Brasil tributa com IRF os serviços contratados no exterior, que são pagos pelo importador das mercadorias.
- O Banco Central do Brasil (Bacen) não reconhece o Operador de Transporte Multimodal (OTM), isto é, as remessas e pagamentos no exterior devem ser feitos pelo exportador.
- Incidência do Adicional ao Frete para Renovação da Marinha Mercante (AFRMM) sobre o valor total constante no conhecimento de embarque de operação de importação, dificultando a disseminação das operações multimodais internacionais, devido ao desequilíbrio na atratividade, pois o encarecimento da importação a torna muito menos interessante que a exportação e o operador necessita de fluxo harmônico em ambos os sentidos.

5.3.2.4.3 Impeditivos ao desenvolvimento do comércio exterior brasileiro (gargalos)

Portos: Principais deficiências:

- Portos subutilizados.
- Falta de gestão portuária.
- Falta de dragagem.
- Questões ambientais.

- Acessos precários ou inexistentes rodo e ferroviário aos portos.
- Falta de treinamento de mão de obra portuária.
- Contingente de mão de obra muito grande em operações mecanizadas.
- Custos portuários elevados em comparação com outros portos do mundo.
- Terminais inadequados: equipamento com baixa capacidade, tanto na recepção quanto na expedição, em grande parte dos portos do Brasil (exceção do Porto de Santos).
- Falta de estacionamento para caminhões etc.

Outros gargalos

- Falta de navios com bandeira brasileira.
- Escassez de manutenção dos portos.
- Burocracia em todos os níveis do serviço público.
- Baixa capacidade de movimentação de contêineres (exceção aos terminais do porto de Santos).
- Constantes paralisações de técnicos (Receita Federal/Anvisa/Ministério da Agricultura etc.) na área portuária (nota-se que os funcionários públicos, no Brasil, não possuem o direito de greve devidamente regulamentado, como acontece em outros países do mundo. O Brasil somente ratificou a Convenção da Organização Internacional do Trabalho (OIT), que apenas recomenda a permissão à greve de funcionários públicos).

5.3.2.5 *Transporte aéreo*

O transporte aéreo é um dos setores mais dinâmicos da economia mundial. Ele cumpre importante papel estimulando as relações econômicas e o intercâmbio de pessoas e mercadorias (tanto dentro do país quanto com outros países) intra e entre as nações. Moderno, o transporte aéreo está em franca ascensão e representa hoje negócio que envolve bilhões de dólares no mundo todo.

O transporte aéreo se diferencia de outros modais por sua agilidade e rapidez. É recomendado para mercadorias de alto valor agregado e baixo volume (tipicamente produtos industrializados e conteinerizados), que demandam sistemas logísticos que possam oferecer altos níveis de serviço, além da excelente adequação para viagens de longas distâncias e intercontinentais.

Outras características e vantagens do transporte aéreo:

- Eficaz na remessa de amostras, atendendo à urgência do fechamento de negócios.
- Conhecimento Aéreo (AWB) – documento de transporte que é obtido com maior rapidez, pela emissão antecipada.
- Os aeroportos estão normalmente situados mais próximo dos centros de produção e industriais.
- Para o exportador: facilita a aplicação de uma política mais agressiva de *just in time*, com redução de custos de capital de giro.
- Ideal para transporte de produtos perecíveis, de validade curta, moda etc.

- Redução de custos de embalagem, uma vez que as mercadorias estão menos sujeitas a manipulações.
- Seguro de transporte aéreo é mais baixo em relação ao marítimo, variando de 30% a 50% a menos, dependendo da mercadoria.

5.3.2.5.1 Composição do frete aéreo

A Associação de Tráfego Aéreo Internacional (*International Air Transport Association* – Iata), que reúne empresas de todo o mundo, é responsável pela determinação das tarifas de fretes a serem utilizadas por seus membros nos tráfegos de passageiros e mercadorias. O frete é obtido através do peso ou sobre o volume, que é transformado em peso por meio da fórmula abaixo. O maior valor apurado determinará o valor do frete.

Relação Iata (peso/volume): 1 kg = 6.000 cm^3 ou 1 t = 6 m^3

As tarifas baseadas em rotas, tráfegos e custos inerentes seguem a classificação a seguir:

Tarifa mínima: tarifa aplicada a pequenas encomendas que não atingem um determinado valor a partir do cálculo por peso.

Tarifa geral de carga: é a tarifa aplicada a expedições que não contenham mercadorias valiosas e que não estejam enquadradas na tarifa específica ou na tarifa classificada. É estipulada por área pela Iata e dividida como segue:

- **Tarifa normal**: aplicada a cargas de até 45 kg; em alguns países até 100 kg.
- **Tarifa quantitativa**: aplicada conforme o peso do embarque, por faixas de 45 a 100 kg; de 100 a 300 kg; de 300 a 500 kg e acima de 500 kg.

Tarifa classificada: desdobramento da tarifa geral, aplicado a bagagem não acompanhada, jornais e equivalentes, animais vivos, restos mortais, ouro, platina etc., entre áreas determinadas. Pode ser dividida como segue:

Tarifa *ad valorem*: mercadorias de alto valor.

Tarifa redução: produtos culturais, aparelhos médicos etc.

Tarifa de sobretaxa: para cargas que apresentem dificuldade para manipulação, como cargas de medidas extraordinárias ou volumes de peso excessivo.

Tarifa para mercadorias específicas: normalmente mais baixas, utilizadas para mercadorias transportadas regularmente de um ponto de origem a um ponto de destino determinado.

5.3.2.5.2 Conhecimento de embarque aéreo

- **AWB (*Airway Bill*)**: conhecimento aéreo que cobre uma determinada mercadoria, embarcada individualmente numa aeronave, sendo emitido diretamente pela empresa aérea para o exportador.

- **MAWB (*Master Airway Bill*):** é o conhecimento emitido pela companhia aérea, para cargas consolidadas, para o agente de carga. Representa a totalidade da carga recebida pelo agente e entregue para o embarque, e que permanece com ele, não chegando aos embarcadores. (*Master* = mãe, neste caso.)
- **HAWB (*House Airway Bill*):** é o conhecimento emitido pelo agente de carga, relativo a uma carga que tenha sido objeto de uma consolidação. Normalmente são emitidos vários destes conhecimentos para cada *master*. A soma dos HAWB será igual ao MAWB. (*House* = filhote, neste caso.)

5.3.2.5.3 Formas de pagamento do frete aéreo

- **Frete pré-pago (*freight prepaid*):** o frete deve ser pago para a retirada do conhecimento de embarque. Normalmente é realizado no país de embarque e para venda feita nas condições CJP e CPT.
- **Frete a pagar (*freight collect*):** o pagamento do frete pode ser feito em qualquer lugar, sendo normalmente realizado no país de destino. Obs.: Não é permitida essa modalidade de pagamento para os seguintes casos: restos humanos, amostras, mercadorias perecíveis, animais vivos, bem como mercadoria que tenha frete maior que seu valor e quando o destinatário é o próprio embarcador da mercadoria.

5.3.2.6 Transporte rodoviário

O transporte rodoviário na América do Sul é regido pelo Convênio sobre Transporte Internacional Terrestre, firmado entre Brasil, Argentina, Bolívia, Chile, Paraguai, Uruguai e Peru em Santiago do Chile, em 1989. Esse convênio regulamenta os direitos e obrigações no tráfego regular de caminhões em viagens entre os países consignatários.

Característico por sua simplicidade de funcionamento, o transporte rodoviário submete pouco manuseio de carga entre o ponto de origem e o ponto de destino, além de possibilitar ao exportador ou importador redução de custos por meio de unitização de embalagens mais simples.

Através da Associação Nacional de Transporte Rodoviário de Cargas (NTC), as empresas que prestam serviços nessa modalidade podem obter autorização para efetuarem o transporte de forma direta ou de forma combinada com empresas de outro país.

As vantagens e desvantagens da utilização deste modal são as que seguem:

- Serviço porta a porta.
- Frequência e disponibilidade de vias de acesso.
- Maior velocidade de cruzeiro.
- Menor tempo de carregamento do veículo devido à sua capacidade, o que permite a rápida partida do mesmo.
- Facilidade de substituir o veículo por outro, em caso de acidente ou quebra do veículo.
- Permite o despacho de carga parcelada.
- Apresenta maior custo operacional comparado com o ferroviário e o fluvial.

- Afeta o nível de serviço das estradas, principalmente nos períodos de safra, quando provoca grandes congestionamentos nas rodovias.
- Menor capacidade de carga, comparado com o ferroviário e o fluvial.

5.3.2.6.1 Composição do frete

O frete no transporte rodoviário é calculado sobre o peso (tonelada) ou por volume (m^3), mas o mais comum em cargas completas é que seja estipulado um preço fechado por veículo.

Podem ser cobradas também taxas adicionais, como a *ad valorem*, para mercadorias de alto valor, e a taxa de expediente, para cobrir despesas com emissão de documentos e o custo do seguro rodoviário obrigatório.

5.3.2.6.2 Conhecimento de transporte rodoviário

Transporte rodoviário internacional de cargas é contratado através de um Conhecimento Rodoviário de Transporte (CRT). É de emissão obrigatória, em três vias originais, sendo a primeira via negociável e destinada ao exportador.

O CRT funciona como contrato de transporte rodoviário, como recibo de entrega da carga e como título de crédito. O conhecimento deve ser datado e assinado pelo transportador ou seu representante e a mercadoria deve ser vistoriada por ocasião do embarque; havendo avaria, esta deve ser notificada no documento, sendo então conhecimento sujo – *unclean*.

Pode ser utilizado o **Manifesto Internacional de Carga Rodoviária/Declaração de Trânsito Aduaneiro (MIC/DTA),** documento criado pelo Mercosul para facilitar a circulação de mercadorias entre os países-membros. Posteriormente foi estendido ao Chile, Bolívia e Peru.

Essa opção pode ser utilizada quando a quantidade de carga for suficiente para a lotação de um veículo, reduzindo o tempo de trânsito (*transit time*), sem a necessidade de vistoria de carga em fronteira, mas apenas a conferência do lacre com o qual o veículo deve efetuar todo o percurso previsto. O MIC/DTA também permite que o desembaraço aduaneiro e o pagamento de impostos de importação ocorram no destino final e não no local de cruzamento da fronteira.

5.3.2.6.3 Formas de pagamento do frete rodoviário

A forma de pagamento adotada nesta modalidade segue as características do marítimo e aéreo em que o frete poderá ser pré-pago (*prepaid*), isto é, pago na origem, ou a pagar (*collect*), a ser pago no destino.

5.3.2.7 Transporte ferroviário

O transporte ferroviário é pouco utilizado pelas empresas exportadoras. No entanto, é aconselhado para o transporte de granéis e, principalmente, entre países que se beneficiam de convênios bilaterais dessa modalidade de transporte. Entretanto, como também ocorre no transporte marítimo, a densidade de tráfego em determinada rota é fundamental para justificar a construção da ferrovia.

O trem, com fretes mais baixos, mas com desempenho inferior aos demais modais, não só quanto ao tempo de trânsito, mas principalmente quanto à variação do tempo de viagem, concentra-se nas cargas de relação valor-peso ou valor-volume mais baixas. Por outro lado, dificilmente cargas parceladas, ou seja, carregamentos de um embarcador inferiores à capacidade de um vagão, fazem uso da ferrovia.

As vantagens e desvantagens da utilização deste modal são as que seguem:

- Adequado para longas distâncias e grandes quantidades de carga.
- Baixo custo do transporte.
- Baixo custo de infraestrutura.
- Diferença na largura das bitolas.
- Menor flexibilidade no trajeto.
- Necessidade maior de transbordo.
- Tempo de viagem demorado e irregular.
- Alta exposição a furtos.

5.3.2.7.1   Composição do frete ferroviário

Dois fatores influenciam no cálculo do frete ferroviário: a distância percorrida (TKU – tonelada por quilômetro útil) e o peso da mercadoria. Assim, pode ser calculado pela multiplicação da tarifa ferroviária por tonelada ou metro cúbico, prevalecendo o que auferir maior receita. Pode também ser aplicada taxa de estadia do vagão (cobrada por dia). Há um frete mínimo para o caso de embarque de cargas leves que completam o vagão sem chegar a um peso adequado.

5.3.2.7.2   Conhecimento de transporte ferroviário

O Convênio sobre Transporte Internacional Terrestre – firmado entre Brasil, Argentina, Bolívia, Chile, Paraguai, Uruguai e Peru – estabeleceu o formulário único de transporte aduaneiro para o modal ferroviário, denominado Conhecimento – Carta de Porte Internacional – TIF/Declaração de Trânsito Aduaneiro – DTA.

Deve ser emitido em três vias, sendo: original (negociável) do exportador; 2ª original (não negociável), que acompanha a mercadoria, e 3ª original (não negociável), que é a via do transportador.

5.3.2.7.3   Formas de pagamento do frete ferroviário

O frete poderá ser pré-pago (*prepaid*), isto é, pago no início da viagem, ou a pagar (*collect*), a ser pago no destino final da viagem.

5.3.2.8   *Transporte fluvial*

Considerando o potencial de suas bacias hidrográficas, o transporte fluvial tem ainda uma utilização muito pequena no Brasil. É um modal bastante competitivo, já que apresenta grande capacidade de transporte, baixo consumo de combustível e é menos poluente que o modal rodoviário. O grande volume de mercadorias transportadas por este modal é de produtos agrícolas, fertilizantes, minérios, derivados de petróleo e álcool.

Na Bacia Amazônica, porém, o transporte de mercadoria manufaturada é bastante difundido e, juntamente com madeiras da região, é feito na forma internacional, ligando diversos portos brasileiros com o Peru e a Colômbia.

Atualmente, uma parcela da exportação de soja do Centro-Oeste, que utiliza o sistema Tietê-Paraná, é embarcada em caminhões em Rondonópolis, de onde segue até São Simão (GO); de lá é transferida para barcaças que a conduzem até Pederneiras, continuando por ferrovia até o porto de Santos.

O acordo de transporte fluvial na hidrovia Paraguai-Paraná, Acordo de Santa Cruz de La Sierra sobre o Transporte Fluvial, entre os portos de Cáceres (Mato Grosso) e Nueva Palmira (Uruguai), entrou em vigor depois que os cinco países envolvidos notificaram a Aladi (Associação Latino-Americana de Integração) quanto ao cumprimento das disposições internas.

O convênio assinado em junho de 1992 estabelece um marco normativo comum, que irá facilitar a navegação, o comércio e o transporte através da hidrovia Paraguai-Paraná, com uma extensão de 3.000 km.

5.3.2.8.1 Composição do frete fluvial

O cálculo de frete é baseado na tonelada/quilômetro ou pela unidade, no caso de contêineres. Cobra-se então o espaço utilizado em função de cubicagem. Seu valor é bem mais barato comparando-se aos modais terrestres.

5.3.2.9 Transporte intermodal

As modernas tecnologias de unitização de cargas, particularmente a conteinerização, assim como o incremento da competição no mercado de manufaturados, têm levado ao surgimento de novas formas de comercialização do transporte marítimo, mediante expansão do serviço porta a porta.

Isso viabilizou o transporte intermodal ou multimodal, no qual apenas um operador (o *freight forwarder*, denominado transitário no Brasil) se responsabiliza, perante o usuário, por todas as etapas do transporte, da origem ao destino.

A Operação de Transporte Multimodal é aquela que, regida por um único contrato de transporte, utiliza duas ou mais modalidades de transporte, desde a origem até o destino. Tal operação é executada sob a responsabilidade única de um Operador de Transporte Multimodal (OTM).

O Operador de Transporte Multimodal (OTM) é a pessoa jurídica contratada como principal para a realização do transporte multimodal de cargas da origem até o destino por meios próprios ou por intermédio de terceiros.

Em 19 de julho de 1995, foi editado o Decreto nº 1.563 internalizando o Acordo para Facilitação do Transporte Multimodal de Mercadorias entre os países do Mercosul, assinado em 30 de dezembro de 1994. Em 19 de fevereiro de 1998, foi sancionada a Lei nº 9.611, que dispõe sobre o Transporte Multimodal de Cargas no Brasil.

Na prática, não existe ainda a figura do Operador de Transporte Multimodal no Brasil, bem como o Conhecimento de Transporte Multimodal está em estudo e processo de elaboração.

No entanto, o uso de modais diferentes para uma mesma carga é prática constante e realizado sob o regime de transporte intermodal. Neste, cada trajeto é realizado por um tipo de transporte e os embarcadores contratam cada trecho com cada transportador separadamente.

5.4 SEGURO INTERNACIONAL

O contrato de seguro contempla uma operação realizada entre duas partes, o segurado e o segurador, coordenada por uma terceira parte, denominada corretor. Em troca do pagamento do "prêmio", a seguradora emite uma apólice assumindo os riscos por possíveis avarias ou perdas da mercadoria durante o seu transporte.

São precondições para realizar uma operação de seguro no comércio exterior a ocorrência de compra e venda de mercadoria e a utilização de transporte internacional para a mesma.

É necessário que a condição de venda ou compra determine quem tem a responsabilidade de arcar com a contratação do seguro, o que geralmente se dá conforme a modalidade ou Incoterm escolhido pelas partes.

O prêmio é calculado por um percentual sobre o valor da mercadoria e determinado pelo tipo de transporte, natureza da carga, embalagem, quantidade de manuseios, perecibilidade, destino, distância, período de cobertura, entre outros.

O valor mínimo para segurar uma mercadoria, de acordo com o Incoterm, deverá ser o valor do contrato acrescido de 10% do seu valor CIF. Tomando-se por base operações FOB, o valor do contrato deverá ser adicionado em 25%, de forma a cobrir os custos envolvidos com o frete e demais despesas relacionadas com o sinistro.

O transporte aéreo costuma ter tarifa de seguro equivalente à metade das modalidades marítima e terrestre. O transporte marítimo em contêineres tem redução no prêmio de seguro entre 10 e 20%. O seguro implica em pequena participação no preço final das mercadorias, representando atualmente, em média, 0,2% do preço FOB dos produtos.

DICAS:

- ✓ Na contratação do seguro, observe quais riscos encontram-se cobertos pela apólice. Recomendamos evitar seguros *ad valorem* inclusos no valor do frete.
- ✓ A atual legislação brasileira de seguros não permite que, nas importações realizadas por empresas brasileiras, o seguro referente ao frete internacional seja efetuado pela empresa exportadora.
- ✓ Verifique se o perfil de sua carga obriga a cuidados adicionais na contratação da empresa de transporte, do seguro, ou à adoção de medidas adicionais como rastreabilidade da carga, escolta armada e verificação de antecedentes do motorista, a modo de exemplo.
- ✓ Caso utilize contêiner, verifique a necessidade de contratar um seguro para o contêiner.

Contabilidade de Comércio Exterior

Marcelo Gonçalves de Assis

6.1 INTRODUÇÃO

Neste capítulo de Contabilidade de Comércio Exterior, pretendemos mostrar as principais contas de ativos e passivos de empresas e bancos que atuam no cenário internacional.

Focaremos também os tributos relacionados às operações de comercialização estrangeiras. Tudo isso de forma sumária.

Antes de iniciarmos focando as contas de ativos e passivos, daremos uma breve definição dos tópicos relacionados ao comércio exterior, tais como:

Comércio internacional é a troca de bens e serviços entre as nações através das exportações e importações, com o objetivo de atender às necessidades originárias dos desejos humanos, devido à impossibilidade dos países produzirem vantajosamente todos os bens e serviços.

Balança comercial é a relação entre as importações e exportações de um país em volume financeiro. Pode ser superavitária, deficitária e nula.

Contratos cambiais: toda a entrada e saída de mercadorias ou serviços com cobertura cambial tem que ter um fechamento de contrato de câmbio. As partes envolvidas são compradores ou vendedores de moedas estrangeiras.

Todos os contratos de câmbio são contabilizados pelos bancos e empresas autorizadas a operar no comércio exterior. Existem basicamente seis tipos de contratos cambiais; são eles:

Contrato de exportação – Tipo 01.

Contrato de importação – Tipo 02.

Contrato financeiro de compra – Tipo 03.

Contrato financeiro de venda – Tipo 04.

Interbancário compra – Tipo 05.

Interbancário venda – Tipo 06.

Obs.: Os contratos de câmbio Tipos 05 e 06 são contabilizados apenas pelos bancos e Clearing de Câmbio da BM&F.

Através da movimentação dos contratos de câmbio, o Bacen pode saber como fica a posição cambial de cada banco.

A posição de câmbio de um banco pode ser:

COMPRADA.
VENDIDA.
NIVELADA.

Esse assunto está mais detalhado na parte de câmbio.

Vamos dividir a contabilidade de comércio exterior nas seguintes partes:

a) Ativos e Passivos das empresas de Comércio Exterior.
b) Ativos e Passivos dos Bancos no setor de Câmbio.
c) Contas de Resultado.

6.2 ATIVOS DAS EMPRESAS NO SETOR DE COMEX

Podemos definir Ativos de Comércio Exterior como direitos relacionados às operações estrangeiras.

6.2.1 Investimentos no exterior

As empresas podem realizar investimentos no exterior através de: (a) compras de ações; (b) internacionalização (filiais, *joint venture* ou qualquer tipo de parceira); (c) pagamento antecipado de importação (garantir o preço ou aproveitar a taxa cambial).

6.2.2 Exportações a receber: contrato pronto

As empresas exportadoras, após enviar suas mercadorias ao exterior, têm um direito a receber em moeda estrangeira, e para isto devem contratar o câmbio junto a um banco autorizado pelo Banco Central, transformando a moeda estrangeira (ME) em moeda nacional (MN). Chamamos tal contrato de tipo 01 – Exportação (pronto).

Obs.: Conforme normas do Banco Central, todo contrato pronto deve ser liquidado em até dois dias úteis.

6.2.3 Exportações a receber: trava de exportação

As empresas exportadoras podem contratar o câmbio antes de receber a moeda estrangeira proveniente de alguma exportação. Tal prática pode ser uma estratégia, pois as mesmas não têm necessidade imediata do pagamento para integrar ao seu fluxo de caixa. Para contratação, a empresa pactua as taxas de câmbio junto ao banco, e, assim que o pagamento for realizado no exterior (na conta de seu banco brasileiro), receberá do banco a moeda nacional respectiva, conforme o acordo.

> ✓ As taxas de câmbio que serão utilizadas para liquidação dessa operação encontram-se na PTAX800 – Transação do Sisbacen. Podem ser negociados com o banco, por exemplo, 98% da PTAX do dia da liquidação.

6.2.4 Aumento de capital

As empresas estrangeiras podem investir aqui no Brasil. Algumas matrizes no exterior investem nas suas filiais, aumentando, assim, o capital da empresa brasileira. Para isso, o Bacen deve ser informado. O contrato de câmbio que ampara tal operação é o Financeiro Compra – tipo 03 e este deve conter o número do RDE.

6.2.5 Direito sobre pagamento antecipado: importação

As empresas brasileiras podem financiar a produção de uma empresa no exterior de acordo com a negociação. Isto pode ser uma tática do importador para conquistar clientes, ou até mesmo para aproveitar a taxa cambial do momento.

6.3 PASSIVOS DAS EMPRESAS NO SETOR DE COMEX

PASSIVOS

Podemos definir Passivos de Comércio Exterior como obrigações relacionadas às de operações estrangeiras.

6.3.1 Empréstimos bancários para as exportações (ACC/ACE)

ACC: Adiantamento sobre Contrato de Câmbio. Espécie de financiamento relacionado às operações de exportações brasileiras com cobertura cambial antes do embarque da mercadoria ao exterior.

ACE: Adiantamento sobre Cambiais Entregues. Espécie de financiamento relacionado às operações de exportações brasileiras com cobertura cambial após o embarque da mercadoria ao exterior.

6.3.2 Obrigações no exterior

- Importações a pagar.
- Direitos autorais.
- Fretes internacionais.
- Seguros.
- Juros.
- Comissão de agente.

6.3.3 Tributos

Passivos de comércio exterior tanto para as empresas exportadoras como para as empresas importadoras, nesta última com maior volume.

O Código Tributário Nacional (CTN), em seu art. 3º, define tributo:

> "É toda prestação pecuniária compulsória, em moeda ou cujo valor nela se possa exprimir, que não constitua sanção por ato ilícito, instituída em lei e cobrada mediante atividade administrativa plenamente vinculada."

6.3.3.1 Espécie de tributos:

O art. 5º do CTN dispõe: "Os tributos são impostos, taxas e contribuições de melhoria."

Impostos: decorrem de situação geradora independentemente de qualquer contraprestação estatal em favor do contribuinte.

Taxas: têm como fato gerador a utilização efetiva ou potencial de serviço público específico e divisível, prestado ao contribuinte ou posto à sua disposição.

Contribuições de melhoria: são cobradas quando o benefício é trazido aos contribuintes por obras públicas.

6.3.3.2 Elementos da obrigação tributária

Sujeito ativo: pessoa jurídica de direito público competente para instituir e exigir tributos.

Sujeito passivo: pessoa física ou jurídica obrigada por lei ao cumprimento da prestação tributária.

Causa: lei em razão do princípio da legalidade.

Objeto: cumprimento de uma prestação positiva ou negativa determinada por lei.

6.3.3.3 Elementos fundamentais do tributo

Fato gerador: é a situação definida em lei (concretização da hipótese de incidência tributária) como necessária e suficiente para dar origem à obrigação tributária.

Contribuinte ou responsável: denomina-se *contribuinte* o sujeito passivo da obrigação tributária que tem relação pessoal e direta com o fato gerador. Denomina-se *responsável* a pessoa que a lei determina para cumprir a obrigação tributária, em substituição ao contribuinte de fato.

Base de cálculo: é o valor que se toma como base para o cálculo do imposto devido.

Alíquota: é o percentual definido em lei que, aplicado à base de cálculo, determina o valor do tributo a ser recolhido aos cofres públicos.

6.3.3.4 Impostos e contribuições

6.3.3.4.1 Imposto de importação (II)

Legislação básica: (a) Constituição Federal de 1988, art. 153, inciso I; (b) Decreto nº 6.759, de 5-2-2009 (Regulamento Aduaneiro).

Campo de incidência: (a) sobre mercadoria estrangeira; (b) sobre mercadoria nacional ou nacionalizada exportada que retornem ao país.

Fato gerador: Conforme art. 72 do Decreto nº 6.759/2009, o fato gerador do Imposto de Importação é a entrada de mercadoria estrangeira no território aduaneiro.

Base de cálculo: É o preço da mercadoria acrescido dos valores do frete e seguro internacional (valor CIF).

6.3.3.4.2   Imposto de Exportação (IE)

Legislação básica: (a) Constituição Federal de 1988, art. 153, inciso I; (b) Decreto nº 6.759/2009, de 5-2-2009 (Regulamento Aduaneiro).

Campo de incidência: Sobre mercadoria nacional ou nacionalizada destinada ao exterior.

Fato gerador: Conforme art. 213 do Decreto nº 6.759/2009, o fato gerador do Imposto de Exportação é a saída da mercadoria do território aduaneiro.

Base de cálculo: É o preço normal que a mercadoria, ou sua similar, alcançaria, ao tempo da exportação, em uma venda em condições de livre concorrência no mercado internacional, observadas as normas expedidas pela Câmara de Comex.

6.3.3.4.3   Imposto de Produtos Industrializados (IPI)

Legislação básica: (a) Constituição Federal de 1988, art. 153, inciso IV; (b) Código Tributário Nacional (CTN) – Lei nº 5.172/66, arts. 46 a 51; (c) Lei nº 4.502/64; (d) Decreto nº 7.212/2010 (atual Regulamento do IPI – RIPI).

Campo de incidência: Todos os produtos industrializados, nacionais ou estrangeiros.

Fato gerador: (a) no desembaraço aduaneiro de produtos procedentes do exterior; (b) na saída do produto do estabelecimento industrial.

Base de cálculo: É disciplinada pelos arts. 131 e seguintes do atual RIPI (Decreto nº 7.212/2010).

6.3.3.4.4   Imposto de Circulação de Mercadorias e Serviços (ICMS)

Legislação básica: (a) Constituição Federal de 1988, art. 155, inciso I; (b) Lei nº 6.374, que instituiu o ICMS no Estado de São Paulo; (c) Decreto nº 45.490, de 30-11-2000 (atual Regulamento do ICMS – RICMS); (d) Lei complementar nº 87, de 13-9-1996, alterada pela Lei Complementar nº 102, de 11-7-2000.

Campo de incidência: (a) sobre operações relativas à circulação de mercadorias; (b) sobre prestação de serviços de transporte interestadual e intermunicipal, por qualquer via; (c) sobre a entrada de mercadoria importada do exterior, ainda quando se tratar de bem destinado a consumo ou ativo fixo do estabelecimento; (d) sobre serviço prestado no exterior.

Fato gerador: (a) na saída de mercadoria, a qualquer título, de estabelecimento de contribuinte, ainda que para outro estabelecimento do mesmo titular; (b) no fornecimento de mercadorias com prestação de serviços; (c) no desembaraço de mercadoria ou bem importado do exterior.

Base de cálculo: Está nos artigos 37 a 51 do atual RICMS/SP (Decreto nº 45.490, de 30-11-2000).

Método para cálculo do ICMS devido na importação, o qual segue abaixo:

a) Valor CIF da mercadoria em reais;
b) Valor do II;
c) Valor do IPI;
d) Valor do IOF;
e) Valor das taxas;
f) Valor das contribuições;
g) Valor das despesas aduaneiras;
h) 18% – alíquota do ICMS na importação.

Temos:

1. $A + B + C + D + E + F + G = T$ (valor da mercadoria importada mais impostos, taxas, contribuições e despesas aduaneiras incidentes na importação);
2. $T / 0,82 = B$ (base de cálculo do ICMS);
3. $B \times 0,18 = V$ (valor do ICMS);
4. $T + V = TN$ (valor total da nota fiscal a que se referem os artigos 136 e 137 do RICMS/2000).

6.3.3.4.5 Programa de Integração Social (PIS) e Contribuição para Financiamento da Seguridade Social (Cofins)

Legislação básica

a) PIS/Cofins (Decreto nº 4.524, de 17-12-2002).
b) PIS/Cofins (Instruções Normativas SRF nº 247, de 21-11-2002, e nº 358, de 9-9-2003).
c) Cofins (Lei nº 10.833, de 29-12-2003).
d) Medida Provisória nº 164, de 29-1-2004.

Fato gerador: Totalidade das receitas auferidas pelas pessoas jurídicas de direito privado, independentemente da atividade exercida e da classificação contábil adotada para a escrituração das mesmas.

Base de cálculo: É o valor do faturamento que corresponde à receita bruta, assim entendida a totalidade das receitas auferidas.

Incidência: Sobre a importação de produtos e serviços provenientes do exterior.

6.3.4 Operações no mercado externo

6.3.4.1 *Operação de matéria-prima*

a) Componentes que integram o custo de aquisição da matéria-prima:

- Fatura do fornecedor estrangeiro.
- Impostos não recuperáveis.
- Frete, seguro, taxas portuárias.

b) Impostos incidentes sobre a importação:
- Imposto de Importação, o qual, por não ser recuperável, integrará o custo da matéria-prima.
- IPI, ICMS, PIS e Cofins, os quais, por serem recuperáveis, não integrarão o custo da matéria-prima.

c) Base de cálculo do IPI:
- Valor da fatura do fornecedor.
- Valor do Imposto de Importação.
- Valor do frete e seguro.

d) Base de cálculo do ICMS:
- Valor da fatura do fornecedor.
- Valor do Imposto de Importação.
- Valor do IPI.
- PIS e Cofins.
- Valor do frete e do seguro.

Exemplo:

Uma empresa industrial nacional importa da União Europeia matéria-prima para fabricação do seu produto.

Informações:

Valor do frete	R$ 3.100,00
Valor da matéria-prima	US$ 200.000,00
Seguro	R$ 1.550,00
Dólar (valor venda)	R$ 3,00
VA = Valor aduaneiro	R$ 604.650,00
a = alíquota do II	20%
b = alíquota do IPI	10%
c = alíquota do PIS – Importação	1,65%
d = alíquota da Cofins – Importação	7,60%
e = alíquota do ICMS	18%
D = Despesas aduaneiras	R$ 2.122,00

Base de cálculo do PIS/Cofins – Importação = $(VA \times X + D \times Y)$, onde:

$$\frac{X = \{1 + e \times [a + b(1 + a)]\}}{(1 - c - d - e)} = 1{,}457045$$

$$Y = \frac{e}{(1 - c - d - e)} = 0{,}24742268$$

Base de cálculo = 604.650,00 × 1,457045 + 2.122,00 × 0,24742268
= 881.002,26 + 525,03 = 881.527,29

PIS – Importação = R$ 881.527,29 × 1,65% = 14.545,20

Cofins – Importação = R$ 881.527,29 × 7,6% = R$ 66.996,07

Cálculo das bases e dos impostos:

a) Imposto de Importação

Valor do material	R$ 600.000,00
Valor do frete	R$ 3.100,00
Valor do seguro	R$ 1.550,00
Base do cálculo	R$ 604.650,00

II = R$ 604.650,00 × 20% = R$ 120.930,00

b) IPI

Valor do material	R$ 600.000,00
Valor do frete e seguro	R$ 4.650,00
Valor do II	R$ 120.930,00
Base do cálculo	R$ 725.580,00

IPI = R$ 725.580,00 × 10% = R$ 72.558,00

c) ICMS

Valor do material	R$ 600.000,00
Valor do frete	R$ 3.100,00
Valor do seguro	R$ 1.550,00
Valor do II	R$ 120.930,00
Valor do IPI	R$ 72.558,00
Valor PIS	R$ 14.525,20
Valor da Cofins	R$ 66.996,07
Base do cálculo	R$ 881.801,27/0,82 = R$ 1.075.367,40

ICMS = R$ 1.075.367,40 × 18% = R$ 193.566,13

Contabilização da empresa importadora

1. Pelos pagamentos do frete e seguro da importação		
Débito: Importações em Andamento	4.650,00	
Crédito: Bancos Conta Movimento		4.650,00

2. Pelo pagamento do II, IPI, PIS, Cofins e ICMS		
Débito: Importações em Andamento	468.595,40	
Crédito: Bancos Conta Movimento		468.595,40

3. Pelo pagamento do despachante aduaneiro		
Débito: Importações em Andamento	2.122,00	
Crédito: Bancos Conta Movimento		2.122,00

4. Pelo desembaraço aduaneiro da matéria-prima correspondente a US$ 200.000,00 cuja fatura tem vencimento após 20 dias		
Débito: Importações em Andamento	600.000,00	
Crédito: Bancos Conta Movimento		600.000,00

5. Pela transferência para o estoque da matéria-prima mediante a emissão de uma Nota Fiscal de Entrada pela empresa importadora		
Débito: Estoque de Matéria-prima	727.702,00	
Débito: IPI a Recuperar	72.558,00	
Débito: PIS – Importação a Recuperar	14.545,20	
Débito: Cofins – Importação a Recuperar	66.996,07	
Débito: ICMS a Recuperar	193.428,56	
Crédito: Importações em Andamento		1.074.137,32

6. No dia da liquidação da fatura do fornecedor estrangeiro é necessário ajustar a obrigação pelo valor de venda do dólar. Se a variação da moeda estrangeira for para mais, constitui uma despesa financeira, e se for para menos, constitui uma receita financeira. Vamos supor que a taxa do dólar esteja valendo R$ 3,10. US$ 200.000,00 × R$ 3,10 = R$ 620.000,00. Variação = R$ 620.000,00 – R$ 600.000,00 = R$ 20.000,00		
Débito: Despesas Financeiras	20.000,00	
Crédito: Fornecedores do Exterior		20.000,00

7. Pela liquidação da fatura do fornecedor estrangeiro debitada pelo Banco GGG Br S/A		
Débito: Fornecedores do Exterior	620.000,00	
Crédito: Bancos Conta Movimento		620.000,00

Obs.: Nas operações de importação para integrar o Ativo Permanente da Importadora (Máquinas, Equipamentos etc.), o registro contábil da entrada do bem no patrimônio da empresa seria **debitar** a conta que representa o bem no Ativo Permanente (Máquinas, Equipamentos etc.). Como nessas operações somente o ICMS é recuperável, o II, IPI, o PIS e a Cofins, por se tratar de impostos não recuperáveis, devem ser agregados ao custo de aquisição do bem.

6.3.4.2 Operação de exportação de produtos

Momento do reconhecimento

Sob o aspecto contábil, o momento do reconhecimento da receita, no caso de produtos, é quando se configura a transferência da propriedade, e esta ocorre por ocasião do embarque, cabendo nesse momento o registro contábil da receita de venda.

Valor da receita de exportação

As operações de vendas ao exterior são realizadas em moeda estrangeira, devendo ser convertida em moeda nacional pela taxa cambial (valor de compra) fixada pelo Banco Central do Brasil (BACEN) vigente na data do embarque dos produtos. A variação cambial ocorrida entre a data do embarque até a data do recebimento do cliente do exterior será tratada como Receita Financeira ou Despesa Financeira.

Tratamento fiscal

- A exportação de produtos industrializados não está sujeita:
- Ao IPI.
- Ao ICMS, conforme art. 155, parágrafo 2º, inciso X, letra "a" da CF/1988 e art. 7º, inciso V, do RICMS (Decreto nº 45.490, de 30-11-2000).
- Ao PIS, conforme art. 4º, da Lei nº 10.367, de 30-12-2002 (PIS não cumulativo).
- À Cofins (art. 7º da Lei Complementar nº 70/91 e art 6º, inciso I, da Lei nº 10.833, de 29-12-2003).

Exemplo:

Uma empresa industrial brasileira efetua a venda do seu produto para uma empresa norte-americana. Informações:

- venda de 60.000 unidades do produto no total de US$ 100.000,00.
- dólar (valor de compra): R$ 3,00.

Contabilização da empresa brasileira

1. Na data do embarque do produto US$ 100.000,00 × R$ 3,00 = R$ 300.000,00	
Débito: Clientes do exterior	300.000,00
Crédito: Vendas no Mercado Externo	300.000,00

2. Atualização do direito a receber do cliente, supondo que na data do vencimento e do recebimento o valor da compra do dólar seja R$ 2,95

US$ 100.000,00 × R$ 2,95 = R$ 295.000,00

R$ 295.000,00 − R$ 300.000,00 = (R$ 5.000,00)

Débito: Despesas Financeiras	5.000,00	
Crédito: Clientes do Exterior		5.000,00

3. Banco GGG Br S/A comunica que o cliente liquidou o seu débito

Débito: Bancos Conta Movimento	295.000,00	
Crédito: Clientes do Exterior		295.000,00

6.4 EXERCÍCIOS DE CONTABILIDADE – CORRIGIDOS

1. Todos os contratos de câmbio são contabilizados pelos bancos e empresas autorizadas a operar no comércio exterior. Marque V (verdadeiro) ou F (falso):
   a) (V) O contrato de câmbio que está relacionado a saída de mercadoria do território nacional com cobertura cambial é o Tipo 01 – Contrato de Exportação;
   b) (V) O contrato de câmbio que está relacionado à entrada de divisas proveniente de mercadorias no Território Nacional é o Tipo 01 – Contrato de Exportação;
   c) (V) O contrato de câmbio proveniente da saída de divisas do território nacional relacionado a compras de mercadorias estrangeiras é Tipo 02 – Importação;
   d) (V) Os contratos de câmbio Tipos 03 e 04 são provenientes de entradas e saídas de divisas, respectivamente. São contratos tipos financeiros, não envolvem mercadorias;
   e) (F) Os contratos cambiais Interbancários tipos 05 e 06 são contabilizados pelas empresas exportadoras e importadoras.

2. Marque **A** para ativo e **P** para passivo referente à parte contábil do lado da empresa:
   a) (A) Exportações a receber;
   b) (A) Importações com pagamento antecipado;
   c) (P) Imposto de Importação no desembaraço aduaneiro;
   d) (A) Bancos Conta Movimento;
   e) (A) Investimentos no exterior;
   f) (P) Financiamentos com base em ACC;
   g) (P) Financiamentos com base em ACE;
   h) (A) Máquinas e equipamentos utilizados na produção;
   i) (A) Investimentos vindos do exterior para Aumento de Capital (Matriz para filial);
   j) (P) Deságio/Juros sobre ACC;
   k) (P) Deságio/Juros sobre ACE;
   l) (P) Fretes;
   m) (P) Seguros;

n) (P) Comissão de agente;

o) (P) Cursos e congressos no exterior;

p) (P) Doações;

q) (P) Despesas com Despachantes Aduaneiros.

3. O pagamento de uma importação se contabiliza da seguinte forma:

   a) (X) **Débito de**: Importações a pagar e **Crédito de**: Banco Conta Movimento;

   b) ( ) **Débito de**: Banco Conta Movimento e **Crédito de**: Importações a pagar;

   c) ( ) **Débito de**: Caixa (Espécie) e **Crédito de**: Importações a pagar;

   d) ( ) **Débito de**: Importações a pagar e **Crédito de**: Caixa (Espécie).

   e) ( ) As alternativas (a) e a (d) estão corretas.

4. O recebimento de exportação se contabiliza da seguinte forma:

   a) ( ) **Débito de**: Exportações a receber e **Crédito de**: Banco Conta Movimento;

   b) (X) **Débito de**: Banco Conta Movimento e **Crédito de**: Exportações a receber;

   c) ( ) **Débito de**: Caixa (Espécie) e **Crédito de**: Exportações a receber;

   d) ( ) **Débito de**: Exportações a receber e **Crédito de**: Caixa (Espécie).

   e) ( ) As alternativas (b) e a (c) estão corretas.

5. O pagamento de fretes internacionais se contabiliza da seguinte forma:

   a) (X) **Débito de**: Fretes a remeter/pagar e **Crédito de**: Banco Conta Movimento;

   b) ( ) **Débito de**: Banco Conta Movimento e **Crédito de**: Fretes a remeter/pagar;

   c) ( ) **Débito de**: Caixa (Espécie) e **Crédito de**: Fretes a remeter/pagar;

   d) ( ) **Débito de**: Fretes a remeter/pagar e **Crédito de**: Caixa (Espécie).

   e) ( ) As alternativas (a) e a (d) estão corretas.

6. O Recebimento do Financiamento Bancário via ACC se contabiliza da seguinte maneira:

   a) ( ) **Débito de**: Financiamento – ACC e **Crédito de**: Banco Conta Movimento;

   b) (X) **Débito de**: Banco Conta Movimento e **Crédito de**: Financiamento – ACC;

   c) ( ) **Débito de**: Caixa (Espécie) e **Crédito de**: Financiamento – ACC;

   d) ( ) **Débito de**: Financiamento ACC e **Crédito de**: Caixa (Espécie);

   e) ( ) **Débito de**: TED Conta de terceiros e **Crédito de**: Financiamento – ACC;

   f) ( ) As alternativas (a) e a (d) estão corretas.

7. O Recebimento do Financiamento Bancário via ACE se contabiliza da seguinte maneira:

   a) ( ) **Débito de**: Financiamento – ACE e **Crédito de**: Banco Conta Movimento;

   b) (X) **Débito de**: Banco Conta Movimento e **Crédito de**: Financiamento – ACE;

   c) ( ) **Débito de**: Caixa (Espécie) e **Crédito de**: Financiamento – ACE;

   d) ( ) **Débito de**: Financiamento – ACE e **Crédito de**: Caixa (Espécie);

   e) ( ) **Débito de**: TED Conta de terceiros e **Crédito de**: Financiamento – ACE;

   f) ( ) As alternativas (a) e a (d) estão corretas.

Cap. 6 • Contabilidade de Comércio Exterior | **143**

8. O Pagamento do deságio antecipado numa operação de Financiamento Bancário via ACC se contabiliza da seguinte maneira:
    a) (X) **Débito de**: Deságio antecipado – ACC   e **Crédito de**: Banco Conta Movimento;
    b) ( ) **Débito de**: Banco Conta Movimento   e **Crédito de**: Deságio antecipado – ACC;
    c) ( ) **Débito de**: Caixa (Espécie)   e **Crédito de**: Deságio antecipad – ACC;
    d) ( ) **Débito de**: Deságio antecipado – ACC   e **Crédito de**: Caixa (Espécie);
    e) ( ) **Débito de**: TED Conta de terceiros   e **Crédito de**: Deságio antecipado – ACC;
    f) ( ) As alternativas (a) e a (d) estão corretas.

9. O Pagamento do deságio postecipado numa operação de Financiamento Bancário via ACC se contabiliza da seguinte maneira:
    a) (X) **Débito de**: Deságio postecipado – ACC   e **Crédito de**: Banco Conta Movimento;
    b) ( ) **Débito de**: Banco Conta Movimento   e **Crédito de**: Deságio postecipado – ACC;
    c) ( ) **Débito de**: Caixa (Espécie)   e **Crédito de**: Deságio antecipado – ACC;
    d) ( ) **Débito de**: Deságio postecipado – ACC   e **Crédito de**: Caixa (Espécie);
    e) ( ) **Débito de**: TED Conta de terceiros   e **Crédito de**: Deságio antecipado – ACC;
    f) ( ) As alternativas (a) e a (d) estão corretas.

6.5 ATIVOS DOS BANCOS NO SETOR DE CÂMBIO

6.5.1 Depósitos em moedas estrangeiras (DEME)

Todo banco autorizado pelo Bacen tem que ter pelo menos um correspondente no exterior (conta corrente em moeda estrangeira). Através dessa conta transitam os recebimentos e pagamentos em moeda estrangeira provenientes de:

- Exportação: recebimento de Moeda Estrangeira.
- Importação: pagamento em Moeda Estrangeira.
- Contrato Financeiro Tipo 03: recebimento em Moeda Estrangeira do Exterior não Proveniente de Exportações.
- Contrato Financeiro Tipo 04: pagamento em Moeda Estrangeira não Proveniente de Importações.

6.5.2 Disponibilidades em moedas estrangeiras

Todo banco autorizado pelo Bacen pode ter um caixa em espécie em moeda estrangeira. Este caixa é utilizado no câmbio turismo.

- Pessoas que desejam viajar ao exterior e precisam de moeda estrangeira para os seus gastos podem realizar a troca com algum banco que opera neste mercado.
- Turistas vindos do exterior também podem trocar sua moeda estrangeira por reais para os seus gastos no Brasil.

6.5.3 Câmbio Comprado a Liquidar (CCL)

Chama-se câmbio comprado toda compra em moeda estrangeira realizada pelo banco autorizado a operar nesse mercado. A seguir seguem algumas situações de CCL:

- Operações de Exportações – empresas exportadoras necessitam trocar moedas estrangeiras derivadas de suas vendas ao exterior. O registro dessas trocas é feito através de Contrato de Câmbio de Exportação – Tipo 01, em que o banco compra a moeda estrangeira e paga os reais via Ted ou crédito em conta corrente.
- Investimentos Vindos do Exterior – Capital Estrangeiro a Curto ou Longo Prazo – o registro dessa operação é feito através de Contrato de Câmbio Financeiro Tipo 03.

6.5.4 Aplicações em moeda estrangeira no exterior

Os bancos autorizados a operar no mercado de câmbio podem ter aplicações no exterior através de:

- Garantia de uma operação de importação brasileira (exportação no exterior).
- Compras de ações.

6.5.5 Direitos sobre vendas de câmbio

Todas as operações de importação ou financeiras Tipo 04 necessitam ser pagas ao exterior. Para isso, as empresas devedoras do exterior contratam o câmbio para liquidarem suas pendências. Enviam ao banco brasileiro um montante em reais via Ted ou Crédito em Conta Corrente correspondente ao valor em moeda estrangeira devida ao exterior. O banco tem o direito de receber a moeda nacional para depois efetuar o pagamento em moeda estrangeira. A contrapartida dessa conta é o passivo de Câmbio Vendido a Liquidar.

Os contratos de Movimentos Interbancários Venda Tipo 06 recebem o mesmo tratamento.

6.5.6 Adiantamento sobre contrato de câmbio

Conta referente ao financiamento de exportações. Sua principal característica é que este adiantamento é fornecido às exportadoras **antes do embarque da mercadoria**.

6.5.7 Adiantamento sobre cambiais entregues

Conta referente ao financiamento de exportações também, porém sua principal característica é que este adiantamento é fornecido às exportadoras **após embarque da mercadoria**.

O registro desses financiamentos contábeis nos bancos é feito numa conta de passivo de forma redutora.

6.5.8 Rendas a receber sobre exportações

Conta relacionada ao financiamento de exportações. Em todo ACC e ACE há a cobrança de deságio/juros sobre estas operações. O deságio pode ser:

- Antecipado, cobrado no ato do adiantamento sobre o contrato de câmbio.
- Postecipado, cobrado no final. É provisionado a cada último dia útil de cada mês o valor correspondente até aquela data.

A cada fechamento de balancete esta conta sofre reajustes de acordo com a variação da taxa e da quantidade de dias desde o adiantamento até a data presente. A contabilização é:

Débito: rendas a receber.
Crédito: rendas sobre operações de câmbio – deságio/juros (conta de resultado).

6.6 PASSIVOS DOS BANCOS NO SETOR DE CÂMBIO

6.6.1 Obrigações por empréstimos no exterior: *Pre export financing*

Conta relacionada ao financiamento de exportações. O banco capta recursos em moeda estrangeira no exterior através de bancos para esta finalidade.

Por esta captação no exterior o banco paga juros relacionados às taxas internacionais mais *spread*, podendo ser de 0,5% a 3% sobre a moeda estrangeira.

Este empréstimo, após a negociação, é creditado na conta corrente do banco brasileiro no seu correspondente no exterior. A contabilização é a seguinte:

Débito: DEME – correspondente no exterior (*bank*).
Crédito: obrigações por empréstimos no exterior: exportação.

6.6.2 Provisão para pagamentos a efetuar: despesas com banqueiros no exterior

Conta relacionada às captações do banco para financiar as exportações. O banco tem que pagar juros provenientes destas captações.

É provisionado a cada último dia útil de cada mês o valor dos juros correspondente até aquela data.

A cada fechamento de balancete esta conta sofre reajuste de acordo com a variação da taxa e da quantidade de dias desde a captação até a data presente. A contabilização é:

Débito: despesas de obrigações c/ banqueiros no exterior.

Crédito: provisão para pagamentos a efetuar: despesas de banqueiro no exterior.

6.6.3 Obrigações por compra de câmbio

Conta relacionada com as entradas de divisas no país referentes a exportações e financeiro Tipo 03. Após a contratação do câmbio, as empresas têm o direito de receber o montante em moeda nacional equivalente ao seu direito em moeda estrangeira já creditada na conta do banco junto ao seu correspondente no exterior.

O banco, por sua vez, tem a obrigação de creditar na conta do cliente a moeda nacional derivada do contrato de câmbio.

A contabilização é:

Débito: câmbio comprado a liquidar.

Crédito: obrigações por compras de câmbio.

6.6.4 Câmbio vendido a liquidar

Conta relacionada a saídas de divisas no país referentes a importações e financeiros Tipo 04. Após a contratação do câmbio, as empresas têm a obrigação de pagar o câmbio contratado, ou seja, enviar a moeda nacional ao banco via Ted ou cheque para que o banco possa enviar o pagamento em moeda estrangeira ao exterior. Esse pagamento é feito geralmente via Swift (sistema de comunicação entre bancos nacionais e internacionais). Através desse sistema, os bancos recebem e pagam moeda estrangeira.

O banco vende a moeda estrangeira à empresa brasileira.

A contabilização é:

Débito: direito sobre vendas de câmbio.

Crédito: câmbio vendido a liquidar.

6.6.5 Contas de Resultados – Receita

6.7 RECEITAS

O banco tem vários tipos de receitas sobre as operações de comércio exterior; abaixo, seguem as mais utilizadas.

6.7.1 Lucro pela variação e diferença de taxas

Quando a taxa cambial varia para cima, as contas de ativos que devem ser reajustadas no último dia útil de cada mês serão atualizadas gerando normalmente um lucro por essa variação.

Exemplo: O saldo da conta DEME – Disponibilidade em Moeda Estrangeira – no dia 31-5-2006 é de US$ 1.000.000,00, o valor registrado em moeda nacional após vários lançamentos é de R$ 2.105.000,00. A taxa cambial de apuração para balancete emitida pelo Bacen nesta data é R$ 2,20. A apuração é: US$ 1.000.000,00 × R$ 2,20 = R$ 2.200.000,00. A variação é: R$ 2.200.000,00 − R$ 2.105.000,00 = R$ 95.000,00

A contabilização é:

Débito : DEME − Bank of XYZ.

Crédito: lucro pela variação e diferença de taxa.

R$ 95.000,00

6.7.2 Rendas sobre operações de câmbio – deságio/juros sobre exportação

Os deságios sobre operações de câmbio de exportação são contabilizados nesta conta de resultado.

Exemplo: Uma exportadora pagará deságio no final sobre sua operação de ACC/ACE. O adiantamento foi em 15-4-2006 e sua liquidação ocorreu em 15-5-2006. Os valores são de US$ 1.000.000,00 e R$ 2.100.000,00, a taxa de deságio é de 6% a.a.

A apuração até o dia 30-4-2006 corresponde a 15 dias de deságio, que corresponde a US$ 2.500,00. A taxa cambial para balancete no mês de abril é R$ 2,20. Teremos o seguinte: US$ 2.500,00 × R$ 2,20 = R$ 5.500,00

A contabilização é a seguinte:

Débito: rendas a receber − deságio − exportação

Crédito: rendas sobre op. de câmbio − deságio

R$ 5.500,00

6.7.3 Receitas sobre operações de câmbio

Há várias receitas provenientes de operações de câmbio, tais como:
- Conferência de Carta de Crédito.
- Conferência de documentos de Cobrança de Exportação.
- Postais.
- Transferência de Ordem de Pagamento.
- Tarifa de Edição de Contratos.
- Taxa de Expediente.

Exemplo de Contabilização:

Débito:	Caixa − Câmbio	R$	1.000,00 (D)
Crédito:	1. Conferência de carta crédito	R$	250,00 (C)
	2. Documentos de cobrança	R$	300,00 (C)
	3. Postais	R$	250,00 (C)
	4. Taxa de expediente	R$	200,00 (C)

6.8 CONTAS DE RESULTADOS: DESPESAS

O banco tem vários tipos de despesas sobre as operações de comércio exterior; abaixo seguem as mais utilizadas.

6.8.1 Prejuízo pela variação e diferença de taxas

Quando a taxa cambial varia para cima, as contas de passivos que devem ser reajustadas no último dia útil de cada mês serão reajustadas gerando um prejuízo por essa variação. Exemplo: o saldo da conta Obrigações Por Empréstimos no Exterior – *Pre Export Financing* no dia 31-5-2006 é de US$ 1.000.000,00, o valor registrado em moeda nacional após vários lançamentos é de R$ 2.115.000,00. A taxa cambial de apuração para balancete emitida pelo Bacen nesta data é R$ 2,20. A apuração é: US$ 1.000.000,00 × R$ 2,20 = R$ 2.200.000,00.

A Variação é: R$ 2.200.000,00 – R$ 2.115.000,00 = R$ 85.000,00

A contabilização é:

Débito: prejuízo pela variação e diferença de taxa
Crédito: obrigações por empréstimos no exterior
R$ 95.000,00

6.8.2 Despesas de obrigações com banqueiros no exterior: juros sobre *pre export financing*

Os juros sobre as captações em moeda estrangeira são contabilizados nesta conta de resultado.

Exemplo: Uma captação para exportação com data de registro 15-4-2006 e vencimento final em 15-5-2006. Os valores são de US$ 1.000.000,00 e R$ 2.100.000,00, a taxa de deságio é de 6% a.a.

A apuração até o dia 30-4-2006 corresponde a 15 dias de juros, que corresponde a US$ 2.500,00. A taxa cambial para balancete no mês de abril é R$ 2,20. Teremos o seguinte: US$ 2.500,00 × R$ 2,20 = R$ 5.500,00

A contabilização é a seguinte:

Débito: despesas de obrigações com banqueiro no exterior: juros de *pre export finance*
Crédito: provisão para pagamentos a efetuar.
R$ 5.500,00

6.8.3 Despesas sobre operações de câmbio

Há várias despesas provenientes de operações de câmbio, tais como:

- Despesas de banqueiro no exterior sobre cobranças.
- Despesas sobre Liberação de Restrição de Carta de Crédito de Exportação.
- Multas Bacen.

- Transferência de Ordem de Pagamento.

Exemplo de contabilização:

Débito: 1. Despesas de Banqueiro Exterior/Cobranças   R$ 250,00 (D)
2. Despesas de Liberação de Restrição LC   R$ 300,00 (D)
3. Multas Bacen   R$ 250,00 (D)
4. Transferência de Ordem de Pagamento   R$ 200,00 (D)
Crédito: Caixa – Câmbio   R$ 1.000,00 (C)

6.9 EXERCÍCIOS DE CONTABILIDADE: RELACIONADOS AOS BANCOS – CORRIGIDOS

1. Marque **A** para (ativo), **P** para (passivo) e **CR** para (Contas de Resultado) com referência às contas dos **Bancos**:
   a) (A) DEME;
   b) (P) Obrigações por Empréstimos no Exterior;
   c) (CR) Receitas sobre Operações de Câmbio – Taxas de Expediente;
   d) (P) CVL – Câmbio Vendido a Liquidar;
   e) (A) Direito Sobre Vendas de Câmbio;
   f) (P) Obrigações por Compras de Câmbio;
   g) (A) ACC – Adiantamento sobre Contratos de Câmbio;
   h) (A) ACE – Adiantamento sobre Cambiais Entregues;
   i) (A) Rendas a Receber sobre Exportação;
   j) (CR) Lucros por Variações e Diferenças de Taxas;
   k) (A) Disponibilidades em Moedas Estrangeiras;
   l) (CR) Prejuízo por Variações e Diferença de Taxas;
   m) (P) Provisão para Pagamentos a Efetuar;
   n) (CR) Despesas de Obrigações com Banqueiros no Exterior;
   o) (A) Aplicações em Moedas Estrangeiras no Exterior;
   p) (CR) Rendas Sobre Operações de Câmbio – Exportação/Deságio/Juros;
   q) (CR) Despesas de Obrigações com Banqueiros no Exterior;
   r) (A) CCL – Câmbio Comprado a Liquidar;
   s) (CR) Receitas sobre Operações de Câmbio – Conferência de LC;
   t) (CR) Despesas de Multas Bacen.
2. O Financiamento através de ACC para os exportadores se contabiliza da seguinte forma:
   a) ( ) **Débito de**: ACC – Adiantamento   e   **Crédito de**: Caixa (Espécie);
      s/ CC

b) ( ) **Débito de**: Caixa (Ted, Doc, Crédito Conta) e **Crédito de**: ACC – Adiant. s/ CC;

c) ( ) **Débito de**: Caixa (Espécie) e **Crédito de**: ACC – Adiant. s/ CC;

d) (X) **Débito de**: ACC – Adiantamento s/ CC e **Crédito de**: Caixa (Ted e C/C).

e) ( ) As alternativas anteriores estão erradas.

3. O financiamento através de ACE para os exportadores se contabiliza da seguinte forma:

a) ( ) **Débito de**: ACE – Adiantamento s/ CE e **Crédito de**: Caixa (Espécie);

b) ( ) **Débito de**: Caixa (Ted, Doc, Crédito Conta) e **Crédito de**: ACE – Adiant. s/ CE;

c) ( ) **Débito de**: Caixa (Espécie) e **Crédito de**: ACE – Adiant. s/ CE;

d) (X) **Débito de**: ACE – Adiantamento s/ CE e **Crédito de**: Caixa (Ted e C/C).

e) ( ) As alternativas anteriores estão erradas.

4. A Captação de Recursos no Exterior para financiamento às Exportações – Pré-exportação se contabiliza da seguinte forma:

a) ( ) **Débito de**: DEME e **Crédito de**: Caixa (Ted e C/C);

b) ( ) **Débito de**: Obrig. por Emprést. Pré-exp. e **Crédito de**: DEME;

c) (X) **Débito de**: DEME e **Crédito de**: Por Emprést. Pré-exp.;

d) ( ) **Débito de**: DEME e **Crédito de**: Caixa (Espécie).

e) ( ) As alternativas estão erradas.

5. O Registro do Câmbio Comprado a Liquidar se contabiliza da seguinte forma:

a) (X) **Débito de**: Câmbio Comprado a Liquidar e **Crédito de**: Obrig. p/ Compras Câmbio

b) ( ) **Débito de**: Câmbio Comprado e **Crédito de**: Caixa (Ted e C/C); a Liquidar

c) ( ) **Débito de**: Caixa (Espécie) e **Crédito de**: Câmbio Comp. a Liquidar

d) ( ) **Débito de**: Obrig. por Compras de Câmbio e **Crédito de**: Caixa (Espécie).

e) ( ) Todas as alternativas estão erradas.

6. O Registro do Câmbio Vendido a Liquidar se contabiliza da seguinte forma:

a) ( ) **Débito de**: Câmbio Vendido a Liquidar e **Crédito de**: Direitos s/ Venda Câmbio;

b) ( ) **Débito de**: Câmbio Vendido a Liquidar e **Crédito de**: Caixa (Ted e C/C);

c) (X) **Débito de**: Direitos s/ Vendas de Câmbio e **Crédito de**: Câmbio Vend. a Liquidar;

d) ( ) **Débito de**: Direitos s/ Vendas   e **Crédito de**: Caixa (Espécie).
      de Câmbio
   e) ( ) Todas as alternativas estão erradas.
7. Rendas a Receber no balancete mensal é apurada com seguinte contabilização:
   a) ( ) **Débito de**: Rendas a Receber   e **Crédito de**: Caixa (Ted e C/C);
   b) (X) **Débito de**: Rendas a Receber   e **Crédito de**: Rendas s/ Op. de Câmbio.
   c) ( ) **Débito de**: Rendas s/Op. de   e **Crédito de**: Rendas a Receber
      Câmbio – Deságio/Juros
   d) ( ) **Débito de**: Rendas a Receber   e **Crédito de**: Caixa (Espécie);
   e) ( ) Todas as alternativas estão erradas.
8. Se a conta DEME sofre uma variação na taxa de câmbio resultando em lucro, podemos dizer que a contabilização será da seguinte maneira:
   a) (X) **Débito de**: DEME   e **Crédito de**: Lucro p/ Var. e Dif. Taxas
   b) ( ) **Débito de**: DEME   e **Crédito de**: Rendas a Receber;
   c) ( ) **Débito de**: Caixa (Espécie)   e **Crédito de**: DEME;
   d) ( ) **Débito de**: Lucro Pela Variação   e **Crédito de**: DEME;
      e Dif. de Taxas;
   e) ( ) Todas as alternativas estão erradas.
9. Se a conta Disponibilidades em M/E sofre uma variação na taxa de câmbio resultando em lucro, podemos dizer que contabilização será da seguinte maneira:
   a) (X) **Débito de**: Disponibilidade em   e **Crédito de**: Lucro p/ Var. e Dif. M/E
      Taxas;
   b) ( ) **Débito de**: Disponibilidade em   e **Crédito de**: Rendas a Receber;
      M/E
   c) ( ) **Débito de**: Caixa (Espécie)   e **Crédito de**: Disponibilidade em M/E;
   d) ( ) **Débito de**: Lucro Pela Variação   e **Crédito de**: Disponibilidade em M/E;
      e Dif. de Taxas;
   e) ( ) Todas as alternativas estão erradas.
10. Se a conta Obrig. por Emprest. no Exterior sofre uma variação na taxa de câmbio, resultando em prejuízo, podemos dizer que contabilização será da seguinte maneira:
    a) (X) **Débito de**: Prejuízo p/ Var.   e **Crédito de**: Obrig. p/ Emprést.
       e Dif. de Taxas   Exterior
    b) ( ) **Débito de**: Obrig. por Emprést.   e **Crédito de**: Prej. p/ Var. e Dif. Taxas
       no Exterior;
    c) ( ) **Débito de**: Caixa (Espécie)   e **Crédito de**: Prej. p/ Var. e Dif. Taxas;
    d) ( ) **Débito de**: Obrig. por Emprést.   e **Crédito de**: Desp. obrig. c/Banqueiros
       no Exterior;   Ext.
    e) ( ) Todas as alternativas estão erradas.

11. Que tipos de lançamentos contábeis transitam na conta Depósitos no Exterior em Moedas Estrangeiras – DEME?

    Resposta: Débitos e Créditos provenientes de operações de câmbio (todos os contratos ao serem liquidados).

12. Que tipos de lançamentos são realizados na conta de Disponibilidades em Moedas Estrangeiras?

    Resposta: Débitos e Créditos provenientes de operações de câmbio manual turismo ao serem liquidados.

13. O que significam as contas de CCL e CVL?

    Resposta: CCL = Câmbio Comprado a Liquidar e CVL = Câmbio Vendido a Liquidar. Fazem parte do ativo e passivo, respectivamente, dos bancos que são autorizados a operar no mercado de câmbio. Podemos dizer que estão relacionadas aos contratos de câmbio de compra e venda de moedas estrangeiras.

Regimes Aduaneiros

Maria Rebono

Regime é um conjunto das imposições jurídicas e fiscais que regem certa conduta obrigatória. Denomina-se regime aduaneiro os tratamentos tributário e administrativo, aplicáveis a mercadorias submetidas ao controle aduaneiro, considerando sua natureza e a utilização, e de acordo com as leis e os regulamentos aduaneiros.

7.1 REGIMES ADUANEIROS ESPECIAIS – EXPORTAÇÃO

A legislação brasileira define os regimes aduaneiros especiais como mecanismos para importação e exportação de mercadorias com suspensão de tributos incidentes. Destacamos os seguintes regimes aduaneiros na exportação:

7.1.1 Trânsito aduaneiro na exportação

As mercadorias podem ser transportadas, de um ponto a outro do país, com suspensão de tributos, sob controle das autoridades aduaneiras. Pode ser aplicado nos seguintes casos:

- Transporte de mercadoria nacional ou nacionalizada, conferida ou despachada para exportação, do local de origem ao local de destino, para posterior embarque ou armazenamento em área alfandegada.
- Transporte, pelo território aduaneiro, de mercadoria estrangeira, nacional ou nacionalizada, verificada ou despachada para reexportação ou exportação, e conduzida em veículo com destino ao exterior.

O prazo de suspensão dos tributos será o suficiente para amparar o transporte desde o local de origem até o de destino. É contado a partir do momento do desembaraço para trânsito aduaneiro e limitado ao momento da confirmação da chegada da mercadoria no destino, quando a operação é concluída e o regime extinto.

7.1.2 Exportação temporária

É concedida pela Secretaria da Receita Federal, que permite a saída do país de mercadorias nacionais ou nacionalizadas, condicionando-a à reimportação em prazo máximo de dois anos de permanência no exterior. Esta modalidade é aplicada, entre outros casos, para:

- Mercadorias destinadas a feiras, competições esportivas ou exposições no exterior.
- Produtos manufaturados e acabados, incluindo consertos, reparos ou restaurações.
- Minérios e metais para recuperação ou beneficiamento.
- Mercadoria a ser submetida a operação de transformação, elaboração, beneficiamento ou montagem, no exterior, e sua reimportação, na forma dos produtos resultantes dessas transformações.

Na reimportação de mercadoria exportada temporariamente para conserto, reparo e restauração, serão exigíveis os tributos incidentes na importação dos materiais empregados na execução dos serviços. Na hipótese de ocorrência de aperfeiçoamento passivo, haverá ocorrência dos tributos incidentes sobre o valor que foi agregado.

O regime de exportação temporária para aperfeiçoamento passivo, nos termos da Portaria MF 675/94, permite a saída do país, por tempo determinado, de mercadoria a ser submetida a processo de transformação, elaboração, beneficiamento ou montagem, no exterior, e sua reimportação, na forma do produto resultante desses processos.

7.1.3 Entreposto aduaneiro na exportação

Esta modalidade, também concedida pela Secretaria da Receita Federal, permite o depósito de mercadorias a serem exportadas, em local determinado, com suspensão do pagamento dos tributos e sob controle aduaneiro. O prazo de permanência da mercadoria no regime de entreposto na exportação é de até um ano (prorrogável até o limite máximo de três anos). Dentro do prazo de vigência do regime, acrescido de 45 dias depois de decorrido o prazo de permanência, o exportador deverá adotar uma das seguintes providências:

- Iniciar o despacho de exportação.
- Reintegrar a mercadoria ao estoque do estabelecimento do beneficiário.
- Em qualquer outro caso, recolher os tributos suspensos de acordo com a legislação pertinente.

As duas modalidades do regime de entreposto aduaneiro de exportação são:

- Regime comum: confere o direito de depósito da mercadoria, destinada ao mercado externo, com suspensão dos tributos, se devidos.
- Regime extraordinário: exclusivamente para empresas comerciais exportadoras (*trading companies*), inclui as mercadorias adquiridas especificamente para exportação, seja depositando em entreposto aduaneiro ou promovendo o embarque direto.

7.2 OPERAÇÕES ESPECIAIS

7.2.1 Exportação com margem não sacada

Para a exportação de certos produtos, a legislação permite que o exportador retenha um percentual máximo de 25% da venda, até que se comprove a variação do grau de pureza para determinado produto desembaraçado no exterior. Essa comprovação deve ser feita com testes laboratoriais de qualidade em laboratórios credenciados.

A remessa financeira referente às divisas complementares será feita ao exportador somente após a confirmação de que o teor da perda de qualidade e ou de quantidade não foi superior ao percentual de retenção contratual, feita de acordo com a natureza do produto. Em geral, essa remessa está limitada ao prazo máximo de 180 dias.

Se os testes revelarem margem de perda na mercadoria superior à parcela prevista e proporcional ao percentual de divisas retido, caberá ao exportador ressarcir o importador estrangeiro da diferença extrapolada.

7.2.2 Exportação em consignação

Entre as operações especiais, de interesse do exportador, existe a realizada sob a forma de exportação em consignação, admitida para os produtos relacionados no Anexo F da Portaria nº 02/92. O exportador compromete-se a ingressar com a moeda estrangeira correspondente às vendas efetuadas ao exterior no prazo máximo de 180 dias, em geral, contados a partir da data do embarque. Decorrido esse período, haverá prazo adicional de 60 dias exclusivamente para o retorno da mercadoria ao país. Esta opção permite ao exportador avaliar o grau de receptividade do produto no exterior.

Os normativos vigentes não admitem certos produtos na lista das mercadorias consignáveis, na qual estão incluídos os alimentos perecíveis, ou das mercadorias consideradas vitais ao abastecimento interno, em função do rápido tempo de deterioração do produto e do desabastecimento interno.

A saída das mercadorias para o exterior será feita com cobertura cambial e as partes negociantes estipularão, através de contrato, as regras a serem respeitadas, como, por exemplo:

- Responsabilidade pela armazenagem e seguro.
- Compromisso de venda dentro do prazo estipulado.
- Remessa de divisas apuradas com a venda nos prazos constantes do contrato.
- Preços mínimos a serem praticados.

7.2.3 Amostras

A legislação brasileira permite a exportação de mercadoria como amostras sem cobertura cambial, caracterizada pela limitação de quantidades e pela não destinação comercial, ressalvados os casos envolvendo bens até o valor de US$ 5 mil ou seu equivalente em outras moedas, em que o RE no Siscomex será efetuado de forma simplificada.

7.2.4 Exportações destinadas a feiras, exposições e certames

Fica o exportador obrigado a comprovar, no prazo de 360 dias, contados a partir da data do embarque, o retorno da mercadoria enviada ao exterior, com fins de promoção, ou o ingresso de divisas na forma da legislação cambial vigente, caso tenha efetivado a venda do produto.

Na hipótese de ser inviável o retorno da mercadoria ou ocorrer a venda por valor inferior ao originalmente consignado no Registro de Exportação (RE), por alteração de qualidade ou por qualquer outro motivo, o exportador deverá encaminhar à Secex/Decex (RJ) ou entidade credenciada, no prazo máximo de 390 dias, contados a partir da data do embarque, documentação comprobatória para fins de análise e decisão sobre a baixa das obrigações.

7.2.5 Exportação com pagamento em moeda nacional

Podem ser autorizadas exportações para Argentina, Bolívia, Paraguai e Uruguai, de determinados produtos brasileiros, contra pagamento em moeda nacional por empresas que possuam sede nas praças de Bagé (RS), Barra do Quaraí (RS), Bela Vista (MS), Chuí (RS), Corumbá (MS), Dionísio Cerqueira (SC), Foz do Iguaçu (PR), Guaíra (RS), Guajará-Mirim (RO), Jaguarão (RS), Ponta Porã (MS), Quaraí (RS), Santana do Livramento (RS), São Borja (RS) e Uruguaiana (RS).

Antes da primeira operação, o exportador deve solicitar o seu cadastramento junto à Secex/Decex (RJ), enviar cópia do cartão de inscrição no Cadastro Geral de Contribuintes (CGC) e do Contrato Social.

7.2.6 Reexportação

Reexportação significa a entrada de mercadorias em determinado país, produzidas em outro, com o intuito final de serem, posteriormente, vendidas ao exterior; mesmo que elas não tenham sofrido qualquer tipo de transformação.

Essa operação é necessária quando não há rede adequada de transportes, conhecimento técnico e capital (necessários à transformação do produto por parte do país exportador), soberania nacional e vínculos político-comerciais.

7.3 ESTAÇÕES ADUANEIRAS

Uma estação aduaneira pode ser:

- De fronteira, quando situada em zona primária de ponto alfandegado de fronteira ou área contígua.
- Interior, quando situada em zona secundária.

7.3.1 Estação Aduaneira de Fronteira (EAF)

A Estação Aduaneira de Fronteira deve estar instalada em imóvel da União e ser administrada pela Secretaria da Receita Federal (SRF) ou por empresa habilitada como permissionária. Admite-se, a título precário, a instalação em imóvel da empresa permissionária nos locais onde inexistirem estações aduaneiras em funcionamento.

Como regra geral, são terminais nos quais se executam os serviços de controle de veículos de carga em tráfego internacional, de verificação de mercadorias em despacho aduaneiro e outras operações de controle determinadas pela Receita Federal.

Entende-se por área contígua, no caso de EAF, aquela localizada no município onde se situa o ponto de fronteira.

7.3.2 Estação aduaneira interior (Eadi)

São terminais instalados em regiões onde há expressiva concentração de carga para importação ou exportação, cuja permissão de funcionamento depende de processo licitatório realizado pela SRF.

A Eadi, também conhecida como porto seco, destina-se exclusivamente a receber, sob controle fiscal, mercadorias importadas ou a exportar, podendo executar todos os serviços aduaneiros, incluindo os de processamento de despacho.

Além dos serviços anteriormente definidos, a Eadi pode prestar os seguintes serviços conexos:

- Etiquetagem e marcação de produtos destinados à exportação, visando sua adaptação a exigências do comprador.
- Demonstração e testes de funcionamento de veículos, máquinas e equipamentos.
- Acondicionamento e reacondicionamento.
- Montagem.

Na importação, a permissionária assume a condição de depositária da mercadoria, a partir do momento em que atesta o seu recebimento em documento hábil. Além disso, deve manter os controles de entrada, permanência e saída de mercadoria, bem como de veículo e de unidade de carga, que podem ser exigidos a qualquer momento pela fiscalização aduaneira.

7.3.3 Terminal Retroportuário Alfandegado (TRA)

Terminal Retroportuário Alfandegado é a instalação situada em área contígua à de porto organizado ou instalação portuária, permanente, ou seja, localizada no perímetro de cinco quilômetros dos limites da zona primária, onde são realizadas as operações, sob controle aduaneiro, com cargas de importação e exportação.

7.4 REGIMES ADUANEIROS – IMPORTAÇÃO

Os regimes aduaneiros de importação estão divididos em regimes comum, especial e atípico.

O regime aduaneiro comum caracteriza-se por tratar das importações de forma generalizada, considerando o pagamento das obrigações aduaneiras, ou a concessão de isenção ou redução desses direitos, conforme o caso. Em resumo, trata-se da importação de bens, de forma definitiva, passando a integrar a massa de riqueza do país, sendo autorizada sua utilização no país após a nacionalização.

Na exportação, a mercadoria é considerada desnacionalizada após o desembaraço aduaneiro.

São consideradas exceções ao regime aduaneiro comum os regimes especiais e atípicos que têm por objetivo atender situações temporárias dos bens no território aduaneiro ou concessões de benefícios fiscais. São denominados também como "Regimes Econômicos" ou "Regimes

Suspensivos", uma vez que suspendem os pagamentos das obrigações aduaneiras no período em que tiver na condição.

7.4.1 Regimes aduaneiros especiais – importação

São denominados regimes aduaneiros especiais de importação todos os casos que não se adequarem à regra geral do regime comum de importação e exportação, portanto esses casos estão sujeitos a procedimentos fiscais específicos, que variam de acordo com a finalidade da transação.

7.4.1.1 Amostra

Trata-se de importação de produtos que não serão comercializados, tais como: insumos, matérias-primas e produtos acabados. São importados em quantidade restrita, o suficiente para demonstração, análise de sua natureza, espécie e qualidade.

A importação pode ser efetuada com ou sem cobertura cambial (valor comercial). Essa questão é definida entre importador e exportador.

Nas amostras com valor comercial, a mercadoria, apesar de considerada amostra, possui valor comercial, e se for comercializada será tributada normalmente.

Para saber se o produto importado está sujeito à Licença de Importação (LI), o importador deve consultar a tabela Tratamento Administrativo do Siscomex para verificar se existem exigências para a importação daquele tipo de produto. Porém, amostras com valores acima de mil dólares estão sujeitas à LI.

Como regra geral, não há norma que estabeleça limite de valor, mas isso depende da forma de embarque da importação. As encomendas transportadas via *courier* (remessa expressa) ou correio, por exemplo, têm um limite de três mil dólares.

As empresas de *courier* em geral aplicam o Regime de Tributação Simplificada (RTS) e tributam todas as encomendas, inclusive amostras, em 60%, mais o valor do ICMS tributado no Estado.

Para que seja reconhecida a isenção, a empresa que contrata o serviço deve alertar a empresa de *courier* de que a mercadoria é uma amostra e de que o importador pretende se beneficiar da isenção de tributos.

7.4.1.2 Admissão temporária

O regime aduaneiro especial de admissão temporária permite a importação de bens que precisam permanecer no país durante prazo determinado, nas seguintes condições:

- Suspensão do pagamento dos impostos incidentes na importação.
- Pagamento proporcional ao tempo de permanência no país.

A utilização do regime de admissão temporária está sujeita ao cumprimento das seguintes condições:

- Importação em caráter temporário e sem cobertura cambial.
- Adequação à finalidade para a qual o bem foi importado.
- Utilização em conformidade com o prazo de permanência e a finalidade constante do ato de concessão.

O regime de admissão temporária será extinto com a adoção das seguintes providências:

- Reexportação.
- Despacho para consumo (nacionalização).
- Transferência para outro regime.
- Destruição, às expensas do beneficiário.
- Entrega à Fazenda Nacional.

Os bens admitidos no regime de admissão temporária estão sujeitas à Licença de Importação não Automática, independentemente da finalidade para a qual foram admitidos e sujeitos à manifestação de órgãos anuentes, quando for o caso.

Caso a mercadoria seja nacionalizada, deverá ser providenciada uma nova LI para essa finalidade.

O despacho aduaneiro pode ser feito por Declaração de Importação (DI), quando houver pagamento proporcional dos tributos, e por Declaração Simplificada de Importação (DSI), quando houver suspensão total dos tributos.

Quando o bem admitido se destinar à utilização econômica ou à prestação de serviço, em que parte ou totalidade dos tributos ficar suspensa, será necessária a apresentação de garantia quando o montante dos impostos não pagos for superior a 20 mil reais.

Também é admitida a transferência de beneficiário, não implicando no reinício da contagem do prazo de permanência.

O despacho de nacionalização para consumo pode ser feito por terceiro, desde que o exportador emita os documentos em nome de terceiro, dentro do prazo de vigência.

Se o bem não for retornado ao exterior, após o prazo fixado para permanência no país, a penalidade será de 10% do valor da multa aplicada sobre o valor aduaneiro, com um mínimo estabelecido de 500 reais.

7.4.1.3 Bens admitidos no regime de admissão temporária com suspensão dos impostos

O regime de admissão temporária poderá ser aplicado, com suspensão dos impostos, a bens destinados a:

- Feiras, exposições, congressos e outros eventos científicos ou técnicos.
- Pesquisa ou expedição científica, desde que relacionados em projetos previamente autorizados pelo CNPq.
- Espetáculos, exposições e outros eventos artísticos ou culturais.

- Competições ou exibições esportivas.
- Promoção comercial, inclusive amostras sem destinação comercial e mostruários de representantes comerciais.
- Assistência técnica relativa a bens importados, oferecida por técnico estrangeiro em virtude de garantia.
- Reposição e conserto de embarcações, aeronaves e outros veículos estrangeiros estacionados em território nacional, em trânsito ou em regime de admissão temporária, ou outros bens estrangeiros, submetidos ao regime de admissão temporária.
- Reposição temporária de bens importados, em virtude de garantia, acondicionamento ou manuseio de outros bens importados, desde que reutilizáveis.
- Identificação, acondicionamento ou manuseio de outros bens, destinados à exportação, reprodução de fonogramas e de obras audiovisuais, importados sob a forma de matrizes.
- Atividades temporárias de interesse da agropecuária, inclusive animais para feiras ou exposições, pastoreio, trabalho, cobertura e cuidados da medicina veterinária.
- Assistência e salvamento em situações de calamidade ou de acidentes de que decorram danos ou ameaça de danos à coletividade ou ao meio ambiente.
- Exercício temporário de atividade profissional de não residente, uso do imigrante, enquanto não obtido o visto permanente, uso de viajante não residente, desde que integrantes de sua bagagem.
- Realização de serviços de lançamento, integração e testes de sistemas, subsistemas e componentes espaciais, previamente autorizados pela Agência Espacial Brasileira.
- Prestação de serviços de manutenção e reparo de bens estrangeiros, contratados de empresa sediada no exterior.

A suspensão dos impostos no regime de admissão temporária aplica-se, ainda, à importação temporária de veículos de viajantes não residentes e bens a serem submetidos a ensaios, testes de funcionamento ou de resistência, conserto, reparo ou restauração.

Consideram-se automaticamente submetidos ao regime, com suspensão dos impostos, os seguintes itens:

- Veículos, utilizados exclusivamente no transporte internacional de cargas ou de passageiros, que ingressem no país exercendo esta atividade.
- Veículos de viajante estrangeiro não residente, exclusivamente em tráfego fronteiriço.
- Embarcações, aeronaves e outros bens, destinados a atividades de pesquisa e investigação científica, na plataforma continental e em águas sob jurisdição brasileira, autorizados pelo Ministério da Defesa, Comando da Marinha, nos termos do Decreto nº 96.000, de 2 de maio de 1988.
- Embarcações pesqueiras autorizadas a operar em águas nacionais pelo Ministério da Agricultura, Pecuária e Abastecimento.
- Unidades de carga estrangeiras, seus equipamentos e acessórios, inclusive para utilização no transporte doméstico.

7.4.1.4 Admissão temporária para o aperfeiçoamento ativo

Este regime permite o ingresso temporário no país com suspensão de impostos dos bens destinados a operações como beneficiamento, montagem, renovação, acondicionamento ou recondicionamento aplicado no bem. Alguns exemplos de operações são:

- Beneficiamento, operação que implica em modificar, aperfeiçoar ou, de qualquer forma, alterar o funcionamento, a utilização, o acabamento ou a aparência do bem.
- Montagem, operação que consiste na reunião de produtos, peças ou partes, da qual resulta um novo produto ou unidade autônoma, ainda que sob a mesma classificação fiscal.
- Renovação ou recondicionamento, operação que, exercida sobre produto usado ou parte remanescente de produto deteriorado ou inutilizado, renova ou restaura o produto para utilização.
- Acondicionamento ou recondicionamento, operação que altera a apresentação do produto pela colocação de embalagem, ainda que em substituição da original, salvo quando destinada apenas a transporte.

7.4.1.5 Admissão temporária com pagamento proporcional de impostos

O pagamento de impostos federais que incidem em bens importados temporariamente pode ser feito proporcionalmente ao tempo de permanência no país, no caso de bens destinados à prestação de serviço ou à produção de outros bens, inclusive bens destinados a servir de modelo industrial, como moldes, matrizes ou chapas e ferramentas industriais.

Os valores a serem pagos, referentes ao Imposto de Importação (II) e ao Imposto sobre Produtos Industrializados (IPI), são obtidos com a aplicação de fórmula específica, disponibilizada no *site* da Receita Federal.

Prazo de permanência no país:

- Suspensão: 90 dias (testes, consertos etc.).
- Pagamento proporcional: prazo contratado de arrendamento operacional, empréstimos ou prestação de serviços.

As duas modalidades são prorrogáveis por igual período.

7.4.1.6 Entreposto aduaneiro

Definições:

- **Consignatário:** refere-se ao importador beneficiário do regime.
- **Consignante**: refere-se ao exportador, no exterior, da mercadoria a ser admitida no regime.
- **Depositário**: refere-se à empresa permissionária da unidade alfandegada, responsável pela guarda da mercadoria admitida.

- **Adquirente**: refere-se à pessoa jurídica, estabelecida no país ou no exterior, que adquire mercadoria admitida importada.

O regime de entreposto aduaneiro na importação permite que mercadorias sejam depositadas em local determinado e sob controle fiscal, com suspensão do pagamento de tributos.

As operações serão conduzidas sem cobertura cambial, exceto quando o produto importado for destinado à exportação. Nesse caso, a importação terá cobertura cambial.

As mercadorias admitidas para armazenamento poderão ter um dos seguintes destinos:

- Despacho para consumo.
- Transferência para outro regime especial na importação.
- Reexportação (em devolução ou destinada a terceiro em outro país).
- Exportação, quando importadas com cobertura cambial.

As obrigações fiscais suspensas pela aplicação dos regimes aduaneiros especiais normalmente são feitas através de termo de responsabilidade, podendo a autoridade aduaneira exigir ainda garantia real ou pessoal. Exigência é dispensada para a aplicação do entreposto aduaneiro, assim como da formalização de termo de responsabilidade.

O regime deve ser operado em recinto alfandegado de uso público, credenciado pela SRF. Na importação, o regime pode ser operado em recinto de uso privativo, alfandegado em caráter temporário, para a exposição de mercadorias em feiras, congressos, mostras ou eventos afins. Podem ser credenciados recintos alfandegados de uso público localizados em aeroportos, portos organizados e instalações portuárias ou estações aduaneiras interiores (porto seco).

A mercadoria pode permanecer no regime de entreposto aduaneiro na importação pelo prazo de um ano, contado a partir da data do desembaraço aduaneiro de admissão, prorrogável por igual período. Em casos especiais, poderá ser concedida mais uma prorrogação até o limite máximo de 3 anos.

Na hipótese de mercadoria destinada à exposição em feira, congresso, mostra ou evento afim, o prazo de vigência do regime será equivalente àquele estabelecido para o alfandegamento do recinto.

O regime de entreposto aduaneiro na importação compreende as modalidades de entrepostamento direto, indireto e vinculado. Em quaisquer dessas modalidades, é essencial que no conhecimento de transporte da mercadoria destinada à admissão no entreposto, haja a seguinte informação: "Mercadoria Destinada a Entreposto Aduaneiro na Importação".

No **entrepostamento direto**, a mercadoria admitida é nacionalizada em nome do próprio consignatário, podendo ser despachada para consumo ou exportada. Aplica-se somente a produtos discriminados em ato da Secretaria da Receita Federal, que sejam objeto de saída ou entrada em consignação, como, por exemplo, máquinas, equipamentos, aparelhos, instrumentos e produtos acabados.

No **entrepostamento indireto**, a mercadoria admitida pode ser nacionalizada pelo consignatário ou pelo adquirente e, em seu nome, despachada para consumo ou exportada. Abrange quaisquer insumos de produção relacionados na pauta de importação do país, desde que previamente autorizados pela Secretaria da Receita Federal, como, por exemplo, partes, peças, acessórios e componentes de veículos e máquinas.

No **entrepostamento vinculado**, a mercadoria admitida deve ser exportada pelo próprio consignatário, sendo permitida a embalagem ou reembalagem, marcação ou remarcação para efeito de identificação comercial e montagem. O processo de exportação é realizado por meio do Registro de Exportação Normal. Poderão ser admitidas quaisquer mercadorias desde que com amparo de LI, nos casos em que for exigido.

7.4.1.7 Depósito Aduaneiro de Distribuição (DAD)

É um regime aduaneiro que permite o entreposto de mercadorias, sem cobertura cambial, para exportação ou reexportação para outros países, admitindo-se, entretanto, o despacho para consumo.

Podem ser beneficiárias do regime de DAD empresas industriais estabelecidas no país.

São admitidas no regime DAD somente mercadorias da mesma marca adotada pela empresa beneficiária, produzidas por empresas sediadas no exterior e vinculadas à beneficiária no Brasil, vedada a admissão de mercadorias usadas, recondicionadas de importação proibida ou suspensa, assim como as mercadorias com prazo de validade ou vida útil vencidos.

O prazo de permanência permitida no regime é de até um ano, prorrogável por igual período. Em situações especiais e mediante anuência formalizada do fornecedor estrangeiro, poderá ser concedida uma última prorrogação, até o limite máximo de 3 anos.

A armazenagem e outras despesas administrativas relativas às mercadorias depositadas, que forem exportadas ou reexportadas, serão obrigatoriamente pagas à empresa beneficiária pelo fornecedor estrangeiro em moeda de aceitação no mercado internacional.

É proibida qualquer operação de industrialização de mercadoria nesse recinto, sendo permitidas somente manipulações necessárias à conservação do material, sendo impossível adicionar valor. Também é proibida a admissão de mercadoria que, por sua natureza, implique em riscos de explosão, corrosão, contaminação, intoxicação, combustão ou perigo de grave lesão a pessoas e ao meio ambiente, exceto quando autorizado pelo órgão competente e mediante a existência de instalações apropriadas.

7.4.1.8 Depósito alfandegado certificado (DAC)

Esse regime permite que a mercadoria permaneça em local alfandegado, no território nacional, após ter sido comercializada com o exterior, sendo considerada exportada, para todos os efeitos fiscais creditícios e cambiais.

Trata-se de um interessante mecanismo de incentivo às exportações, pois o regime foi criado com o objetivo de desvincular algumas exportações da necessidade de transferência física das mercadorias para o exterior.

São admitidas no regime somente mercadorias vendidas mediante contrato *Delivered Under Customs Bond* (BUD).

Para a admissão no regime é necessário que:

- A mercadoria tenha sido vendida à empresa no exterior.

- O importador tenha constituído mandatário credenciado junto à SRF, mediante contrato de entrega, no território nacional, à ordem do comprador, em recinto autorizado a operar o regime.
- Seja feito o desembaraço para exportação sob o regime DAC, mediante Registro de Exportação (RE) e Declaração para Despacho de Exportação (DDE) no Siscomex.

A entrada no DAC é feita mediante a emissão eletrônica, pelo depositário do correspondente, do Conhecimento de Depósito Alfandegado (CDA), que comprova o depósito, a entrega e a propriedade do bem.

A data de emissão do CDA é equivalente à data de embarque da mercadoria para o exterior. O CDA autoriza a admissão no regime, com prazo de permanência de até um ano.

No decorrer desse prazo, a mercadoria poderá ter um dos seguintes destinos:

- Saída efetiva para o exterior.
- Despacho para consumo mediante pagamento regular dos impostos devidos na importação desse produto.
- Transferência para um dos seguintes regimes: *drawback*, admissão temporária, inclusive Repetro, lojas francas e entrepostos aduaneiros.

A Nota de Expedição (NE), emitida eletronicamente pelo depositário, certifica a saída da mercadoria do depósito. A extinção do regime se dá com a confirmação do embarque, com a transposição de fronteira, com o desembaraço alfandegário para consumo ou, ainda, com a admissão em um dos regimes aduaneiros especiais citados.

7.4.1.9 Entreposto industrial

O Entreposto Industrial é um regime aduaneiro especial que permite ao beneficiário importar ou comprar no mercado interno mercadorias para industrialização de produtos destinados à exportação ou mercado interno, com suspensão do pagamento de tributos.

7.4.1.10 Regime aduaneiro especial de entreposto industrial sob controle informatizado (Recof)

Regime aduaneiro especial que possibilita o desembaraço automático de mercadorias a serem submetidas a operações de industrialização, com dispensa de conferência física e documental nas alfândegas.

Permite importar, com ou sem cobertura cambial e com a suspensão dos impostos e contribuições (II, IPI, PIS e Cofins), até a extinção do regime, quando os impostos são isentos (exportação) ou recolhidos (venda local).

As operações de industrialização limitam-se às modalidades de transformação, beneficiamento e montagem.

Parte das mercadorias admitidas no Recof, no estado em que foram importadas, poderá ser despachada para consumo, observado o limite anual de 20%. As mercadorias admitidas no Recof poderão ter, ainda, as seguintes destinações, desde que adotadas na vigência do regime:

- Exportação, no estado em que foram importadas.
- Reexportação, desde que admitidas sem cobertura cambial.
- Transferência para outro beneficiário.
- Despacho para consumo.
- Destruição, às expensas do interessado e sob controle aduaneiro.

A eventual destruição de mercadorias admitidas no regime com cobertura cambial, que não tenham sido utilizadas no processo produtivo, somente será realizada mediante o prévio pagamento dos correspondentes tributos suspensos.

O controle aduaneiro da entrada, da permanência e da saída de mercadorias no Recof será efetuado de forma individualizada, por estabelecimento importador da empresa habilitada, mediante processo informatizado, com base em *software* desenvolvido pelo beneficiário, que possibilite a interligação com os sistemas informatizados de controle da SRF. O sistema deverá incluir relatório de apuração mensal das mercadorias.

Empresas que podem habilitar-se:

- Fabricantes dos produtos (indústrias aeronáutica, automotiva, de informática, telecomunicações e semicondutores).
- Idôneas e com transparência fiscal.
- Com patrimônio líquido igual ou superior a 25 milhões de reais.
- Que assumam compromisso de exportar:
    - 10 milhões de dólares: indústrias de informática, telecomunicações e semicondutores.
    - 20 milhões de dólares: indústrias automotiva e aeronáutica.
    - Que assumam compromisso de aplicar anualmente na produção de bens pelo menos 80% das mercadorias estrangeiras admitidas no regime.

7.4.1.11 *Trânsito aduaneiro*

O regime de trânsito aduaneiro permite o transporte de mercadoria, sob controle aduaneiro, de um ponto a outro do território aduaneiro, com suspensão de tributos.

O regime cobre o transporte da mercadoria do local de origem ao local de destino e desde o momento do desembaraço para trânsito aduaneiro, pela repartição de origem, até o momento em que a repartição de destino certifique a chegada da mercadoria.

São modalidades de operação de trânsito aduaneiro:

- Classe A (entrada).
- Classe B (saída).
- Classe C (passagem).
- Classe D (transferência).
- Classe E (especial).

Podem ser beneficiários do regime, nas respectivas operações, o importador, o depositante, o representante de importador, no país, ou exportador domiciliado no exterior, o operador de transporte multimodal (OTM) e o permissionário ou concessionário de recinto alfandegado. Em qualquer caso, quando requerer o regime, o beneficiário é o transportador ou o agente credenciado a efetuar operações de utilização ou não utilização de carga em recinto alfandegado.

O despacho de trânsito aduaneiro é processado, a pedido do beneficiário, com base em Declaração de Trânsito Aduaneiro, observado o seguinte:

- DTA – I: Despacho de Trânsito Aduaneiro por qualquer via, exceto aérea.
- DTA – II: Despacho de Trânsito Aduaneiro por via aérea.
- DTA – III: Despacho de Trânsito Aduaneiro (Classe E), por qualquer via de transporte.
- DTA – S: Declaração de Trânsito Aduaneiro Simplificada.
- DTA – E: Declaração de Trânsito Aduaneiro Eletrônica.

Quando a embarcação ou a aeronave, em viagem internacional pelo território aduaneiro, fizer escalas intermediárias somente em portos ou aeroportos alfandegados, não é necessário o despacho de trânsito para as provisões, sobressalentes, equipamentos e demais materiais de uso e consumo do veículo, assim como para as mercadorias em trânsito para outro país, desde que regularmente declarados e mantidos a bordo do veículo.

As obrigações fiscais, cambiais e outras, suspensas pela aplicação do regime de trânsito aduaneiro, serão garantidas, na própria DTA, mediante termo de responsabilidade firmado pelo beneficiário e pelo transportador, dispensada, exceto em alguns casos excepcionais, a prestação de fiança, depósito ou caução. No caso de trânsito aduaneiro por via aérea, processado com base na DTA – II, as empresas nacionais ou estrangeiras autorizadas a explorar linha regular de transporte aéreo internacional ou doméstico podem assinar, perante a repartição de origem, termo de responsabilidade genérico e anual.

A conferência para trânsito é realizada em presença do beneficiário do regime e do transportador e são verificadas a conformidade do peso bruto, a quantidade e as características externas dos volumes, recipientes ou mercadorias. Também são averiguados os documentos de instrução do despacho e as condições de segurança fiscal do veículo ou equipamento de transporte. É facultada à fiscalização a abertura dos volumes ou recipientes e são adotadas cautelas fiscais como lacração, sinetagem, cintagem, marcação ou acompanhamento fiscal, isolada ou cumulativamente, visando impedir a violação dos volumes e recipientes e, se for o caso, do veículo transportador.

A operação de trânsito aduaneiro é concluída quando o veículo transportador chegar à repartição de destino, onde são verificados os documentos, o veículo, os lacres e demais itens de segurança e integridade da carga.

O transportador que não comprovar a chegada da mercadoria ao local de destino fica sujeito ao cumprimento das obrigações fiscais assumidas no termo de responsabilidade, sem prejuízo de outras penalidades cabíveis.

7.4.1.12 Drawback

Drawback é um incentivo fiscal à exportação, que permite à empresa, do setor industrial ou comercial, importar, sem pagamento de tributos, mercadorias a serem utilizadas na fabricação de novos produtos gerados por transformação, beneficiamento ou integração, com a condição básica de esses produtos serem integralmente exportados.

Seu objetivo é proporcionar redução nos custos dos produtos vendidos ao exterior, possibilitando ao exportador brasileiro competir em igualdade de condições com produtos similares de outros países.

As operações realizadas sob o regime de *drawback* podem ser realizadas através de três modalidades: a suspensão e isenção, no âmbito da Secex, e a restituição, no âmbito da Secretaria da Receita Federal.

São possíveis operações com **suspensão** de pagamento dos tributos que incidem na importação de mercadorias a serem utilizadas no processo de beneficiamento, transformação, fabricação, integração ou acondicionamento de produto a ser exportado.

Também é possível a **isenção** de pagamento dos tributos que incidem na importação de mercadorias, em quantidade e qualidade equivalentes, destinadas à reposição de mercadorias anteriormente importadas, com pagamento de tributos, e utilizadas no beneficiamento, transformação, fabricação, integração ou acondicionamento de produtos já exportados.

Outra modalidade possível é a **restituição**, total ou parcial, dos tributos que tenham sido pagos na importação de mercadorias utilizadas no processo de beneficiamento, transformação, fabricação, integração ou acondicionamento de produtos já exportados.

Existem ainda outras submodalidades de *drawback* com finalidades específicas.

- Suspensão.
- Genérico: caracterizado pela discriminação genérica da mercadoria a ser importada e seu respectivo valor.
- Sem cobertura cambial: os insumos poderão ser importados, parcial ou totalmente, sem cobertura cambial.
- Solidário: quando duas ou mais empresas do setor industrial participam solidariamente na operação, em um único contrato de exportação.
- Para fornecimento no mercado interno: permite a importação da matéria-prima destinada à fabricação, no país, de máquinas e equipamentos a serem fornecidos, no mercado interno, em decorrência de licitação internacional.

7.4.1.12.1 Suspensão e isenção

- Intermediário: prevê a participação de duas empresas, fabricante-intermediária e industrial-exportadora. A primeira importa insumos, os industrializa e os fornece à segunda, que utiliza a mercadoria na industrialização do produto final destinado à exportação.
- Embarcação: permite importar bem utilizado na fabricação de embarcação destinada ao mercado interno.

É admitida a exportação por outra empresa que não seja a detentora do ato concessório, em que serão aceitas comprovações tanto na modalidade suspensão como também na isenção, por meio de notas fiscais de venda no mercado interno, com o fim específico de exportação à empresa comercial exportadora. Para essas comprovações, a Portaria Secex 14/04 inclui os Anexos J e L, que mencionam com detalhes o que deve ser informado nesse documento e no respectivo RE.

7.4.1.12.2 Relatório unificado de *drawback* (RUD)

Trata-se de um documento específico, utilizado apenas para a modalidade isenção, que deve ser apresentado juntamente com o pedido. No RUD, são detalhados todos os documentos eletrônicos registrados no Siscomex, como: Declaração de Importação (DI), Registro de Exportação (RE) ou Registro de Exportação Simplificado (RES), bem como as notas fiscais de venda no mercado interno que estiverem vinculadas ao regime.

7.4.1.13 Projeto linha azul

É o resultado da concentração dos esforços da Receita Federal, Infraero, importadores, agentes de carga e transportadores aéreos e rodoviários, que teve como objetivo agilização do processo de importação, diminuição dos custos operacionais, e incentivar, de forma indireta, o incremento às exportações, uma vez que é exigido das empresas beneficiárias do regime o compromisso de cota de exportações anuais.

O principal objetivo do projeto é agilizar o desembaraço das mercadorias, cujo tempo máximo é de 6 horas úteis, da chegada da aeronave até a conclusão do despacho de importação e liberação da carga ao importador.

O Projeto Linha Azul teve início em maio de 1998, e a primeira carga chegou em julho do mesmo ano.

O regime passou por várias alterações e atualmente opera com as seguintes exigências:

- A empresa deve ter um patrimônio líquido de pelo menos 3 milhões de reais.
- A empresa deve ter uma exportação anual de no mínimo 30 milhões de dólares.
- No caso de importações acima de 30 milhões de dólares anuais, a empresa deve efetuar exportações anuais no valor de 50% das importações.
- A empresa deve manter sistema de controle informatizado.

7.4.2 Regimes aduaneiros atípicos

Criados para atender determinadas situações econômicas próprias de polos regionais e de certos setores ligados ao comércio exterior. Pode-se citar como exemplo:

7.4.2.1 Zona Franca de Manaus (ZFM)

A Zona Franca de Manaus é uma área de livre comércio de importação, objeto de benefícios fiscais, com a finalidade de criar no interior da Amazônia um centro industrial, comercial e agropecuário com condições econômicas que permita o desenvolvimento daquela região, em considerando os fatores locais e a distância que se encontra dos centros consumidores dos produtos ali fabricados.

A importação de mercadorias pela Zona Franca de Manaus goza de isenção dos Impostos de Importação (II) e sobre Produtos Industrializados (IPI). Não estão incluídos nesses benefícios a importação de mercadorias com restrições como: armas, munições, fumo etc.

As mercadorias importadas por empresas estabelecidas na Zona Franca de Manaus, quando saem para serem comercializadas em qualquer ponto do território nacional, ficam sujeitas ao pagamento de todos os impostos incidentes sobre uma importação normal, a não ser nos casos de isenção prevista em lei.

Os produtos industrializados na Zona Franca de Manaus, exceto automóveis e outros veículos (incluindo partes e peças), quando saem para qualquer outro ponto do território nacional, estão sujeitos aos Impostos de Importação relativos aos produtos de origem estrangeira empregados na industrialização, calculados os tributos mediante coeficiente de redução de sua alíquota *ad valorem*.

7.4.2.2 Loja franca

São denominadas lojas francas as lojas instaladas nos portos e aeroportos, considerados zonas primárias, para venda de mercadorias nacionais ou estrangeiras a passageiros em viagens internacionais, contra pagamento em cheque de viagem (*traveller's check*), moeda estrangeira conversível e cartão de crédito internacional.

Poderão comprar mercadorias que estão no regime de loja franca:

- Tripulante de aeronave ou embarcação em viagem internacional de partida.
- Passageiro saindo do país, portador de cartão de embarque ou de trânsito internacional.
- Passageiro chegando do exterior, identificado por documentação hábil e anteriormente à conferência de sua bagagem acompanhada.
- Passageiro a bordo de aeronave ou embarcação em viagem internacional.
- Missão diplomática, repartição consular e representação de organismo internacional de caráter permanente e seus integrantes e assemelhados.
- Empresa de navegação aérea ou marítima, para consumo a bordo ou venda a passageiros, isenta de tributos, quando em águas ou espaço aéreo internacional.

As mercadorias estrangeiras importadas diretamente pelas lojas francas têm a suspensão do pagamento de tributos até a sua venda. O mesmo tratamento de suspensão é dispensado às aquisições de produtos nacionais junto aos estabelecimentos fabricantes no mercado interno.

7.4.2.3 Depósito Especial Alfandegado (DEA)

O Depósito Especial Alfandegado, de uso exclusivo do importador, é situado na zona secundária (terminais rodoviários e ferroviários ou outros locais autorizados pela Receita Federal), destinado à estocagem de partes, peças e materiais de reposição ou manutenção.

Mediante programação previamente autorizada, a importação deve ser feita sem cobertura cambial, exceto nos casos autorizados pelo Ministério da Fazenda. Com percentuais prefixados, o beneficiário se compromete a:

- Exportar parte da mercadoria importada.
- Utilizar a mercadoria na prestação de serviços a usuários estrangeiros.

O despacho para consumo das mercadorias admitidas no DEA deve ser feito antes da saída, no caso de venda, ou após, no caso de utilização da mercadoria na prestação de serviços.

O prazo de permanência no regime é de até cinco anos, a partir da data do seu desembaraço para admissão.

No caso de extinção do regime, deve ser adotada uma das seguintes providências:

- Reexportação.
- Exportação.
- Transferência para outro regime aduaneiro.
- Despacho para consumo.
- Destruição, mediante autorização do consignante, única hipótese em que não se obriga o recolhimento dos tributos.

7.4.2.4 Depósito Afiançado (DAF)

Depósito Afiançado trata-se de um local alfandegado, utilizado para guarda de materiais de manutenção e reparo de embarcações e aeronaves utilizadas no transporte comercial internacional de empresas que operam nesse serviço, mediante permissão de autoridade aduaneira, podendo ser utilizado, inclusive, para guarda de provisões de bordo.

O funcionamento de depósitos de empresas estrangeiras é autorizado desde que estejam previstos em ato internacional firmado pelo Brasil ou se comprove a existência de reciprocidade de tratamento.

Os depósitos de empresas de transporte marítimo e aéreo devem localizar-se em zona primária, e os de empresas de transporte rodoviário podem localizar-se na zona secundária.

A autorização para operar no regime está sujeita ao atendimento cumulativo das seguintes exigências:

- A empresa deve possuir uma base operacional de depósito afiançado.
- As mercadorias devem ser importadas com suspensão dos tributos e sem cobertura cambial.
- A empresa deve manter serviços de transportes regulares.

7.4.2.5 Depósito Franco

Depósito Franco é o local alfandegado, funcionando em porto brasileiro, para atender ao fluxo comercial de países limítrofes com terceiros países.

Só é admitida a instalação de Depósito Franco quando autorizada em acordo ou convênio internacional firmado pelo Brasil. Os países deverão manter neste local representantes dos proprietários das mercadorias ali recebidas, para as relações com as autoridades alfandegárias brasileiras.

Cabe à Secretaria da Receita Federal estabelecer e disciplinar o funcionamento desses recintos alfandegados.

Existem hoje em funcionamento no país os seguintes Depósitos Francos:

- Do Paraguai, em Santos para carga em geral e no porto de Paranaguá para carga geral e granel sólido.
- Da Bolívia, em Santos para carga em geral.

7.4.2.6 Áreas de Livre Comércio (ALC)

As Áreas de Livre Comércio de exportação e importação são criadas por leis, sob regime fiscal especial, com a finalidade de promover o desenvolvimento das regiões fronteiriças e incrementar as relações bilaterais com os países vizinhos.

As mercadorias estrangeiras ou nacionais enviadas às Áreas de Livre Comércio são, obrigatoriamente, destinadas às empresas autorizadas pela Suframa a operar nessas áreas e têm a destinação que a legislação lhes determinar.

A entrada de mercadorias estrangeiras se faz com suspensão dos impostos federais e é convertida em isenção quando cumpre a sua destinação. A venda de mercadorias nacionais ou nacionalizadas efetuada por empresa estabelecida fora dessa área, para empresa ali sediada, goza de isenção do IPI ou é equiparada à exportação, conforme o caso.

Atualmente, existem as seguintes Áreas de Livre Comércio:

- Área de Livre Comércio de Tabatinga (ALCT), no Estado do Amazonas.
- Área de Livre Comércio de Guajará-Mirim (ALCGM), no Estado de Rondônia.
- Área de Livre Comércio de Pacaraima (ALCP), no Estado de Roraima.
- Área de Livre Comércio de Bonfim (ALCB), no Estado de Roraima.
- Área de Livre Comércio de Macapá e Santana (ALCMS), no Estado do Amapá.
- Área de Livre Comércio de Brasileia (ALCB), com extensão para Epitaciolândia, no Estado do Acre.
- Área de Livre Comércio de Cruzeiro do Sul (ALCCS), no Estado do Acre.

7.4.2.7 Zonas de Processamento de Exportação (ZPE)

Zonas de Processamento de Exportação são áreas de livre comércio delimitadas por Decreto do Poder Executivo Federal, propostas por Estados ou Municípios, em conjunto ou isoladamente.

As ZPE são destinadas à instalação de empresas voltadas para a produção de bens que são necessariamente comercializados com o exterior.

A finalidade é o fortalecimento do balanço de pagamentos, a redução dos desequilíbrios regionais e a promoção da difusão tecnológica e do desenvolvimento econômico e social.

As importações só estão sujeitas à licença ou autorização de órgãos federais quando se referem a controles sanitários, segurança nacional e de proteção ao meio ambiente, vedadas quaisquer outras restrições à produção, operação, comercialização e importação de bens e serviços não impostas pela legislação própria.

As importações e exportações de empresa autorizada a operar em ZPE gozam das seguintes prerrogativas:

- Isenção de Imposto de Importação, independentemente da existência de produto similar nacional.
- Isenção de IPI.
- Isenção de Contribuição Social.
- Isenção de AFRMM.
- Isenção de IOF.

7.4.2.8 Repetro

É um regime aduaneiro especial de exportação e importação de bens destinados a atividades de pesquisa de petróleo e de gás natural, aplicado a bens relacionados em normas específicas da SRF, como, as máquinas e equipamentos sobressalentes, ferramentas e aparelhos e outras partes e peças destinadas a garantir a operacionalidade desses bens.

O Repetro é aplicado de acordo com os seguintes tratamentos aduaneiros:

- Exportação, com saída ficta do território nacional, e posterior concessão do regime especial de admissão temporária aos bens exportados.
- Importação, sob o regime de *drawback*, na modalidade de suspensão do pagamento dos impostos incidentes, de matérias-primas, produtos semielaborados, partes e peças para a produção de bens a serem exportados nos termos do inciso anterior.
- Concessão do regime especial de admissão temporária, quando se tratar de bens estrangeiros ou desnacionalizados procedentes diretamente do exterior.

7.4.2.9 Recom

É o regime aduaneiro especial de importação, sem cobertura cambial, de insumos como chassis, carroçarias, partes, peças, inclusive motores, componentes e acessórios, destinados à industrialização por encomenda de veículos classificados nas posições 8701 a 8705 da Tipi, por conta e ordem da pessoa jurídica solicitante, domiciliada no exterior.

Os beneficiários são as montadoras destes produtos, com sede no país, executoras da encomenda, denominadas estabelecimentos executores, que atendam aos requisitos estabelecidos pela SRF.

O regime somente se aplica a casos em que houver ingresso de divisas no país para pagamento da exportação de serviço relativo à execução da encomenda, de responsabilidade do estabelecimento executor.

No Recom, a importação se faz com pagamento do II, incidente sobre os insumos, e com a suspensão do IPI pelo prazo improrrogável de um ano. Os estabelecimentos executores podem ainda adquirir de estabelecimento industrial os insumos, no mercado interno, com suspensão do IPI, ficando sujeitos ao recolhimento do IPI suspenso, caso destinem os produtos recebidos com suspensão a uma finalidade diferente da prevista neste regime aduaneiro especial.

Os produtos resultantes da industrialização por encomenda, quando destinados ao exterior, sem cobertura cambial, têm restituição do Imposto de Importação incidente sobre os insumos e recolhido quando do desembaraço nos termos da legislação vigente relativa ao *drawback* e, também, a suspensão do IPI incidente na importação e na aquisição no mercado interno dos insumos neles empregados.

Os produtos resultantes da industrialização por encomenda, quando destinados ao mercado interno, são comercializados com suspensão do IPI pelo prazo improrrogável de um ano, por conta e ordem da pessoa jurídica solicitante. No caso de empresa comercial atacadista, controlada, direta ou indiretamente, pela solicitante domiciliada no exterior, dentro das condições fixadas pela SRF, será equiparada a estabelecimento industrial, respondendo pelo pagamento do IPI devido.

7.4.2.10 Repex

É o regime aduaneiro que permite a importação, com suspensão do pagamento dos impostos, de petróleo bruto e seus derivados, relacionados em normas específicas da SRF, e posterior exportação.

O regime é concedido mediante apresentação de termo de responsabilidade, sendo dispensada a apresentação de garantia relativa aos tributos suspensos.

Dentro da vigência do regime é permitida a utilização de produto importado no regime para suprir demanda de abastecimento interno, sem a necessidade de recolhimento dos impostos suspensos e independentemente de prévia autorização da SRF. Para fins de comprovação da exportação, o produto importado pode ser substituído por produto equivalente e de idêntica classificação fiscal, de origem estrangeira ou nacional.

O prazo de vigência do regime será de 90 dias, contados a partir da data do desembaraço aduaneiro do produto importado, podendo ser prorrogado uma única vez, por período idêntico. Não é acolhido pedido de prorrogação apresentado depois de expirado o prazo de vigência do regime.

O Repex é considerado extinto quando comprovada a exportação do produto importado ou de produto nacional em substituição ao importado, em igual quantidade e idêntica classificação fiscal.

A exportação de produto no mesmo estado em que foi importado deve ser realizada exclusivamente em moeda estrangeira de livre conversibilidade, podendo ser realizada por estabelecimento diverso do importador, da mesma pessoa jurídica, desde que esteja habilitado ao Repex.

O controle aduaneiro das importações, da permanência e das substituições no país, bem como das exportações dos produtos admitidos no Repex, são efetuados com base em sistema informatizado da empresa habilitada que atenda às especificações estabelecidas.

7.4.2.11 Exportação com saída ficta do território nacional

Utiliza-se a expressão *exportação ficta* por tratar-se de uma situação de "ficção", através da qual os bens sujeitos a esse procedimento não precisam sair do território nacional para que o seu fabricante se beneficie dos incentivos à exportação. Basta que o bem seja entregue em território nacional, sob controle aduaneiro, ao comprador estrangeiro ou a pessoa jurídica indicada por ele.

A exportação com saída ficta do território nacional dos bens industrializados no país, inclusive com a utilização de mercadorias importadas sob o regime *draw-back*, é realizada pelo fabricante nacional para empresa sediada no exterior, em moeda de livre conversibilidade.

O despacho aduaneiro de exportação desses bens é efetuado com base na Declaração para Despacho de Exportação (DDE), formulada pelo respectivo fabricante no Siscomex.

7.4.2.12 Transferência de regimes

A transferência de mercadorias entre regimes aduaneiros especiais ou atípicos pode ser feita em sua totalidade ou parte da mercadoria, com ou sem mudança de beneficiário, e em relação a operações de importação realizadas a título não definitivo e sem cobertura cambial, exceto para as transferências de mercadorias entre os regimes aduaneiros atípicos da Zona Franca de Manaus e Áreas de Livre Comércio; nestes casos, devem ser observadas as condições e os requisitos próprios do novo regime. Se houver mudança de beneficiário, a transferência fica condicionada à autorização expressa do consignante.

A transferência da mercadoria é realizada mediante a extinção, parcial ou total, do regime anterior e a admissão no novo regime.

A extinção se faz mediante retificação da Declaração de Importação relativa à admissão no regime anterior. Consiste na averbação, no campo Informações Complementares, da quantidade, da classificação fiscal, da descrição e do valor da mercadoria transferida, bem como da identificação do novo regime, do número da respectiva Declaração de Importação e do saldo remanescente da mercadoria que permanece sujeita ao regime.

A transferência de regime é efetuada com base no Documento de Transferência de Regime Aduaneiro (DTR) apresentado em cinco vias.

7.4.2.13 *Remessa postal internacional e remessa expressa internacional* – courier

Remessa expressa é o termo utilizado para designar o envio de todo documento ou encomenda internacional, por via aérea, empresa de *courier* ou via postal, pela Empresa de Correios e Telégrafos, em que haja urgência na entrega ao destinatário.

Courier é um serviço internacional de coleta e entrega expressa, efetuado no prazo de 24 a 36 horas, que opera na modalidade "porta a porta" (*door-to-door*) e utiliza-se do modal aéreo.

A utilização do sistema pode se dar tanto nas operações de importação como de exportação de pequenos volumes, dentro dos critérios e limites legais estabelecidos pela legislação dos países envolvidos.

As empresas de *courier* que possuem frota de aviões cargueiros podem operar também no transporte aéreo de importação e exportação de cargas normais, sendo que nesses casos devem ser observados os procedimentos estabelecidos pelos despachos aduaneiros pertinentes.

Os impostos de importação nesses casos são tratados como Regime de Tributação Simplificada, e estão previstos no Regulamento Aduaneiro.

REFERÊNCIAS BIBLIOGRÁFICAS

ADUANEIRAS. *Normas administrativas de importação e do regime especial de drawback.* 2. ed. São Paulo: Aduaneiras, 2005.

_____. *Normas administrativas de exportação.* 31. ed. São Paulo: Aduaneiras, 2005.

AGÊNCIA DE PROMOÇÃO DE EXPORTAÇÃO – APEX. Disponível em: <http://www.apexbrasil.com.br>. Acesso em: 15 maio 2006.

BARBOSA, Ricardo; BIZELLI, João dos Santos. *Importação*: aspectos fiscais e administrativos. Apostila. São Paulo: Aduaneiras.

BIZELLI, João dos Santos. *Noções básicas de importação.* 9. ed. São Paulo: Aduaneiras, 2002.

BOLETIM INFORMATIVO ADUANEIRAS (BIA). São Paulo: Aduaneiras, s.d.

BRASIL. Decreto nº 6.759, de 5 de fevereiro de 2009. Regulamenta a administração das atividades aduaneiras, e a fiscalização, o controle e a tributação das operações de comércio exterior. *Diário Oficial da União.* Brasília, DF, 06 fev. 2009. Seção 1, p. 1.

COMÉRCIO EXTERIOR. Informe BB (Edição Especial).

LOPEZ, José Manoel C.; GAMA, Marilza. *Comércio exterior competitivo.* São Paulo: Aduaneiras, 2005.

MANUAL DE OPERAÇÕES DO SISCOMEX EXPORTAÇÃO. São Paulo: Aduaneiras, s.d.

VASQUEZ, José Lopes. *Manual de exportação.* 2. ed. São Paulo: Atlas, 2002.

_____. *Comércio exterior brasileiro.* 5. ed. São Paulo: Atlas, 2001.

Sites:

<http://pt.wikipedia.org/wiki/EUA>. Acesso em: 10 maio 2006.

<http://www.receita.fazenda.gov.br>. Acesso em: 10 maio 2006.

<http://www.desenvolvimento.gov.br>. Acesso em: 16 maio 2006.

Negociação Internacional

Luzia Garcia

8.1 INTRODUÇÃO

O conteúdo deste capítulo reúne alguns dos principais aspectos ligados à "Negociação Internacional", dada a existência de uma ampla quantidade de estudos e pesquisas de renomados especialistas e a complexidade do tema, objetivando despertar no leitor o interesse para o aprofundamento neste estudo e sua prática, considerando que a arte de negociar faz parte do dia a dia das pessoas e não somente das organizações e, para atingir um objetivo, seja na vida pessoal, seja na profissional, as pessoas precisam negociar e não impor uma decisão.

Os estudos sobre o tema negociação têm-se intensificado no mundo todo nos últimos anos devido a crescente importância que esta atividade vem assumindo nas empresas, governo, terceiro setor e na vida das pessoas de uma forma geral, impulsionado principalmente pelo fenômeno da globalização.

A globalização quebrou paradigmas organizacionais e culturais, criou novas exigências para o mercado de trabalho e está impondo a todos a necessidade de buscar aperfeiçoamento pessoal e profissional.

Dessa forma, cada vez mais os profissionais, e especialmente aqueles que têm que estar em contato ou negociar com outras culturas, terão que conhecer as técnicas e as ferramentas de negociação e tomada de decisão.

A Internet, as alianças estratégicas, as fusões, as incorporações, os *joint ventures*, os novos modelos de gestão com as relações cada vez mais horizontalizadas, o crescimento do comércio internacional, a preocupação com o bem-estar da sociedade, a ética, o meio ambiente, a responsabilidade social, tudo isso, direcionado para o sucesso do negócio, fez com que aumentasse a responsabilidade do negociador.

No Brasil, quando analisamos a evolução da quantidade de livros lançados anualmente abordando o tema negociação, cursos e seminários oferecidos, além da inclusão deste assunto como disciplina em cursos universitários, percebemos que estes fatos comprovam um movimento crescente de apoio ao desenvolvimento desta habilidade, impulsionado, sobretudo, entre outros aspectos, pela mudança da antiga crença de que "um bom negociador era quem nascia com esta habilidade" para a visão atual, em que compreendemos que "as habilidades de negociação podem ser desenvolvidas". Na prática, o planejamento, a preparação e atitudes éticas estão tomando o espaço que antes era ocupado pela improvisação, aplicação de truques, manipulação e intimidação.

Acima de tudo, este tema é muito envolvente e, ao iniciarmos estudos, reflexões e aplicação prática, nos deparamos com um horizonte de busca contínua de aperfeiçoamento.

8.2 NEGOCIAÇÕES NO MERCADO GLOBALIZADO

O termo *globalização* surge da necessidade de minimização de distâncias e custos, atendimento de interesses, facilidade de negociações, envolvendo a busca de contentamento de duas ou mais partes envolvidas (Martinelli, 2004).

Considerando que a globalização ocasiona aumento da concorrência mundial num ambiente em constante mutação, o investimento em pesquisas e desenvolvimento de novos produtos para fazer frente à necessidade de constante inovação, com custos cada vez menores, é condição básica para garantir a mínima competitividade das empresas em qualquer lugar do mundo. Diante deste quadro, as habilidades de negociação para construção de alianças estratégicas assumem importância crucial para que as empresas se destaquem e consigam fidelizar maior número de clientes neste mercado altamente competitivo.

A economia globalizada tornou-se dominante, controlando e impondo regras para as economias domésticas dos mais diferentes países de uma forma como nunca se viu no passado.

A influência das questões culturais nas negociações é tão forte que as empresas e as pessoas buscam cada vez mais um contato intenso e profundo com as diferentes culturas, de maneira a atingirem uma cultura corporativa com perspectiva intercultural. A cultura predominante de um determinado país ou região pode direcionar toda a comunicação num processo de negociação, construindo-se um fator determinando para o processo de negociação. As diferenças entre as questões ética e legal em cada cultura também assumem, nos dias de hoje, importância fundamental no contexto das negociações internacionais.

Dessa forma, a incidência e a intensidade dos contratos internacionais são cada vez mais fortes nas atividades das empresas, valorizando ainda mais as negociações internacionais e a identificação das diferenças culturais entre os povos.

O contexto da globalização fez crescer o poder dos mecanismos internacionais e multilaterais de controle e de consulta, não porque eles se tornaram mais prestigiados ou poderosos, mas sim como decorrência do extraordinário desenvolvimento e democratização dos sistemas de comunicações, que, de modo surpreendente e eficiente, coloca o indivíduo como cidadão do mundo, globalmente informado (TROYJO, 2004).

Com toda certeza, estamos muito longe do patamar de países como Estados Unidos, Japão, China e Alemanha em relação ao volume de comércio internacional e do estágio de desenvolvimento de nossas habilidades de negociação, muito embora a alavancagem do comércio exterior nos últimos anos tenha demandado entre outros, investimentos em profissionalização nesta área. Muitos dos esforços empreendidos já garantiram alguns resultados de sucesso visíveis, dos quais podemos citar alguns exemplos: crescimento da quantidade de empresas brasileiras inseridas no mercado internacional; participação de pequenas e médias empresas em feiras e rodadas de negociação internacionais; associações de classe, governos e prefeituras apoiando e incentivando os pequenos exportadores; abertura de capital de empresas com sucesso absoluto; profissionalização da administração de empresas familiares; acordos milionários de fusões e aquisições com empresas brasileiras; crescente utilização de soluções de conflitos através de tribunais de mediação e arbitragem; a utilização, pelo Brasil, do uso do mecanismo de solução de controvérsias, através de painéis na Organização Mundial do Comércio, vem aumentando, inclusive com resultados favoráveis ao Brasil, como é o caso das disputas da gasolina, do álcool, do frango e, mais recentemente, do açúcar.

Segundo declaração de Willian Ury, na palestra de abertura do Fórum Mundial de Negociação, organizado pela HSM em setembro/2005 em São Paulo, os executivos atuais fazem parte de uma primeira geração de grandes negociadores e os brasileiros, em pouco tempo, serão vistos como exemplos. "O Brasil pode ser a ponte entre o Terceiro e o Primeiro Mundo, entre a América e a Ásia. Será o país que vai ensinar os norte-americanos como negociar", afirmou Ury, negociador experiente que já intermediou discussões na Venezuela e na Indonésia.

Negociação: definições

Vários são os especialistas que o têm analisado e discutido, ampliando a visão deste campo do conhecimento.

Considerando que é um meio básico de conseguir o que se quer de outrem, podemos afirmar que passamos grande parte de nossas vidas negociando e, muitas vezes, nem nos damos conta disso. Estão negociando, por exemplo, o marido e a esposa quando tentam estabelecer quem se encarregará por apanhar as crianças no colégio, quando decidem o programa do final de semana, o local para a viagem de férias. Com seus filhos quando estipulam o valor da mesada. No ambiente de trabalho o volume de negociação é tanto maior quanto maior a interdependência e intensidade de relacionamento interpessoal.

Quando analisamos os estudos realizados pelos especialistas em negociação, nos deparamos com diferentes pontos de vista sobre o tema, como por exemplo:

- "Negociação é um campo de conhecimento e empenho que visa à conquista de pessoas de quem se deseja alguma coisa" (COHEN, 1980).
- "Negociação é um negócio que pode afetar profundamente qualquer tipo de relacionamento humano e produzir benefícios duradouros para todos os participantes" (NIERENBERG, 1981).
- "Negociação é uma coleção de comportamentos que envolve comunicação, vendas, marketing, psicologia, sociologia e resolução de conflitos" (Acuff, 1993).
- "Esperar que as partes se encontrem, negociem e cheguem ao acordo, sem que haja aproximação anterior, conversação habitual, confiança mútua é, não só ilógico, como uma arriscada aventura" (MATOS, 1985).
- "Negociação é o processo pelo qual as partes se movem de suas posições iniciais divergentes até um ponto no qual o acordo pode ser obtido" (STEELE et al., 1989, p. 3).
- "O processo de negociação tem significado de longo prazo sobre o estabelecimento ou a obtenção de um acordo" (STEELE et al., 1995).
- "Negociação é um processo de comunicação bilateral, com o objetivo de se chegar a uma decisão conjunta" (FISHER; URY, 1985).

Porém, é importante considerarmos que todas as definições de negociação mostram apenas uma visão do problema. No fundo, elas são parciais, ao apresentarem um problema apenas de determinado ponto de vista. Então, é importante que se pense sob os diferentes enfoques e pontos de vista possíveis em uma negociação, para se dar um tratamento mais abrangente ao processo (MARTINELLI, 2004).

Por outro lado, numa questão fundamental, muitos autores concordam: negociação é um "processo", é ação, na qual desempenhamos papéis e interferimos diretamente no resultado a partir do nosso desempenho. Partindo desta premissa, poderíamos, inclusive, reescrever o antigo provérbio "recebemos o que merecemos" para "merecemos o que negociamos".

Processo de negociação

Conforme detalhado no livro *Negociação internacional* (MARTINELLI et al.), o processo de negociação é extremamente complexo, visto que envolve pessoas e comportamento humano. Trata-se não apenas de estabelecer as diferenças entre as pessoas, no que se refere a valores, objetivos, maneiras de pensar e de se conduzir numa negociação, mas também de estruturar um quadro de pensamento e tomada de decisão para as diferentes partes envolvidas no processo. Como envolve as questões comportamentais, a negociação tem implícita grande dose de subjetividade e imprevisibilidade nas atitudes das pessoas, o que impede que possa ser tratada de maneira a seguir uma lógica pré-concebida. Para tratar as questões comportamentais, torna-se fundamental a presença de negociadores, mediadores e árbitros.

Com relação ao acordo, os autores avaliam que ele pode ser considerado bom ou mau, bem-sucedido ou não. O elemento-chave para avaliar se o acordo foi ou não considerado bom é a satisfação dos envolvidos na negociação. Essa satisfação é conseguida através do cumprimento dos interesses das partes. Assim, a satisfação pode ser considerada a raiz das negociações bem-sucedidas, conforme apontado por Brodow (1996, p. 12).

Consideram ainda que, em termos da postura dos participantes, existem basicamente dois tipos de negociação. A primeira é a negociação competitiva, em que cada um dos lados busca satisfazer a seus interesses individualmente, mesmo que isso traga insatisfação da outra parte. Nesse caso, há o que se chama de negociação "ganha-perde", em que um lado sai vencedor e o outro claramente pode ser visto como perdedor. Em casos extremos, em que ambas as partes buscam ganhar a qualquer custo, pode-se chegar ao limite de ter ambas perdedoras, se caracterizando uma negociação perde-perde.

Ao analisarem o segundo tipo de negociação, chamada de cooperativa, os autores descrevem que só se atinge um acordo através da satisfação do interesse de ambas as partes. É o que se entende por "ganha-ganha", com ambas as partes sentindo-se satisfeitas e tendo seus interesses ao menos parcialmente atendidos. Nesta forma, o objeto da negociação é visto como um problema a ser resolvido por meio de um "jogo aberto", confiança mútua e cooperação, trabalhando para que ambas as partes possam sair vencedoras.

Avaliam ainda que, em outros casos, pode acontecer de uma das partes chegar a um resultado em que não há nem ganho nem perda, porém com o outro lado atingindo um ganho, o que pode ser chamado de negociação "ganha-neutro".

No mundo em que se vive atualmente, o que prevalece são as negociações do tipo competitivas. De outro lado, o que acontece é que "as negociações são um pouco de cada, sendo difícil imaginar negociações totalmente competitivas ou totalmente cooperativas" (MARTINELLI, 2004).

Porém, segundo Willian Ury, Roger Fisher e Bruce Patton, autores do livro *Como chegar ao sim*, e responsáveis pelo projeto de Negociação da Universidade de Harvard, existe uma outra forma de negociar, denominada "Negociação Baseada em Princípios", a qual estudaremos a seguir.

8.3 NEGOCIAÇÃO BASEADA EM PRINCÍPIOS

A "Negociação Baseada em Princípios" foi criada a partir de estudos e pesquisas realizados pelos autores, que constaram que as estratégias padronizadas de negociação normalmente deixam as pessoas insatisfeitas, desgastadas e alienadas – e, com frequência, as três coisas. De maneira geral as pessoas descobrem-se num dilema. Percebem duas maneiras de negociar: com afabilidade ou com aspereza. O resultado é que as pessoas utilizam-se de barganha posicional para conseguirem o que querem e, ainda assim, não ficam satisfeitas com o resultado.

O método utilizado na Negociação Baseada em Princípios consiste em decidir as questões a partir de seus méritos, e não através de um processo de regateio centrado no que cada lado está disposto a fazer e a não fazer. Ele sugere que você procure benefícios mútuos sempre que possível e que, quando seus interesses entrarem em conflito, você insista em que o resultado se baseie em padrões justos, independentes da vontade de qualquer dos lados. O método da Negociação Baseada em Princípios é rigoroso quanto aos méritos e brando com as pessoas. Não emprega truques nem assunção de posturas. A Negociação Baseada em Princípios mostra-lhe como obter aquilo a que você tem direito e, ainda assim, agir com decência. Permite-lhe ser imparcial, ao mesmo tempo em que o protege daqueles que gostariam de tirar vantagem de sua imparcialidade.

Além do mais, este método é indicado para ser utilizado em qualquer tipo de negociação, quer seja entre diplomatas, advogados, casais, empresários, colegas de trabalho, entre outros.

Os autores insistem em que todas as negociações são diferentes, mas os elementos básicos não se alteram. A negociação baseada em princípios pode ser usada quando há uma ou várias questões em jogo, duas ou muitas partes; quando há algum ritual predeterminado, como nas negociações coletivas, ou uma situação imprevista de conflito, como ao falar com assaltantes.

Este método se aplica independentemente de a outra parte ser mais ou menos experiente e de ser um negociador difícil ou amistoso. A negociação baseada em princípios é uma estratégia para todos os fins e, ao contrário de outros truques e técnicas, este método não se torna mais difícil de ser usado quando o outro lado o aprende.

É destacado que, sem precisar escolher "ser gentil" ou "ser áspero", o método de *Negociação Baseada em Princípios* ou *Negociação dos Méritos* produz resultados sensatos, eficientes e de forma amigável.

Willian Ury e Roger Fisher, através de pesquisas, identificaram que qualquer método de negociação pode ser julgado imparcialmente por três critérios:

- Deve produzir um acordo sensato, se houver possibilidade de acordo.
- Deve ser eficiente.
- Deve aprimorar, ou pelo menos não prejudicar, o relacionamento entre as partes.

Assim, o ponto básico deste método é que um acordo sensato pode ser definido como aquele que atende aos interesses legítimos de cada uma das partes na medida do possível, resolve imparcialmente os interesses conflitantes, é duradouro e leva em conta os interesses da comunidade.

Para o sucesso na aplicação deste método, segundo seus criadores, é fundamental "Não barganhar com as posições".

O método da negociação baseada em princípios é baseado na aplicação dos quatro fundamentos descritos a seguir:

1. **Pessoas**: Separar as pessoas dos problemas.
2. **Interesses**: Concentre-se nos interesses, não nas posições.
3. **Opções**: Crie uma variedade de possibilidades antes de decidir o que fazer.
4. **Critérios**: insista em que o resultado tenha por base algum padrão objetivo.

A seguir, um breve resumo sobre cada um dos fundamentos deste método.

8.3.1 Pessoas: separar as pessoas dos problemas

Importante ter em mente que, antes de mais nada, os negociadores são pessoas. Não estamos lidando com representantes abstratos do "outro lado", mas sim com seres humanos. Seres humanos têm emoções, valores profundamente enraizados e diferentes antecedentes e pontos de vista; e são imprevisíveis.

O desejo das pessoas de se sentirem bem consigo mesmas, assim como sua preocupação com o que os outros pensam delas, frequentemente as tornam mais sensíveis aos interesses de outro negociador.

Por outro lado, as pessoas possuem sentimentos, egos e a forma com que enxergam o mundo a partir de sua própria perspectiva pessoal, confundindo percepções com realidade, e geram interpretações diferentes daquilo que foi dito.

Os mal-entendidos reforçam o preconceito e levam a ações que produzem reações contrárias, num círculo vicioso, dificultando a investigação para condução de uma solução racional.

Todo negociador quer chegar a um acordo que satisfaça a seus interesses substantivos. É por isso que se negocia. Além disso, o negociador também tem interesses em seu relacionamento com o outro lado. Uma loja, por exemplo, deseja, ao vender uma roupa, ao mesmo tempo ter lucro e fidelizar seu cliente.

Uma consequência fundamental do "problema das pessoas" na negociação é que o relacionamento entre as partes tende a confundir-se com suas discussões da substância. Tanto do lado que dá como do lado que recebe tendemos a tratar as pessoas e o problema como se fossem uma única entidade.

Lidar com um problema substantivo e manter uma boa relação de trabalho não precisam ser metas conflitantes, caso as partes estejam empenhadas para tratar cada um desses objetivos separadamente, segundo seus próprios méritos legítimos.

Compreender o pensamento da outra parte não é meramente uma atividade útil que irá ajudá-lo a solucionar seu problema. O pensamento do outro lado é o problema. O conflito não está na realidade objetiva, e sim na mente das pessoas. Compreender o ponto de vista deles não equivale a concordar com eles.

Para lidar com este aspecto, os autores dão as dicas abaixo:

1. Ponha-se no lugar do outro.
2. Não deduza as intenções do outro a partir de seus próprios medos.
3. Não culpe o outro por seu problema.
4. Discuta as percepções de cada um.
5. Busque oportunidade de agir de maneira contraditória às percepções do outro.
6. Dê ao outro interesse no resultado, certificando-se de que ele participa do processo.
7. Salvar as aparências: torne suas propostas compatíveis com os valores do outro.

Numa negociação, particularmente numa disputa acirrada, os sentimentos podem ser mais importantes do que as palavras. Talvez as partes estejam mais preparadas para uma batalha do que para elaborar conjuntamente uma solução para um problema comum.

1. Antes de mais nada, reconheça e compreenda as emoções tanto do outro quanto suas.
2. Explicite as emoções e reconheça-lhes a legitimidade.
3. Deixe que o outro lado desabafe.
4. Não reaja às explosões emocionais.
5. Use gestos simbólicos.

Tendo como base que sem comunicação não há negociação, devemos estar cientes de que os problemas de comunicação abaixo são muito comuns:

- Negociadores podem não falar um com o outro, ou pelo menos de maneira a serem entendidos.
- Mesmo quando se fala direta e claramente com o outro, talvez ele não escute.
- Mal-entendidos: o que um diz pode ser mal interpretado pelo outro.

O que fazer para diminuir os problemas oriundos da comunicação?

- Escute ativamente e registre o que está sendo dito.
- Fale para ser entendido.
- Fale sobre você mesmo, e não sobre o outro.
- Fale com um objetivo.

8.3.2 Concentre-se nos interesses, não nas posições

Para chegar a uma solução sensata é preciso conciliar interesses, não posições. Para que se busque a motivação de ambas as partes, é muito importante que elas estejam focadas em seus reais interesses e não presas a suas posições. As posições estão ligadas ao que se diz que se pretende atingir, ao passo que os reais interesses têm a ver com a verdadeira motivação das partes envolvidas. Muitas vezes, nossos reais interesses não estão ligados a aspectos tangíveis e são difíceis de ser expressos de forma objetiva. Assim, além de ser o ideal focar os reais interesses de sua parte, também é importante tentar identificar os verdadeiros interesses da outra parte, que muitas vezes são bastante diferentes das posições expressas num primeiro momento.

O problema básico de uma negociação não está nas posições conflitantes, mas sim no conflito entre as necessidades, desejos, interesses e temores de cada lado.

Por trás das posições opostas há interesses comuns e compatíveis, assim como interesses conflitantes. Tendemos a presumir que, pelo fato de as posições do outro lado oporem-se às nossas, seus interesses devem também ser contrários. Se temos interesse em defender-nos, eles devem querer atacar-nos. Se temos interesse em reduzir o aluguel, o interesse deles deve ser maximizá-lo. Em muitas negociações, contudo, um exame criterioso dos interesses subjacentes revela a existência de um número muito maior de interesses comuns ou compatíveis do que interesses opostos.

Como se identificam os interesses? A vantagem de buscar os interesses por trás das posições é clara. Como proceder nesse sentido é menos claro. As posições tendem a ser concretas e explícitas; os interesses subjacentes a elas bem podem ser não expressos, intangíveis e talvez incoerentes. Como é que se deve proceder para compreender os interesses envolvidos numa negociação, lembrando-se de que descobrir os interesses do outro é pelo menos tão importante quanto descobrir os seus?

Pergunte "por quê?". Uma técnica básica consiste em colocar-se no lugar do outro. Examine cada posição que ele assumir e pergunte a si mesmo: – Por quê? Por que, por exemplo, seu locador prefere estipular o aluguel – num contrato de cinco anos – ano a ano? A resposta com que você poderá se deparar – para proteger-se dos aumentos crescentes – é, provavelmente, um dos interesses dele. Você também pode perguntar ao próprio locador por que ele assume uma dada posição. Caso venha a fazê-lo, certifique-se de esclarecer que não está pedindo uma justificativa para a posição dele, mas sim tentando compreender as necessidades, esperanças, medos ou desejos a que ele atende. – Qual é a preocupação fundamental, Sr. Jones, ao querer que o contrato não ultrapasse três anos?

Pergunte: "por que não?". Pense na escolha do outro. Uma das maneiras mais úteis de desvendar os interesses consiste, primeiramente, em identificar a decisão básica que as pessoas do outro lado provavelmente acham que você está pedindo, e então perguntar a si próprio por que elas não tomaram tal decisão. Se você está tentando fazer com que mudem de ideia, o ponto de partida é descobrir quais são as ideias delas agora.

Exponha o problema antes de oferecer sua solução. Se você quer que alguém escute e compreenda seu raciocínio, forneça primeiro seus interesses e razões e, mais tarde, suas conclusões ou propostas.

Olhe para a frente, não para trás. Cada participante está empenhado em marcar pontos contra o outro ou em reunir provas que confirmem opiniões há muito formuladas acerca do outro e que não se dispõem a modificar. Nenhuma das partes está buscando um acordo ou sequer tentando influenciar a outra. Se você perguntar a duas pessoas por que elas estão discutindo, a reposta identificará tipicamente uma causa, e não uma finalidade.

Seja objetivo, mas flexível. Numa negociação você precisa saber onde quer chegar, mas permanecer aberto às ideias novas. Para evitar a tomada de decisões difíceis sobre o acordo a ser feito, as pessoas muitas vezes entram numa negociação sem nenhum outro plano além de sentar-se com a outra parte e ver o que ela oferece ou exige.

Seja rigoroso com o problema, mas afável com as pessoas. Lutar com empenho pelas questões substantivas aumenta a pressão no sentido de uma solução eficaz. Apoiar os seres humanos do outro lado tende a aprimorar seu relacionamento e a aumentar a probabilidade de que se chegue a um acordo. É a combinação de apoio e ataque que surte efeito; isoladamente, qualquer um deles tende a ser insuficiente.

8.3.3 Invente opções de ganhos mútuos

Por mais valioso que seja contar com muitas opções, as pessoas envolvidas numa negociação raramente sentem necessidade delas. Numa disputa, as pessoas costumam acreditar que sabem a resposta certa – sua opinião deve prevalecer. Numa negociação contratual, tendem igualmente a crer que sua oferta é razoável e deve ser adotada, talvez com algum acerto quanto ao preço. Todas as respostas disponíveis parecem situar-se numa linha reta entre a posição delas e a sua. Muitas vezes o único raciocínio criativo demonstrado consiste em sugerir uma divisão da diferença.

Na maioria das negociações, há quatro obstáculos fundamentais que inibem a invenção de uma multiplicidade de opções: (1) o julgamento prematuro; (2) a busca de uma resposta única; (3) a pressuposição de um bolo fixo; e (4) pensar que "resolver o problema deles é problema deles". Para superar estas limitações, é preciso compreendê-las.

Na mente da maioria das pessoas, inventar simplesmente não faz parte do processo de negociação. As pessoas consideram que sua tarefa é estreitar o hiato entre as posições, e não ampliar as opções disponíveis.

8.3.4 Critérios: insista em que o resultado tenha por base algum padrão objetivo

Por melhor que compreenda os interesses do outro lado, por mais que você invente engenhosamente meios de conciliar os interesses, e por mais que valorize um relacionamento contínuo, você quase sempre enfrentará a dura realidade dos interesses conflitantes. Nenhum discurso sobre estratégias de "ganhos para todos" é capaz de esconder esse fato.

Tipicamente, os negociadores tentam resolver tais conflitos através da barganha posicional – em outras palavras, falando sobre o que estão e o que não estão dispostos a aceitar.

Quer você esteja escolhendo um lugar para comer, organizando uma firma ou negociando a custódia de um filho, é improvável que chegue a algum acordo sensato, segundo qualquer padrão objetivo, se não levar em conta nenhum padrão desse tipo.

Se tentar conciliar as diferenças de interesse com base na vontade custa um preço tão elevado, a solução é negociar numa base independente da vontade de qualquer dos lados – ou seja, com base em critérios objetivos, concentrando-se nos méritos do problema e não no caráter das partes. Sendo acessível à razão, mas fechado às ameaças.

Para produzir um resultado independente da vontade, podem ser usados padrões justos para a questão substantiva ou procedimentos justos para a questão substantiva, para resolver os interesses conflitantes.

O método de negociação também ensina como negociar em situações em que a outra parte é mais poderosa, quando a outra parte não quer negociar ou ainda quando utiliza truques sujos.

8.3.5 Conflitos

Ao estudarmos negociação, é importante considerarmos que, praticamente, todas as negociações se iniciam pela existência de um conflito e que a negociação é um dos melhores e mais apropriados meios de solucionar os conflitos.

A palavra *conflito*, no Dicionário Aurélio, é definida como: 1. Embate dos que lutam. 2. Discussão acompanhada de injúrias e ameaças; desavença. 3. Guerra. 4. Luta, combate. 5. Colisão.

Vários autores têm estudado o conflito, criando alguns conceitos, conforme os abaixo relacionados, citados por Martinelli, 2004:

1. Segundo Hodgson (1996), para que haja conflito basta a existência de grupos. A simples existência de diferentes grupos já cria um potencial latente de conflitos.
2. Dado que as organizações são aglomerações de subgrupos e interesses, Salaman (1978, apud HODGSON, 1996) pondera que elas deveriam ser representadas por estruturas cooperativas e harmoniosas, nas quais os conflitos surgissem apenas excepcionalmente, em função de diferenças de personalidade ou mal-entendidos. Os conflitos entre grupos são muitos comuns, tanto dentro quanto fora das organizações.
3. Segundo Hampton (1991, p. 297), o conflito pode surgir da experiência de frustração de uma ou ambas as partes, de sua incapacidade de atingir uma ou mais metas. A seguir a parte frustrada interpreta a situação, projetando suas consequências, passando a comportar-se à luz da situação imaginada. A outra parte envolvida reage a este comportamento, com base em suas próprias percepções e conceituações da situação, que podem ser bem diferentes daquelas imaginadas pela outra parte. Há, então, os resultados do conflito, que podem ser de natureza completamente diversa para cada um dos negociadores, ou seja, um ciclo de frustrações ocorre em virtude da má interpretação ou incompreensão dos interesses ou necessidades das partes, fazendo com que cada um interprete a situação a seu modo.
4. Outras causas dos conflitos podem ser as diferenças de personalidade, a existência de atividades interdependentes no trabalho, metas diferentes, recursos compartilhados, diferenças de informação e percepção, dentre outras (MARTINELLI, 2002).

Em *Princípios de Negociação* (ANDRADE et al., 2004), o conflito é definido com sentidos diversos e os autores concluem que, se toda interação de homens é uma socialização, o conflito deve ser certamente considerado uma socialização, pois visa solucionar dualismos divergentes e é um meio de alcançar uma espécie de unidade, mesmo que seja através da aniquilação de algumas partes conflitantes.

Os autores ainda analisam o conflito sob o aspecto interpessoal e intrapessoal. O conflito interpessoal seria decorrente da convivência das pessoas, ainda que como mediadores ativos de atores coletivos. No aspecto intrapessoal, o eterno dilema de criação de uma identidade pessoal emerge de sua interação com a sociedade, na busca de respostas para questionamentos envoltos em aspectos como o sentimento em relação a si mesmas; o autoconceito e a autoestima; uma identidade social e estrutura cognitiva representacional.

Ainda sobre os conflitos de ordem intrapessoal, Fela Moscovivi, em seu livro *Renascença organizacional*, descreve que eles se manifestam em três diferentes formas: dupla atração, dupla aversão e aversão e atração simultânea. Um exemplo de conflito de dupla atração ocorre quando existem duas situações igualmente atraentes e uma escolha deverá excluir a outra. Quando ambas as situações não são desejadas nem oferecem satisfação e a pessoa é obrigada a ter que escolher uma delas, estabelece-se um conflito de dupla aversão. O terceiro tipo de conflito intrapessoal caracteriza-se por uma situação altamente atraente (satisfatória), mas que contém um elemento bloqueador de ordem valorativa (ética), o que a torna repulsiva. Nesta situação, o conflito será mais intenso quanto mais atraente for a situação.

Com relação ao modo de enxergar o conflito, Follet (Apud HAMPTON, 1991, p. 290) afirma: "Nós não devemos ter medo do conflito, porém devemos reconhecer que existe um modo destrutivo e um modo construtivo de proceder em tais momentos. Na diferença em se tratar o conflito pode estar o sinal do saudável, uma profecia do progresso."

Martineli conclui na mesma linha que existem duas maneiras de encarar o conflito: uma negativista, como algo prejudicial, devendo ser evitada a todo custo e, não se podendo evitá-la, pelo menos buscar minimizar seus efeitos. A segunda alternativa é a de encarar o conflito de maneira positiva, procurando verificar aquilo que pode trazer benefício, em termos de diferenças de opiniões e visões, bem como de possibilidades de aprendizagem e enriquecimento em termos pessoais e culturais. Nesse caso, já que existem também aspectos negativos, deve-se buscar minimizar seus efeitos, reforçando-se, por outro lado, todos os aspectos positivos que possam advir do conflito.

Atitudes perante os conflitos

A mudança de paradigma que estamos vivendo considera o mundo como uma rede de fenômenos interconectados e interdependentes. Na sociedade de redes, a tendência é aumentar os conflitos e não reduzi-los. Portanto, as habilidades de resolução não violenta de conflitos – por construção de consenso, mediação e arbitragem – serão cada vez mais necessárias.

Nas organizações, os principais fatores causadores de conflitos são o estresse, a pressão cruel por resultados, a sobrecarga de trabalho, recursos escassos compartilhados, o clima de competição predatória, a insegurança e a instabilidade no emprego, as ameaças e as críticas depreciativas. Esse cenário é propício para o surgimento do que há de pior nas pessoas, como a inveja, as intrigas, a rudeza, e, nesse território, os conflitos destrutivos florescem. Outro fator que está na raiz da maioria dos conflitos são as distorções da comunicação, que geram inúmeros mal-entendidos. Considera-se que a solução de conflitos depende, em grande parte, da clareza e da eficácia da comunicação.

O que define o conflito como destrutivo ou construtivo é a nossa maneira de lidar com ele. O conflito pode resultar em brigas crônicas e em escalada da violência. Por outro lado, pode ser terra fértil para criar boas opções. Daí a encruzilhada e o desafio: como desenvolver habilidades para transformar conflitos potencialmente destrutivos em caminhos construtivos para harmonizar diferenças e criar soluções satisfatórias para todos? No bom conflito, reconhecemos as diferenças entre as partes e procuramos satisfazer às suas necessidades.

Diferenças de personalidade e discordâncias nem sempre são sinônimos de incompatibilidade. Pelo contrário, a diversidade de olhares sobre as mesmas questões pode resultar em maior criatividade, abrindo caminhos inovadores. O respeito pelas diferenças e a busca da área de interesses em comum que está logo abaixo das posições divergentes é o que permite transformar adversários em "sócios do problema" a ser atacado. Essa é a essência do "bom conflito" que acontece não só no ambiente de trabalho, como também nos relacionamentos familiares.

Consolidando o conceito do bom conflito, uma das maneiras de administrá-lo pode ser desenvolvendo a habilidade de separar as pessoas do problema, conforme sugerido por Willian Ury no método de Negociação Baseado em Princípios, atacando o problema sem atacar as pessoas. Quando as pessoas gastam muita energia atacando-se, a briga fica interminável e o problema que elas querem resolver fica sem solução. A escuta respeitosa é o principal recurso de comunicação, porque nos permite ir mais fundo nas raízes do conflito. Considera-se que 50% da construção de acordos satisfatórios dependem da escuta.

Todos nós lidamos com os conflitos de várias maneiras: ignorando ou fugindo do problema, cedendo, abusando do poder ou estimulando a colaboração para encontrar soluções satisfatórias. Nas organizações, os líderes que recorrem com frequência à "tática da avestruz" estimulam as correntes subterrâneas de frustração, irritabilidade, ressentimento e insatisfação que, em vez de amenizar o conflito, o fazem crescer até o ponto de provocar transferências, demissões e queda da produtividade das equipes.

De uma maneira geral, a aplicação da metodologia básica de resolução de conflitos permite em qualquer situação transformá-los em terra fértil para soluções satisfatórias para todos os envolvidos. Com base nas ideias desenvolvidas pelo método da Negociação Baseada em Princípios, podemos seguir as seguintes orientações: pesquisar os interesses subjacentes – necessidade de segurança, de reconhecimento, valores: não são negociáveis, mas, em geral, não são incompatíveis entre as partes; focalizar os interesses e não as posições – o que as pessoas dizem que querem, e isso é negociável; transformar adversários em aliados – sócios do problema; concentrar em criar alternativas – opções; construir o acordo.

8.3.5.1 *Mediação e arbitragem na solução de conflitos*

O uso da mediação e da arbitragem pode ser útil na solução de situações de conflitos. A participação de uma terceira pessoa, que não está diretamente envolvida com o problema, poderá trazer muitas vantagens, como por exemplo: na presença de uma terceira parte, os ânimos exaltados são acalmados; esta pessoa pode orientar as partes a descobrirem quais seus reais interesses e como poderiam priorizá-los, determinando inclusive um cronograma com prazos para a chegada a um acordo; a comunicação e o clima da negociação poderão ser melhorados; dependendo do nível, problemas de relacionamentos poderão ser amenizados e até mesmo resolvidos de forma definitiva. Além do que a imprevisibilidade dos custos da manutenção do conflito e o tempo despendido, dependendo de cada situação, podem onerar demasiadamente as partes, sem contar os custos oriundos dos desgastes psicológicos.

A mediação é caracterizada pelo alto controle da terceira parte sobre o processo, porém baixo controle sobre os resultados. O mediador é uma figura neutra, especialista no campo em que a disputa está acontecendo, que possui autoridade outorgada pelas partes, tendo como objetivo ajudar as partes a negociarem de maneira efetiva, criando um senso de trabalho em equipe e um clima propício ao acordo.

Já na arbitragem existe alto controle sobre os resultados, porém a terceira parte tem baixo controle sobre o processo. Os árbitros normalmente são escolhidos por serem justos, imparciais e sábios e, dessa forma, a solução vem de uma fonte respeitada e com crédito.

Os processos de arbitragem normalmente são utilizados para a solução de conflitos entre empresas, trabalhadores e em contratos de uma forma geral. As partes apresentam sua posição ao árbitro, que, dependendo das regras estabelecidas, pode ou não decidir com base nelas.

Martinelli (2004) aponta as seguintes desvantagens da participação de uma terceira pessoa em uma negociação:

- As partes se enfraquecem potencialmente ao chamar uma terceira pessoa, deixando uma imagem de certa incapacidade para resolver o conflito.
- Há também uma inevitável perda de controle do processo ou dos resultados (ou de ambos), dependendo de que tipo de pessoa é chamado para ser a terceira parte (se um mediador ou um árbitro).

Considerando as desvantagens, é importante que as partes analisem e reflitam bastante antes de decidirem sobre o uso de uma terceira parte para a solução do conflito.

8.3.6 Questão ética nas negociações

Antes de entrarmos nos conceitos de Ética, é importante retomarmos a sua definição, assim como também a definição dos termos Valores e Moral, considerando a importante relação entre eles.

Quando falamos da vida psicológica do ser humano, podemos definir valores como critérios absolutos de preferência, habitualmente não questionados pelo indivíduo, que orientam as suas decisões e ações na vida, indicando o que está certo ou errado sob a perspectiva individual.

Uma moral é um sistema de valores, normas, princípios e pressupostos que regem o comportamento e a possibilidade de participação num determinado grupo. É específica de um determinado tempo e espaço, não sendo considerada válida fora desse contexto.

A palavra *ética* deriva do grego e tem na sua etimologia os significados caráter, hábito, prática, costume. Segundo o *Dicionário Aurélio*, ética é definida como "estudo dos juízos de apreciação referentes à conduta humana suscetível de qualificação do ponto de vista do bem e do mal, seja relativamente a determinada sociedade, seja de modo absoluto".

A ética é um elemento fundamental nas negociações. As definições e as percepções do termo *ética* são diferentes, apesar de existir uma base comum entre as partes que negociam, seja cultural, social, econômica ou outras (AUDEBERT, 2002, p. 166).

A ética individual é a história do esforço para equilibrar desejos, necessidades, restrições e possibilidades, procurando dar sentido às experiências que vivemos. Para nos ajustarmos à vida, ou para ajustarmos a vida a nós, nem sempre a práxis ética fica de acordo com os nossos valores. Se isso acontece porque a pessoa estabeleceu um compromisso moral justificável dentro da sua área de tolerância, a consciência ética não sofre muito dano.

Considerando as diferentes definições, podemos concluir que a ética estabelece padrões sobre o que é bom ou mau na conduta e na tomada de decisões, quer seja no plano pessoal, quer sob o ponto de vista organizacional.

Analisando sob o aspecto das negociações, a ética assume grande importância, conforme analisa Martinelli (2004), pois a negociação é parte de um processo competitivo, no qual as partes estão competindo por recursos escassos e, para conseguirem o melhor acordo possível, elas frequentemente estão dispostas a se mover, de um comportamento honesto, para um tipo de comportamento que se pode considerar desonesto, dependendo evidentemente do ponto de vista de quem o avalia.

Acrescenta ainda Martineli que há muita discussão quanto até que ponto se está agindo de maneira ética ou não em uma negociação. Por exemplo, quando alguém pergunta até que limite se pode chegar em uma negociação, e não se diz a ele o verdadeiro limite, para ter maior espaço de barganha, até que ponto esse comportamento pode ser considerado ético e quando ele passa a ser antiético? Conclui o autor que isso dependerá muito dos valores das pessoas envolvidas na negociação e do ambiente no qual elas estão inseridas.

Na obra *Negociação internacional*, Martinelli et al. (2004) destacam que, dentro do contexto globalizado de negociação, diferenças surgem, principalmente as interculturais.

Os autores enfatizam, ainda, a importância de se analisar o que é aceitável na negociação, sendo que nem sempre ela é ética, completamente ética, ou ainda legal ou totalmente legal, se analisada com base na matriz lei/ética (LEWICKI et al., 1996, p. 217). Para o sucesso de uma boa negociação e o estabelecimento de uma parceria duradoura, o mais adequado seria a situação da matriz cuja negociação é ética e de acordo com a lei. Concluem que, do ponto de vista ético, não devemos aceitar situações em que a lei a autorize, porém a sociedade e os costumes condenem, ou, ainda, situações em que existam dois grupos com problemas não éticos nem legais.

Considerado que, em termos éticos, não existe nenhum padrão formal nem nenhuma declaração escrita que sirva como modelo para os negociadores, assim como acontece com as questões legais, a melhor maneira de ser ético em uma negociação internacional é colocar-se no lugar da outra parte, entender sua cultura, religião, valores etc. e buscar sempre alinhar seus valores com os dela, de forma que ninguém infrinja a ética das partes envolvidas.

8.3.7 Ética nas organizações

Ricardo Vargas, em seu livro *Os meios justificam os fins* (2005), indica que "a ética de um indivíduo, grupo, organização ou comunidade seria a manifestação visível, através de comportamentos, hábitos, práticas e costumes, de um conjunto de princípios, normas, pressupostos e valores que regem a sua relação com o mundo".

Se a empresa, como espaço social, produz e reproduz esses valores, ela se torna importante em qualquer processo de mudança de perspectiva das pessoas; tanto das que nela convivem e participam, quanto daquelas com as quais essas pessoas se relacionam. Assim, quanto mais empresas tenham preocupações éticas, mais as sociedades nas quais essas empresas estejam inseridas tenderão a melhorar no sentido de constituir um espaço agradável onde as pessoas vivam realizadas, seguras e felizes.

A questão é que, embora a empresa como organização possa ser um agente moral, na verdade quem tem ou deixa de ter comportamento ético são as pessoas que a dirigem e que nela trabalham. É difícil separar a pessoa da instituição. O exemplo mais banal é a participação das empresas em entidades de qualquer natureza. O representante da empresa nessas entidades é tomado como se fosse a própria empresa e assim são consideradas suas declarações e opiniões. Por uma manifestação infeliz, ninguém diz que alguém é um mau representante da empresa. A referência, no caso, é sempre à empresa representada. Bons dirigentes e funcionários, por outro lado, difundem a imagem de sua empresa como sendo boa. Por isso, há uma preocupação cada vez maior das empresas quando designam aqueles que devam representá-las externamente.

Conforme Almir José Meireles, no artigo intitulado "Ética empresarial e os direitos do consumidor", se as empresas agissem sempre com ética os consumidores não estariam livres de problemas com os produtos e serviços que consomem, mas estariam seguros de que tais ocorrências seriam sempre obras do acaso e não de qualquer ato de má-fé. Assim, hoje, para terem sucesso continuado, o desafio maior das empresas é ter uma ética interna que oriente suas decisões e permeie as relações entre as pessoas que delas participam e, ao mesmo tempo, um comportamento ético inequivocamente reconhecido pela comunidade.

Códigos de ética e lista de proibições, por mais bem elaborados que sejam, não conseguem melhorar o comportamento dos funcionários, até porque trazem uma imagem negativa e não construtiva da ética, que é seu verdadeiro propósito. A experiência já demonstrou que a mudança de padrões de conduta ética é necessariamente um processo complexo, lento, dentro do qual o código escrito tem um papel limitado. Resta às empresas assumirem que mudar o comportamento ético no Brasil é um desafio que precisa ser enfrentado corretamente, que é difícil e trabalhoso, mas que vale a pena. Soluções prontas não conseguem levar a uma melhoria ética da empresa. É preciso desenvolver uma nova perspectiva capaz de habilitar dirigentes e funcionários a lidarem com as questões de natureza ética.

O consumidor aspira a muito pouco – receber o produto que comprou ou ver executado o serviço que contratou. Considerando que em ambos os casos ele pagou corretamente ao fornecedor, é direito dele ser atendido exatamente no que foi especificado como sendo "produto" ou descrito como sendo "serviço". Embora isso pareça muito simples, foi preciso a promulgação de um Código de Defesa do Consumidor para que muitas empresas viessem a se preocupar com exigências tão banais e o consumidor pudesse acreditar que é seu direito ver suas aspirações atendidas.

O tema está estritamente relacionado à ética empresarial, pois os casos mais extremos de desrespeito ao consumidor são praticados por empresas que não têm a mínima postura ética em relação à sociedade que deveriam se esmerar em servir. É claro que existem, também, consumidores sem ética que se aproveitam dos direitos que lhes são conferidos pelo Código de Defesa do Consumidor para tentar chantagear empresas através de fraudes. Mas, se este instrumento nasceu, certamente foi para coibir abusos praticados por muitas empresas que, face às imperfeições e morosidade dos processos ordinários, desrespeitavam impunemente os consumidores. E, lamentavelmente, o desrespeito era tanto maior quanto mais humilde fosse o cliente.

Na medida em que o comportamento das empresas e empresários mudar o Brasil, ou seja, na medida em que a ética permear as preocupações desses empresários, o Código de Defesa do Consumidor será utilizado esporadicamente e exatamente para punir os poucos marginais que sobrarem no mercado. Provavelmente, até que tenhamos condições de vivenciar este estágio decorra ainda um longo tempo, mas é importante ter consciência de que é possível o aperfeiçoamento ético das empresas se dirigentes e funcionários se engajarem nesse processo.

A moralidade e a fidelidade a princípios éticos são a chave para o sucesso empresarial

Hoje, mais do nunca, a atitude dos profissionais em relação às questões éticas pode ser a diferença entre seu sucesso e o seu fracasso. Basta um deslize, uma escorregadela, e pronto. A imagem do profissional ganha, no mercado, a mancha vermelha da desconfiança. Há, claro, deslizes que entram na categoria de crimes, como os escândalos que levaram à prisão do CEO da Enron, nos Estados Unidos. Estes crimes, entre outros, impulsionaram a criação da lei americana Sarbanes & Oxley, que avalia e define procedimentos e controles para evitar estes tipos de fraudes, levando a prejuízo dos acionistas e da sociedade.

Atuar eticamente, entretanto, vai muito além de não roubar ou não fraudar a empresa. A ética nos negócios inclui desde o respeito com que os clientes são tratados ao estilo de gestão do líder da equipe. Uma enquete realizada no *site* da VOCÊ S.A. em meados de junho/2000 revelou que nem sempre as pessoas têm consciência do problema ético nos escritórios. Dos participantes, 43% já pediram ao garçom para aumentar a nota do almoço ou sabem de alguém que já fez isso. A metade dos votantes disse que já utilizou recursos da empresa para serviços particulares. Do total, 49% já mentiram – ou sabem de alguém que já mentiu – para um cliente, dizendo que o serviço ficaria pronto na data acertada, mesmo sabendo que não poderiam cumprir o prazo.

A importância da ética nas empresas cresceu a partir da década de 80, com a redução das hierarquias e a consequente autonomia dada às pessoas. Os chefes, verdadeiros xerifes até então, já não tinham tanto poder para controlar a atitude de todos, dizer o que era certo ou errado. Por outro lado, o corte nos organogramas deixou menos espaço para as promoções. A disputa por cargos cresceu e, com ela, o desejo de "passar a perna nos colegas" para conseguir sobressair-se a qualquer custo. Assim, nos últimos anos, os escritórios viraram um campo fértil para a desonestidade, a omissão, a má conduta e a mentira. No nosso dia a dia, os sete pecados capitais (luxúria, ira, inveja, gula, preguiça, soberba e avareza) servem como uma espécie de parâmetro para o bom ou mau comportamento em sociedade. No universo corporativo, a falta de ética poderia muito bem entrar nessa lista. A maioria de nós age com honestidade simplesmente porque quer dormir com a consciência tranquila – ou, então, porque tem medo das consequências, que podem resultar em atos ilegais ou contrários à ética.

O fato, porém, é que cada vez mais essa é uma qualidade fundamental para quem se preocupa em ter uma carreira longa, respeitada e sólida. Quem está sempre atento às implicações éticas de cada decisão consegue desistir de uma empresa pouco confiável antes de se queimar. Pode recusar um projeto que causaria danos a sua imagem futura. Por outro lado, as organizações, cada vez mais, estão adotando o saudável hábito de checar e rechecar o passado de todos os candidatos ao emprego. Resultado: quem tem a ficha limpa sempre terá portas abertas nas melhores empresas do mercado.

O que é ser um profissional ético?[1]

Segundo Dalai Lama, a ética é um conjunto de valores morais e princípios de conduta que devem ajustar as relações entre os diversos membros da sociedade. Nada mais é, no fim das contas, do que a velha premissa de não fazer a ninguém o que não se deseja para si mesmo. A

---

[1] Prof. Mário Alencastro.

sutileza trazida por Dalai Lama é a consciência de que o não prejudicar os outros começa nos pequenos atos. Algo que pode não soar como prejudicial a você, como marcar um encontro e simplesmente não aparecer, pode atrapalhar a vida da outra pessoa, que desmarcou um outro compromisso por sua causa.

Ser ético nada mais é do que agir direito, proceder bem, sem prejudicar os outros. "É ser altruísta, é estar tranquilo com a consciência pessoal", afirma o executivo e professor da USP Robert Henry Srour.

Além de ser individual, qualquer decisão ética tem por trás um conjunto de valores fundamentais. Muitas dessas virtudes nasceram no mundo antigo e continuam válidas até hoje. Eis algumas das principais:

1. Ser honesto em qualquer situação.
2. Ter coragem para assumir as decisões.
3. Ser tolerante e flexível.
4. Ser íntegro.
5. Ser humilde.

Não existe uma receita universal e completamente eficaz para todo mundo, mas, em linhas gerais, convém seguir estes conselhos:

- Compartilhe seus conhecimentos, pois só assim eles têm valor. Confie nos colegas até que provem não merecer sua confiança. É mais produtivo para você e para toda a equipe.
- Não faça nada que você não possa assumir em público. Saiba exatamente quais são seus limites éticos.
- Caso um colega tente levar a fama por um projeto do qual você participou, converse primeiro com ele. O diálogo é impossível? Não estará sendo antiético se levar o problema a seus superiores, de preferência acompanhado de mais pessoas envolvidas na história. Só tome cuidado com acusações infundadas, fofocas, dados distorcidos.

Trabalhe sempre com base em fatos.

- Escolha empresas éticas para trabalhar. Aquelas que discutem sua missão, além de princípios e valores, para chegar a um consenso que deve ser compartilhado por todos. "Quem não concorda deve se retirar da organização", aconselha Waldez Ludwig.
- Se um subordinado seu for antiético, o primeiro passo é orientar, educar. "Já as reincidências têm de ser tratadas com rigor. Caso ele seja mantido no setor, pode desagregar o trabalho em equipe e ainda lesar a empresa de outras formas", adverte Mário Alencastro.
- Quanto mais poder a pessoa pouco ética tem dentro da organização, mais cuidado devemos tomar. Se, por exemplo, um diretor usa seu poder para obter favorecimentos sexuais, muitas vezes a solução é cavar uma vaga em outro setor ou, em casos extremos, denunciá-lo ao departamento de Recursos Humanos.

- Lembre-se de que os valores sociais devem suplantar os individuais. Um bom exemplo é o filme *O informante*, em que o executivo de uma companhia de tabaco denuncia a negligência da indústria, que omite do público os malefícios do fumo.
- Saiba que, mesmo ao optar pela solução mais ética, poderá se envolver em situações delicadas. Um ex-diretor de RH de uma grande multinacional argentina no Brasil lembra que chegou a ser ameaçado de morte quando iniciou uma investigação sobre desvio de verbas dentro da empresa.
- Por último, agir eticamente dentro (ou fora) da empresa sempre foi e será uma decisão pessoal sua. Mesmo sujeito a deslizes e equívocos, você deve ter consciência de que esse costuma ser um caminho sem volta. Para seu sucesso ou seu fracasso profissional. Ser ético significa, muitas vezes, perder dinheiro, *status*, benefícios.

8.3.8 O poder nas negociações

O poder é citado por muitos estudiosos como uma das variáveis básicas da negociação. Entende-se como poder a capacidade de fazer com que as coisas sejam realizadas e de exercer controle sobre os acontecimentos, sobre pessoas, situações e sobre si próprio.

O poder é visto muitas vezes com conotações negativas, apesar de não ser o correto, pois o poder não pode ser considerado como bom ou ruim, moral ou imoral, ético ou antiético. Ele é neutro. Poder nunca é aquele quer você realmente possui, mas o que o outro pensa que você tem.

Apesar da maioria das análises ter uma conotação negativa, Lee (1997, p. 2), citado por Martinelli em *Negociação internacional*, enumera algumas premissas positivas de poder:

- Todos nós entendemos sobre o poder porque o vivenciamos diariamente em suas variadas formas.
- Poder e influência podem ser adquiridos e desenvolvidos.
- Você escolhe ser poderoso ou não em seu dia a dia.
- Dependendo da situação, você pode tentar influenciar o outro com honra, segurança ou medo, ou, ainda, em algumas situações, você pode duvidar de sua habilidade.
- Sua habilidade de influenciar os outros é resultado do que você é e do que faz.
- Você pode mudar.
- Você pode fazer a diferença em uma negociação.

Analisando as premissas acima, podemos concluir que as pessoas possuem percepções diferentes de poder; assim, é perigoso quando as pessoas acreditam que são incapazes de realizar alguma coisa.

8.3.8.1 Diferentes formas de poder

- **O poder da legitimidade**: é o poder que emana de textos escritos e impressos, de regulamentos que alguém instituiu sem prévia discussão, das "normas da casa". A força deste poder reside no fato de que todo mundo o aceita sem discussão.

O Poder da legitimidade = tempo (pressão) + conhecimento (de que todos acatam).

- **O poder da especialização**: o médico, o dentista, o mecânico ou o técnico de TV falam uma linguagem que só eles entendem e todos aceitam sem discutir, sem pedir que traduzam para linguagem comum, ou de leigos. Ou, se pedem, não ousam discutir depois.

Os raríssimos que o fazem descobrem que a perícia dos senhores especialistas está longe de ser tão poderosa, tão irrespondível.

Poder de especialização = conhecimento (o próprio, apesar de ser um conhecimento mais suposto do que real) + conhecimento (de que ninguém os contestará).

- **O poder do título e da autoridade**: é o mesmo poder utilizado pelos médicos, dentistas e mecânicos ao utilizarem o conhecimento que têm como forma de opressão. Só que, neste caso, evidenciando-o por meio de títulos.
- **O poder da competição**: você ficou duas semanas oferecendo o carro usado para vender entre os colegas da empresa e ninguém se interessou. Depois que um cliente, numa visita casual, manifestou interesse por ele, dois colegas se candidataram a compradores...

Se há gente competindo por ele, o carro deve representar uma perspectiva de compra interessante, raciocinam os competidores.

Poder da competição = conhecimento (falta da parte dos oponentes que concorrem entre si: "por que será que todos competem?").

- **O poder de investimento**: diz respeito ao tempo e à energia despendidos no processo. Poder do investimento = tempo + energia (físico).
- **O poder do risco**: quanto maior a capacidade e a determinação para correr riscos, mais poder o negociador tem.

Poder do risco = conhecimento (das limitações do oponente).

- **O poder da informação**: a forma de utilizar a informação é função da estratégia a ser adotada, competitiva ou cooperativa. Alguns negociadores exercem o poder da informação abrindo-as, enquanto outros o exercem de modo contrário, escondendo-as.

Poder da informação = conhecimento, entendimento da situação (no momento oportuno).

- **O poder da identificação**: é muito importante que as partes se identifiquem com alguém. Para Cohen (1980, p. 77), o poder de identificação existe em todas as relações interpessoais, aumentando as chances de sucesso nas negociações.
- **O poder da moralidade:** embasa-se nos padrões éticos e morais que devem nortear as negociações.

Todos os tipos e formas de uso ou abuso do poder podem se reduzir a dois fatores – tempo e conhecimento – ou a uma combinação deles.

Existem duas formas de uma pessoa abusar do poder: por meio da intimidação ou da ameaça.

Para Willian Ury, o poder relativo de negociação de duas partes depende, primordialmente, de quão atraente para cada uma delas é a opção de não chegar ao acordo.

A vigorosa exploração do que se fará se não se chegar a um acordo pode fortalecer enormemente a situação da parte que trabalhar este aspecto.

Martinelli (2004) recomenda que para atuar de forma efetiva os negociadores devem, portanto, incorporar dez princípios básicos do poder: persuasão, paciência, educação, capacidade de ensinar, aceitação, bondade, conhecimento, disciplina, consistência e integridade.

Importantíssimo considerarmos sempre que a negociação envolve 50% de fatores psicológicos; assim, habilidades como empatia e a construção de bases comuns no processo de negociação são elementos do jogo psicológico que embasam todas as negociações.

8.3.8.2 Planejamento da negociação

"Se você tem nove horas para cortar uma árvore, use as primeiras seis para afiar o machado." Abraham Lincoln.

Segundo declaração de Willian Ury, na palestra de abertura do Fórum Mundial de Negociação, organizado pela HSM em setembro/2005 em São Paulo, a necessidade de negociação no mundo corporativo ganhou intensidade nos últimos 30 anos. "Vivemos uma revolução", disse. De acordo com o professor, o planejamento necessita de pelo menos metade do tempo a ser gasto nas discussões.

As negociações bem-sucedidas iniciam-se antes de se realizá-las. Seja qual for o tipo de negociação – um problema familiar, uma mudança de procedimento na empresa, uma venda internacional, um pedido de aumento de salarial –, aquele que não estiver preparado estará em maior desvantagem.

Nesta questão da preparação, muitas vezes os mais experientes caem na armadilha de utilizar-se de uma rotina de preparo preestabelecida que pouco leva em consideração as pessoas com quem estão lidando ou o problema que estão enfrentando.

Ao participarmos de uma negociação sem a devida preparação, deixamos a iniciativa para o outro lado. Reduzimos a possibilidade de apresentar boas ideias e argumentos que solucionarão o problema, rapidamente e para satisfação mútua. Privamos ambos os lados de nossa criatividade.

A preparação geralmente leva tempo – mas com ela é possível ganhar tempo. Um negociador bem preparado pode reduzir as questões a serem acordadas, formular opções inteligentes ou avaliar tentativas de ofertas com muito mais rapidez e sabedoria que um negociador que não tem conhecimento do "terreno". Evidentemente, alguns assuntos são triviais e nem merecem grandes preparações. Outros, que envolvem grandes somas financeiras e manutenção de importantes relacionamentos, merecem uma atenção muito especial na sua preparação.

Seja qual for a situação, gastar tempo na preparação economizará tempo a longo prazo.

Na fase da preparação é importante considerar previamente os limites da negociação, isto é, até onde é possível chegar; ou melhor, até onde é possível fazer concessões. Também, levar em conta antes de iniciar a preparação que os fatores tempo, poder, informação se fazem presentes em todo o processo. O ideal é fazer uso destes fatores de forma estratégica, além de se prevenir para não se intimidar, quando utilizados pela outra parte.

Segundo Roger Fisher e Daniel Ertel, na obra *Estratégias de negociação* (1999), um bom resultado de uma negociação pode ser constituído por seis elementos:

1. Interesses: identificação dos interesses subjacentes.
2. Opções: quanto mais opções colocarmos na mesa, maiores serão as chances de construirmos um acordo que atenda aos nossos interesses.
3. Alternativas: antes de assinar um acordo – ou recusá-lo – temos que ter uma boa ideia das possíveis alternativas fora do contexto em questão.
4. Legitimidade: devemos encontrar padrões externos que possamos utilizar para convencer a outra parte de que ela está sendo tratada com justiça.
5. Comunicação: à medida que cada uma das partes procura influenciar a outra, precisamos pensar sobre o que queremos ouvir – e o que dizer, com antecedência.
6. Comprometimento: a qualidade do resultado também pode ser avaliada pela qualidade das promessas feitas. Os compromissos assumidos provavelmente serão melhores se tivermos pensado com antecedência a respeito das promessas que podemos realmente esperar, ou fazer, na etapa final ou no encerramento de uma negociação.

Considerando os conselhos acima, estaremos bem equipados para conseguir um bom resultado, ou, se não pudermos, para saber quando abandonar a negociação para fazer algo melhor.

8.3.8.3 Resumo de um plano de ação para a negociação

De uma maneira prática, podemos fazer nosso plano de ação seguindo os passos abaixo:

O planejamento deve incluir:

- Todos os seus passos.
- Todos os passos do oponente.
- As possíveis correções de rota.
- O cenário da negociação.

Tudo o que você planejar estará sob o seu controle. Tudo o que você não planejar será controlado pelo acaso, pelas circunstâncias. Ou, pior ainda, pelo oponente.

Considerar sempre que a relevância e o uso oportuno da informação podem ser fontes de poder.

A informação pode ser obtida das seguintes formas:

- No processo de preparação para a negociação.
- No decorrer da negociação.

Sugestões para melhorar o nível de informação antes da negociação:

- Relacione todo o conteúdo disponível sobre o assunto.

- Entre em contato com especialistas no assunto para tirar dúvidas e ampliar seu nível de conhecimento.
- Descubra como garantir legitimidade.
- Procure fatos e informações relevantes em livros, catálogos, publicações especializadas, Internet etc.
- Fatores externos: obtenha informações sobre aspectos culturais, costumes.
- Debata o assunto (*brainstorming*) com sua equipe e/ou aliados para gerar novas ideias.
- Busque informações sobre o seu oponente através de investigações prévias abertas e durante o processo de negociação.

Conheça o seu oponente:

- Histórico da empresa.
- Informações sobre o país: ambiente político, econômico, análise setorial etc.
- Informações tangíveis da empresa.
- Informações intangíveis da empresa.
- Pontos fracos e fortes.
- Interesses.
- Minimax.
- Alternativas: MAANA (Melhor Alternativa à Negociação de um Acordo).

Estabelecimento das metas de uma negociação:

- Identifique seus interesses.
- Prepare metas claras e mensuráveis.
- Defina seu Minimax.
- Prepare justificativas para as metas.
- Elabore um *checklist*.
- Elabore seu MAANA – sua melhor alternativa ao acordo negociado.

Construção de cenários, simulação de acordo e estratégia:

- Dados tangíveis.
- Dados intangíveis: percepções, preconceitos, aspectos culturais.
- Fatores externos: ameaças e oportunidades.
- MAANA.

Existem também outros aspectos do planejamento de negociação que, muitas vezes, não são devidamente considerados. Dentre eles, citamos os seguintes: como melhor preparar uma proposta escrita; como lidar com itens inegociáveis e, talvez o mais importante, quando não se deve negociar de forma alguma.

Comunicação como ferramenta fundamental no processo de negociação

A comunicação é básica e fundamental dentro de um processo de negociação, visto que ela está presente em todas as etapas do processo de maneira intensa.

Conforme definição de Fischer e Wilian Ury (1985), "negociação é um processo de comunicação bilateral, com o objetivo de se chegar a uma decisão conjunta".

Segundo eles, a comunicação nunca é fácil e, para que ela seja bem-sucedida, algumas condições básicas devem ser plenamente atendidas. Dentre elas, poderiam ser citadas:

- Escute atentamente e registre o que está sendo dito.
- Fale para ser entendido (e não apenas aquilo que você pensa, sem a preocupação de verificar se está sendo compreendido).
- Fale sobre você mesmo e não sobre o outro.
- Fale com um objetivo.

Num processo de comunicação, há normalmente os seguintes elementos presentes:

- Transmissor: manda uma mensagem através de uma canal, utilizando algum tipo de comunicação.
- Receptor: recebe a mensagem transmitida, decodificando.
- Mensagem: é a formulação tangível de uma ideia para ser enviada a um receptor.
- Canal: é o veículo utilizado para transmitir uma mensagem.
- *Feedback*: é a resposta de um receptor à comunicação de um transmissor; é de fundamental importância em termos de realimentação para o transmissor.

O processo de comunicação depende excessivamente da questão da percepção, que é algo que varia muito de pessoa para pessoa. Frequentemente, tenta-se transmitir algo e o que é captado pelo receptor é totalmente diferente daquilo que o transmissor tentou enviar. Além disso, há os ruídos na comunicação, que ocorrem com muita frequência e que podem distorcer, alterar e até invalidar um processo de comunicação. Neste sentido, o *feedback* assume fundamental importância para avaliar e rever o que foi transmitido e captado.

O *feedback* pode ser oral, escrito (neste caso, pode ser formal ou informal) ou através de gestos, expressões ou diferentes tons da voz. É importante que aconteça de maneira simples e constante, imediato, objetivo, relacionado necessariamente a uma meta permanente, obtido diretamente pelo emissor.

Uma das habilidades mais importantes a ser desenvolvida para obter sucesso no processo de comunicação é a de saber ouvir. É uma tarefa extremamente difícil. Ouvir efetivamente significa não apenas escutar o que a outra parte tem a dizer, mas acima de tudo entender e absorver efetivamente as informações passadas. Quando se ouve efetivamente, é possível se processar os dados recebidos, separar o que é útil efetivamente, guardar o que poderá ser utilizado futuramente, bem como buscar novas informações para complementar o que foi recebido.

O bom-senso serve como canal auxiliar de comunicação. Ele captura uma série de informações que estão disponíveis, como sons, imagens, odores, decodifica-os e os utiliza da maneira mais adequada. Dado que a comunicação pode ser verbal ou não verbal, pode haver muita coisa que se transmite de maneira subconsciente e essa informação pode ser tão importante e tão válida quanto aquela que se transmite de maneira consciente e de forma verbal.

Apesar da comunicação não verbal ser importante, a verbal é evidentemente a principal maneira de comunicação durante as negociações. Pela comunicação verbal, pode-se inclusive fazer uma pré-avaliação do nível cultural e social das pessoas. Na comunicação verbal, são muito importantes o tom de voz, a articulação e a pronúncia das palavras, a escolha do tipo de vocabulário para cada momento, assim como os diferentes ruídos e expressões utilizados durante a conversação.

Na comunicação não verbal, a linguagem corporal ocupa parcela importante da atividade. A linguagem corporal inclui gestos, expressão facial e posturas que revelam os verdadeiros sentimentos.

Porém, nem todo comportamento não verbal pode necessariamente ser considerado como comunicação não verbal. A comunicação ocorre quando, intencionalmente, usam-se símbolos (sejam palavras ou símbolos não falados) para criar algum significado para a outra parte.

Alguns comportamentos não verbais básicos podem ser considerados universais. Mesmo entre diferentes culturas, as pessoas identificam os sinais de prazer ou desprazer, apreciação ou não de alguma coisa, tensão ou relaxamento, símbolos de *status*, dentre outros.

Várias expressões faciais podem ser identificadas, algumas vezes independentemente de idioma e costumes. Assim, podem-se identificar alegria, tristeza, raiva, desgosto, surpresa, medo e desprezo.

O comportamento não verbal pode ser utilizado com objetivos diferentes num processo de negociação, ao ser empregado para reforçar a comunicação verbal. Assim, por exemplo, se o objetivo é criar uma atmosfera propícia, na fase de abertura, para o atingimento do acordo, há várias atitudes positivas a serem utilizadas na expressão corporal, tais como: sorrir, gesticular de maneira expansiva, juntar-se à outra parte do mesmo lado da mesa, dentre outras.

> ✓ A seguir dicas de "Etiqueta na comunicação", por Maria Aparecida Araújo: <www.etiquetaempresarial.com.br>.

Para ter uma boa comunicação, é necessário levar em conta os seguintes fatores:

- O emissor: quem está transmitindo a mensagem.
- A mensagem.
- O receptor: quem recebe a mensagem.

O contexto da mensagem deve ser adaptado ao nível de cultura e bagagem de conhecimento do receptor.

Muitas pessoas têm dificuldade de expor suas ideias, talvez por insegurança ou falta de conhecimento teórico do assunto a ser desenvolvido.

A autoconfiança, em conjunto com uma rica leitura de jornais, revistas e livros, pode ajudar a melhorar a capacidade de comunicação e até a conquistar um bom emprego ou receber a tão desejada promoção.

Perder a inibição para falar, preparar aulas e palestras, falar de improviso, evitar o branco e dirigir e participar de reuniões são problemas de comunicação verbal que podem ser eliminados com técnica, disciplina e treinamento.

Para mostrar como isso é possível e facilitar a vida de muita gente, aqui vão algumas dicas extraídas de livros de neurolinguística:

- **Seja você mesmo**: Essa é a primeira e maior dica de como falar melhor: manter a naturalidade, acima de tudo. Nenhuma técnica é mais importante do que manter a naturalidade. Aprenda, aperfeiçoe, progrida, mas seja sempre natural ao falar.
- **Pronuncie bem as palavras**: Principalmente, não omita a pronúncia do *s* e do *r* nos finais de palavras e do *i* intermediário. Pronunciando todos os sons corretamente, a mensagem será melhor compreendida pelo receptor e haverá uma maior valorização da imagem de quem fala. Faça exercícios para melhorar a sua dicção lendo textos com o dedo entre os dentes e procurando falar da forma mais clara possível. Educação também é falar bem. Entre as regras de etiqueta e relacionamento pessoal, destaca-se a capacidade de falar bem. Isto não quer dizer que se deve usar termos rebuscados, eruditos ou difíceis para mostrar o quanto se é inteligente ou esnobe. Na verdade, os intelectuais possuem um vasto vocabulário, mas sabem usá-lo de acordo com a ocasião.

Por exemplo, pronuncie:

- Primeiro.
- Janeiro.
- Terceiro.
- Precisar.
- Trazer.
- Levamos.

E não:

- Primero.
- Janero.
- Tercero.
- Precisá.
- Trazê.
- Levamo.

Pronunciando todos os sons corretamente, a mensagem será melhor compreendida pelo receptor e haverá uma maior valorização da imagem de quem fala. Faça exercícios para melhorar a sua dicção lendo textos com o dedo entre os dentes e procurando falar da forma mais clara possível.

- **Fale com a intensidade exata**: se você falar muito baixo, as pessoas que estiverem distantes não entenderão as suas palavras e deixarão de prestar atenção na sua mensagem. Também não fale muito alto, porque além de se cansar rapidamente, você poderá irritar os ouvintes.
- **Fale numa intensidade adequada para cada ambiente**. Nunca deixe, entretanto, de falar com entusiasmo e vibração. Se você não demonstrar interesse naquilo que transmite, você tampouco conseguirá interessar os ouvintes.
- **Não seja rápido e nem vagaroso**: não fale rápido demais. Se a sua dicção for deficiente, ficará impossível entender o que você diz. Também não fale muito lentamente, com pausas prolongadas, para não entediar os ouvintes.

    Como preparação, grave antes o que pretende falar e verifique qual a velocidade da sua fala que é a mais adequada.

- **Fale com ritmo**: alterne a altura e a velocidade da fala para construir um ritmo agradável de comunicação. Quem se expressa com velocidade e altura constantes acaba por desinteressar os ouvintes, não pela falta de conteúdo, mas pela maneira descolorida como se apresenta.
- **Escolha um vocabulário adequado**: boas palavras devem estar isentas do excesso de termos pobres e vulgares, como palavrões e gírias. Por outro lado, não se recomenda um vocabulário repleto de termos técnicos e quase sempre incompreensíveis.

    Evite, também, expressões específicas da sua profissão diante de pessoas que não estão familiarizadas com este tipo de palavreado.

    Treine para desenvolver um vocabulário simples, objetivo e suficiente para transmitir todas as suas ideias e pensamentos.

- **Cuide da gramática**: dependendo da gravidade, um erro gramatical pode atrapalhar a apresentação e até mesmo destruir a sua imagem. Preocupe-se, principalmente, com a concordância e com a conjugação dos verbos.

    Para estar sempre bem informado e com novas palavras para usar, leia livros de bons autores e observe atentamente a construção das suas frases.

    A leitura é a maior fonte de aprendizado para qualquer pessoa, independentemente da idade ou da classe social. Esforce-se e tenha como meta ler, pelo menos, um livro por mês, de acordo com o seu interesse e gosto literário. Agindo assim, você não estará somente melhorando a sua maneira de se expressar, como também o seu vocabulário e a sua forma de redigir.

✓ Em situações profissionais, como cumprimentar as pessoas? Com apertos de mãos? Beijos? Abraços?

Aperto de mãos

As mãos expressam parte de nossos sentimentos, atitudes e de nossa personalidade; no entanto, num primeiro contato, a atitude do cumprimento com um aperto de mãos se torna necessária e de extrema importância. As mãos, segundo algumas pesquisas, são capazes de expressar o nosso comportamento.

Por exemplo, a mão direita é a mão do oferecer e a mão esquerda, a mão da humildade e do sentimento. Quando a mão é levada ao queixo, demonstra uma pessoa pensativa. Quando levada à boca, demonstra preocupação, espanto, saudade ou nervosismo. Quando toca o nariz, indica que a pessoa está mentindo. Quando as palmas das duas mãos são colocadas para cima por quem fala, significa súplica. Quando uma pessoa lhe cumprimenta com um aperto de mãos e, inconscientemente, coloca a mão esquerda por cima das mãos que se cumprimentam, isso significa que esta pessoa tem por você uma grande estima, que está sendo sincera e, naquele momento, lhe depositou uma vibração positiva. Enfim, as mãos têm um grande significado em nossas vidas. Por elas recebemos e transmitimos vibrações, calor humano e energia.

Com um simples aperto de mão, é possível expressar respeito, atenção e cordialidade. Este cumprimento parte da nossa conduta e da nossa integridade, desde que feito com propósito e motivação.

Na vida social ou profissional, o aperto de mãos será uma arma preciosa para assegurar confiança e credibilidade. Ele nunca deve ser feito por acaso, mas sempre proposital, firme, natural e pouco demorado.

No cumprimento seguido de um aperto de mãos, tome cuidado e observe:

- Não se sacode o físico do interlocutor e nem de ambos.
- Não se provoca dor ou se esmaga os dedos da outra pessoa.
- Não se pega a mão da outra pessoa com as pontas dos dedos.
- Não se segura uma mão por muito tempo em situações de apresentações ou cumprimentos; o tempo deverá ser o suficiente para expressar respeito e autoconfiança.

Não estenda a mão:

- **A um grande número de pessoas numa reunião**: o certo é cumprimentar as pessoas mais íntimas e próximas, e as demais, com um aceno ou gesto de cabeça, acompanhado de uma frase cordial.
- **A um superior ou pessoa mais velha**: espere que eles tenham esta atitude.
- **Num hospital**: Prive-se de estender a mão ao médico ou ao doente por uma questão de higiene e precaução.
- **Em consultas médicas**: Caso o médico seja gentil ou esteja querendo ser simpático e conquistar a confiança do paciente estendendo a mão, não se assuste se ele logo em seguida ou após a consulta lavar as mãos.
- **A alguém que se encontra numa mesa de refeição**: Isso vale mesmo que esta pessoa não tenha iniciado a refeição ou já tenha terminado. É uma questão de higiene deduzir que a pessoa que está à mesa está com as mãos limpas.

Quando o aperto de mãos é feito por acaso, poderá abalar um primeiro encontro, deixando uma má impressão, afetando uma possível amizade ou a perda de um grande negócio ou oportunidade.

No momento do aperto de mãos, estenda a sua mão com firmeza e segurança, olhe nos olhos do interlocutor, expresse carisma e mantenha uma boa postura.

Abraços

Desde que não seja seguido com o famoso tapinha nas costas, o abraço é uma atitude leal e simpática, isso se feito com sinceridade e sem maldade. Pelo abraço é possível expressar um pouco do calor humano, dos sentimentos e do desejo de apreço e afeto ao próximo. O abraço tem o poder de reanimar uma pessoa com a vibração e a energia positiva que transmite. Dizem que o ser humano viveria bem mais feliz e se sentiria bem mais leve e confiante se desse ou se recebesse, em média, três abraços por dia.

O abraço acolhe, afoga as mágoas, reanima, dá forças, serve como válvula de escape nos momentos de tristeza ou felicidade.

O abraço, para quem chega, expressa receptividade, acolhimento e boas vindas. Para quem parte, deixa na memória a recordação do calor transmitido e da saudade deixada.

Lição de casa: abrace sua mãe, seu marido ou esposa, seus filhos... As pessoas que você realmente ama e quer bem.

Beijos: um, dois ou três?

Só se beija as pessoas com as quais temos muita afeição ou intimidade. Em sociedade, já é comum os homens cumprimentarem as mulheres com beijinhos (atitude não muito aceitável por muitos, devendo o homem se limitar a beijar somente as mulheres da sua família, evitando os beijinhos entre as amigas da esposa), mas ainda é estranho no nosso país, com a cultura de nosso povo, os homens se cumprimentarem entre si com beijos.

Entre um, dois ou três beijinhos, o correto seria **nenhum**!

A atitude de beijar alguém deve ser espontânea e sincera, expressando afeto e autenticidade. Não se beija uma pessoa por acaso, jogando o corpo ou entregando a face de qualquer jeito. Aí o beijo se tornaria uma atitude incompleta.

No cumprimento seguido de um beijo, pare de falar e viva o momento; faça desta atitude um momento mágico e sincero.

Quem beija deve se limitar a um único beijo, pois dois pode pegar a pessoa de surpresa e, com o movimento rápido, você pode passar, sem querer, os seus lábios nos lábios da outra pessoa.

Ao beijar a pessoa querida, põe-se uma das mãos sobre o ombro dela, que reivindica, tendo a mesma atitude, colocando também a mão dela sobre o seu ombro para complementar a atitude do contato físico. Feito isto, dá-se um único beijo seguido de um abraço afetuoso, e não dois beijos.

Cumprimentar alguém dando três beijinhos e completando com a frase supersticiosa *"Três pra casar"*, nem pensar!

No campo social, beija-se todas as pessoas pelas quais temos carinho, respeito e intimidade.

No campo profissional, os beijos entre homens e mulheres devem ser evitados até mesmo como precaução deste modismo de assédio sexual.

No caso de duas pessoas que usam óculos na hora do cumprimento seguido de um beijo, uma delas terá que ceder tirando o óculos da face, caso contrário, será um verdadeiro desastre.

Uma viagem nem sempre significa divertimento. Algumas vezes ela pode ser um verdadeiro trauma para o viajante, não apenas pelo meio de transporte escolhido, como também pelos imprevistos eventualmente encontrados, como congestionamento, tempestade, neblina, atrasos de embarque, extravio de bagagem, furto, passageiros inconvenientes... Seja qual for o motivo, certamente ele acaba se tornando imortalizado para a pessoa que vive na pele esta terrível experiência, que gera estresse, pânico, medo, irritação, indignação e raiva.

Algumas dicas se tornam indispensáveis para quem viaja espontaneamente ou a negócios:

- A reserva de passagens e hotel, quando feita com antecedência, se torna um problema a menos e uma comodidade a mais.
- Seja sempre pontual. A pontualidade é uma virtude indispensável na vida de um profissional, além de ser uma forma de respeito com os demais. Seja pontual no café da manhã, no almoço, nos encontros e, acima de tudo, respeite os horários do hotel ou local onde se hospedar.
- Vista-se de forma discreta e sóbria. Escolha roupas de fácil combinação, evitando tons chamativos e estampas extravagantes. A indumentária sempre estará impecável: limpa e bem passada colaborando no sucesso da sua aparência, aliada à higiene pessoal, com cuidados especiais para a pele, os cabelos e para a própria roupa. Mulheres que viajam a negócios devem evitar roupas justas e coladas, decotes ousados e insinuantes, bijuterias grandes e barulhentas, maquiagem carregada e salto excessivamente alto. O bom-senso deve prevalecer. Homens que viajam a negócios devem estar sempre bem barbeados (caso use barba ou bigode, estes devem estar sempre aparados e com bom aspecto), cabelos penteados e sapatos engraxados, não se esquecendo de que o terno e a gravata sempre irão impor respeito e seriedade numa reunião, palestra, almoço ou jantar quando exigidos ou solicitados pela empresa ou profissão.
- Tanto o homem quanto a mulher devem evitar perfumes fortes e enjoativos.
- Mantenha sempre o bom humor. Ele é essencial no nosso dia a dia e, principalmente, quando estamos fora do nosso *habitat*. Sorria mais e reclame menos! O hóspede que sorri e é carismático sempre será lembrado e bem-vindo quando retornar ao hotel onde ficou hospedado.
- A discrição é o segredo para quem está longe de casa, além de fazer parte da filosofia e da cultura do ser humano digno e distinto por natureza. A discrição no tom de voz, nas atitudes, gestos, procedimentos, forma de agir e de tratar as pessoas. Seja gentil, prestativo, solidário e atencioso com todos.
- *"Por favor"*, *"Com licença"*, *"Obrigado"* e *"Desculpe-me"*, quando ditas com cordialidade, são expressões indispensáveis no vocabulário do ser humano, do profissional e, principalmente, das pessoas que viajam com certa frequência, pois facilitam a comunicação, evitam constrangimentos e aborrecimentos, além de demonstrarem o grau

de educação e civilidade de quem as usa. Quando se viaja para um outro país, mesmo não dominando o idioma, convém pelo menos decorar e saber dizer estas palavras.
- *"Senhor"* e *"Senhora"* são formas de tratamento cerimoniosas que devem ser usadas com pessoas de respeito, mais importantes ou não muito jovens.
- Mantenha sempre a ordem e a limpeza dos seus aposentos; elas refletem a sua personalidade.
- Trate com respeito e, acima de tudo, com educação, as pessoas que, direta ou indiretamente, estão lhe prestando serviços, como arrumadeira, telefonista, passadeira, recepcionista, motorista, mensageiro etc. E é de bom tom gratificá-los com uma gorjeta no último dia da sua estadia.
- Diante de qualquer insatisfação quanto ao hotel onde estiver hospedado, nunca perca o controle emocional; procure o superior e resolva tudo da melhor forma possível, sem alterar a voz, sem usar palavrões, insultos ou humilhações.

Princípios Básicos de Direito do Comércio Internacional

Enzo Fiorelli Vasques

9.1 ASPECTOS INTRODUTÓRIOS

O presente capítulo tem o objetivo de apresentar ao leitor os principais aspectos do direito do comércio internacional. Para tanto, ele foi dividido em duas seções; a primeira, que transita pelo campo das relações entre os Estados, trata da construção dos mecanismos que sustentam e fomentam o comércio internacional. Nesse ponto, então, terá lugar a análise do direito internacional público,[1] será estudada a importância dos tratados, além de se examinar o surgimento e a importância das organizações internacionais. Cresce, nesse ponto, a necessidade de serem discutidas questões ligadas aos blocos econômicos (como Mercosul, União Europeia e Alca) e os temas levantados nas rodadas da Organização Mundial do Comércio.

A segunda seção pretende discorrer sobre os reflexos dos avanços do direito internacional público nas relações entre particulares,[2] que cuida das relações jurídicas com algum tipo de conexão internacional.

Vale ressaltar que, na imensa maioria das áreas do direito, as relações jurídicas estão totalmente inseridas no ordenamento jurídico de um único país, ou seja, o comprador e o vendedor têm domicílio no mesmo Estado; o contrato de fornecimento envolve partes do mesmo país em que será cumprido.

De fato, não se pode negar que sempre houve aquelas que envolviam particulares ligados a dois ou mais sistemas de direito; é o caso dos contratos de compra e venda internacional, *franchising, joint venture*, nos casos que unem partes submetidas a leis de países diversos, isto é, nas situações em que há o acoplamento de sujeitos que, enquanto sozinhos, eram regidos por ordenamentos diversos.

Apesar de se ter consciência de que o comércio exterior sempre foi essencial para os Estados, ele ganhou incremento com a diminuição das distâncias entre os países, trazida pela

---

[1] Cf. Seitenfus e Ventura (2001, p. 27): "Como todo direito é a expressão da vida social de uma sociedade, Paul Reuter sustenta que DIP (Direito Internacional Público) é o conjunto de regras que presidem à existência e ao desenvolvimento de uma comunidade internacional em constante mutação."

[2] Cf. Correa (2000, p. 11): "O direito Internacional Privado é o ramo da ciência jurídica onde se definem os princípios, se formulam os critérios, se estabelecem as normas a que deve obedecer a pesquisa de soluções adequadas para os problemas emergentes das relações privadas de caráter internacional."

tecnologia, além de se fortalecer após o final da Guerra Fria. Logo, passou a ser mais comum a existência de contratos internacionais, a necessidade de análise da *lex mercatoria*, além da atuação de sociedades ligadas a ordenamentos jurídicos de outros países no Brasil, entre outros pontos que serão levantados no trabalho aqui apresentado. Como exposto por Nádia de Araújo (2003, p. 27):

> *"Vive-se hoje em um mundo globalizado e instantâneo. As pessoas físicas e jurídicas não mais circunscrevem as suas relações às fronteiras de um único Estado, e do ponto de vista das atividades comerciais e pessoais essas fronteiras são, por vezes, irrelevantes."*

Antes, todavia, vale uma pequena visualização do que pode ser entendido como direito. Não há a intenção por parte do autor de adentrar os meandros das discussões aprofundadas sobre o tema, pois isso faria que o capítulo fugisse do tema, tendo-se em vista a dificuldade que se tem em trazer uma definição de direito que satisfaça a todos. Nas palavras de Dimitri Dimoulis (2003, p. 9):

> *"O que é direito? Uma das tarefas mais simples e, ao mesmo tempo, mais difíceis do mundo é dar uma definição de direito. Tarefa simples: todos os manuais de direito apresentam uma definição do direito e qualquer estudante ou profissional da área jurídica pode oferecer a sua definição. Tarefa difícil: nunca houve nem haverá uma única definição do direito."*

Para este capítulo, que não tem intenções jusfilosóficas, tomar-se-á como ponto de partida que o direito é o conjunto de regras que regulam as relações jurídicas. Logo, descarta-se aqui toda a análise de introdução ao estudo do direito, que deve ser reservada aos cursos jurídicos.

Assim, muito mais simples é o trabalho de quem analisa relações jurídicas internas.[3] De fato, os problemas são maiores se não se tem certeza sobre qual é o direito aplicável a determinado caso.

A tarefa do direito internacional público é construir um grupo de normas às relações jurídicas internacionais, e a do direito internacional privado é solucionar conflitos entre normas de dois diversos. É da junção desses dois ramos do direito e do comércio internacional que surge o Direito do Comércio Internacional.

Realmente, o comércio internacional faz nascer as relações jurídicas com conexão internacional; o direito internacional público dá a segurança aos envolvidos de que os países se utilizarão das regras dos tratados e das decisões das organizações internacionais – como é o caso da Organização Mundial do Comércio – para solucionar eventuais conflitos.

Exemplificando, se um contrato de fornecimento envolve pessoas jurídicas ligadas a Estados diferentes, elas precisam ter a segurança de que determinadas normas serão seguidas pelos Estados que a ele estão ligados, evitando-se, assim, que as tarifas alfandegárias sejam elevadas apenas por questões de ordem interna.

---

[3] Entendidas tais relações jurídicas internas como aquelas que sofrem a aplicação do direito de um único país.

Além disso, se o contrato não for adimplido por uma das partes, a outra deve ter assegurado o seu direito de discutir a questão e saber qual é o direito material que vai regular a questão.

Essas são, portanto, as considerações iniciais. Passa-se, agora, à análise que foi descrita.

9.2 DIREITO INTERNACIONAL PÚBLICO

O direito internacional é estudado em duas vertentes, que, apesar de não terem relação entre si, por vezes são confundidas. Esta seção estuda o direito internacional público, que é o aplicável à sociedade internacional,[4] ou seja, aquele que regula as relações entre sujeitos da sociedade internacional.[5] Na próxima, analisar-se-á o direito internacional privado.

A expressão *direito internacional público* foi usada pela primeira vez por Bentham (*Introdução aos princípios da moral e legislação*). Até então, o seu nome era Direito das Gentes. Além disso, alguns pontos devem ser ressaltados para melhor entendimento desse ramo do conhecimento jurídico.

9.2.1 Características

O mais importante, no entanto, a ser apreendido quanto ao direito internacional público é o fato de ele ser diferente de todos os outros ramos do direito, pois possui características próprias, como a descentralização. Ele não provém de um centro único produtor de normas, o consenso; não é possível impor uma norma ao Estado se este não concordar com ela; há dificuldade de efetivação, pois não há no direito internacional público um aparato estatal que faz a sua aplicação.

Por conta de tais características, invariavelmente a sua condição de ser um ramo do direito é colocada em dúvida. Não é necessário ir muito longe. Tome-se como exemplo o recente conflito entre EUA e Iraque.[6] Por sua pouca ou inexistente possibilidade de efetivação, já que fundado no consenso e na descentralização, foram várias as vozes que se levantaram contra a sua real condição de direito.

Exemplos como esses existem muitos, como é o caso da sobretaxa do aço norte-americana, da não ratificação do Protocolo de Kyoto pelos EUA, além dos insucessos na Convenção de Haia sobre o meio ambiente (2000) e da Rodada de Cancún da Organização Mundial de Comércio (OMC), em 2003.

---

[4] Cf. Dinh, Daillier e Pellet (1999, p. 29): "O direito internacional define-se como o direito aplicável à sociedade internacional. Esta fórmula, com poucas diferenças nos termos, encontra-se hoje em dia em todos os autores: é a mais simples se bem que não seja a pura constatação de uma evidência. Implica a existência de uma sociedade internacional distinta da sociedade nacional ou sociedade interna, ou ainda estatal. Ela delimita, ao mesmo tempo, os campos de aplicação respectivos do direito internacional e do direito interno. Confirma por último o vínculo sociológico, portanto necessário, entre direito e sociedade. Qualquer sociedade tem necessidade do direito e todo o direito é um produto social. *Ubi societas, ibi jus* é uma máxima que se tem verificado no tempo e no espaço."

[5] Tais sujeitos são os Estados, as Organizações Internacionais e a Santa Sé.

[6] Sobre a legitimidade da guerra contra o Iraque, ver Soares (2002, p. 5).

9.2.2 Sujeitos de direito

Fundamental, também, para o entendimento dos meandros desse ramo do direito é a compreensão de que apenas Estados, organizações internacionais e Santa Sé são sujeitos de direito. Vale, portanto, ressaltar que a esmagadora maioria dos tribunais internacionais apenas recebe causas que tenham como partes tais sujeitos. Exceção feita à Corte Europeia de Direitos Humanos, sediada em Estrasburgo,[7] e, caso se entenda que não há diferença entre direito comunitário e direito internacional, o Tribunal de Justiça das Comunidades Europeias, sediado em Luxemburgo, órgão da União Europeia.

A Corte Internacional de Justiça, com sede em Haia, só aceita que sujeitos de direito internacional sejam partes em processos em trâmite por ela, seguindo, dessa forma, a determinação mais tradicional.

Em sua obra, José Roberto Franco da Fonseca (1998, p. 756) é um pouco mais restritivo, afirmando que:

> *"Em princípio, só os Estados poderiam ser parte em relação jurídica processual perante a Corte Internacional de Justiça (Estatuto, art. 34, § 1º). Seria pressuposto processual de existência, pois* (legitimatio ad processum), *revestirem-se assim tanto o autor como o réu da qualidade de unidades políticas soberanas, por isso dotadas de personalidade jurídica de direito internacional."*

Também o sistema de solução de controvérsias da Organização Mundial do Comércio exige a personalidade jurídica internacional para que possa a questão nela ser discutida.

Logo, se o prejudicado for um particular que não tenha personalidade jurídica de direito internacional, ele precisa ser substituído processualmente para poder levar a questão até o sistema. Foi o que aconteceu com a disputa entre Canadá e Brasil, que, na verdade, tinha como interessados a empresa Bombardier, canadense, e a Embraer, brasileira.

Sobre o sistema de soluções de controvérsias da OMC, assevera Celso Lafer (1998, p. 121):

> *"A primeira observação a ser feita sobre o sistema de solução de controvérsias da OMC, é a de que, enquanto expressão de codificação e desenvolvimento progressivo e em contraste com o sistema do GATT, não é mero fruto de prática e interpretação. É uma obrigação, de outra hierarquia jurídica, posto que contemplada pelo próprio tratado constitutivo da OMC e enquanto tal, obriga a todos os estados-membros e deve ser cumprida de boa-fé."*

Guido F. S. Soares (2002, p. 141) assim discorre sobre os sujeitos de direito internacional:

> *"O conceito de sujeito de direito, em qualquer ordenamento jurídico, é o reconhecimento por ele operado dessas pessoas, indivíduos ou coletividades de indivíduos, ou mesmo outros determinados fenômenos, que são titulares de direitos e obrigações. A personalidade jurídica é um* **status** *conferido pelo sistema jurídico a pessoas ou entidades, mediante uma qualificação operada por critérios determinados exclusivamente pelo*

---

[7] Para uma análise da estrutura e funções da Corte Europeia de Direitos Humanos, cf. Vedovato (2002).

próprio sistema jurídico, que, além de definir quais fenômenos constituem um sujeito de direito, ainda fixa-lhes os conteúdos e a extensão dos respectivos direitos e obrigações."

No Caso *Reparation for Injuries* (1990, p. 71), definiu-se que "um sujeito de direito internacional é uma entidade com capacidade para possuir direitos e deveres internacionais e com capacidade para defender os seus direitos através de reclamações internacionais". Ian Brownlie[8] lamenta a necessidade do indivíduo – real prejudicado, em alguns casos – da interferência de um sujeito de direito internacional para ver a satisfação do seu direito.[9]

9.2.3 Direito da integração econômica (direito comunitário)

O chamado direito comunitário é um fenômeno recente no mundo do direito. Surgiu da necessidade dos Estados enfrentarem a globalização econômica, de acordo com Elizabeth Accioly (2000, p. 24):

> *"A globalização da economia e da sociedade está gerando o desenvolvimento de uma nova ordem mundial, baseada na expansão do capitalismo e comandada pelo crescente domínio das corporações transnacionais. Essa mudança de rumo do mundo deve-se principalmente ao fim da Guerra Fria, em que havia um estado de tensão permanente entre os Estados Unidos e a União Soviética, ao incremento da guerra comercial entre empresas e países e à formação de grandes blocos econômicos regionais."*[10]

De fato, o sucesso da União Europeia levou outros países a criarem os seus blocos econômicos, como foi o caso do Mercosul e do Nafta, entre outros, além de fazer que um sinal de alerta fosse aceso na maior economia do mundo, para que ela se ajustasse a tais alterações. Por isso, os EUA propuseram a criação da Alca.[11] Como demonstra Adherbal Meire Mattos (2002, p. 413), além do acima descrito, a integração é determinação da ONU:

> *"A cooperação internacional, para resolver problemas de caráter econômico, social, cultural ou humanitário e para estimular o respeito aos direitos humanos fundamentais, é um dos propósitos das Nações Unidas, conforme reza o art. 1º, 3, da Carta de São Francisco."*

---

[8] Cf. BROWNLIE, Ian. *Principles of public international law*. 4. ed. Londres: Oxford University Press, 1990. p. 71.

[9] De fato, a interferência das questões políticas nesse ponto é muito grande. O exemplo maior é o caso da Bombardier, empresa canadense que conseguiu que o Canadá a substituísse processualmente em painel contra o Brasil na OMC, pois auxiliou de maneira decisiva a campanha do primeiro-ministro canadense, Jean Crétien.

[10] Prevendo essa alteração no Direito Internacional Público, Manfred Lachs, em artigo publicado na revista *de Estudos Avançados* da USP (nº 21, p. 97), prega: "Dessa forma, o século XXI tem todas as possibilidades de assistir ao começo de um capítulo inteiramente novo da história das nações, que resultará no reagrupamento de pequenos Estados em conjuntos mais amplos e este será um elemento essencial à sua sobrevivência. Pode-se desejar que esses Estados se beneficiem dos progressos realizados alhures nos domínios da liberdade, da democracia e de uma liberdade real."

[11] Cf. Rattner (2003).

Os blocos econômicos, vale lembrar, são organizações internacionais, ou seja, são associações de Estados. A integração econômica, que se efetiva através de organizações internacionais, é dividida em etapas,[12] que são as seguintes:

1. **Zona de livre comércio**: nessa etapa, a integração prevê a livre circulação das mercadorias produzidas dentro do bloco.
2. **União aduaneira**: que permite a circulação de todos os produtos, dada a existência da tarifa externa comum.
3. **Mercado comum**: em que há a liberdade de circulação de bens, serviços, pessoas e capitais.
4. **União monetária e financeira**: nessa etapa, cria-se uma moeda única e um banco central único.

A integração não acontece rapidamente; ela é fruto de um processo que visa à junção das economias de dois ou mais países. Cada uma dessas etapas traz facilidades ao comércio internacional e, sendo controlada a influência que essa união pode causar na economia, só há vantagens a serem extraídas do bloco pelos Estados.

9.3 DIREITO INTERNACIONAL PRIVADO

9.3.1 Objeto do direito internacional privado

O direito internacional privado tem como principal objeto de estudo a relação jurídica com conexão internacional. Pode-se dizer que os casamentos envolvendo noivos domiciliados em países diversos; o inventário de bens situados em vários Estados; a incorporação de uma empresa brasileira por uma espanhola, todos são analisados pelo direito internacional privado, que vai determinar qual é o ordenamento jurídico a eles aplicável. Como pregava A. S. de Bustamante y Sirven (1931, p. 18), o direito internacional privado pode ser definido como

> *"o conjunto de princípios que determinam os limites no espaço da competência legislativa dos Estados, quando há de aplicar-se a relações jurídicas que possam estar submetidas a mais de uma legislação".*

O direito internacional privado não tem nenhuma correlação especial ou dependência em relação ao direito internacional público. A maioria dos autores reconhece mesmo a impropriedade da denominação, só admitida porque consagrada pelo uso, desde que foi proposta pelo jurista americano Joseph Story em seu *The conflict of laws* (O conflito das leis), em 1834.

Não encontramos um sistema supranacional para regular as relações de direito privado entre indivíduos sujeitos a diferentes ordenamentos nacionais. O que existe, como em geral se admite, é um conjunto de princípios para a determinação da lei aplicável a relações jurídicas que possam incidir na regulação de dois ou mais sistemas legais conflitantes, de Estados soberanos diversos ou de Estados autônomos federados. Tais conflitos de leis ocorrem com frequência crescente, dada a intensificação das relações entre pessoas de todo o mundo, quer

---

[12] Para uma análise profunda de tais, ver Porto (1997).

na atividade comercial, quer na vida familiar, em consequência da solução de problemas de validade de atos jurídicos praticados sob o império de legislação diferente da do lugar onde devem produzir efeito. Problemas semelhantes podem surgir em relação às consequências penais de atos ilícitos praticados sob jurisdição estatal diferente.

Normalmente, a legislação de um país disciplina as relações jurídicas internas relativas a pessoas, bens, obrigações e sucessões. No domínio do Estado, as leis locais são aplicadas pelo juiz e devem ser respeitadas por todos que nele se encontram, com as exceções aceitas pelo direito internacional público. São as chamadas leis territoriais. A territorialidade das leis é o princípio preponderante, como expressão da soberania nacional. Se os Estados vivessem em absoluto isolamento, todas as leis teriam caráter territorial. A existência de uma comunidade internacional formada pelos Estados leva, porém, a relações extranacionais.

A partir principalmente do século XIII, a territorialidade começou a perder seu caráter absoluto. O comércio entre as cidades livres da Europa se intensificou e surgiu o problema da aplicação da lei a um comerciante de uma cidade, que contratava com outro, de outra cidade. Nova classificação de leis teve de ser adotada: territoriais (ou locais) e extraterritoriais. As últimas constituem o objeto principal do direito internacional privado, o de aplicar leis estrangeiras e reconhecer atos praticados no exterior.

9.3.2 Conflitos de leis

Ocorrendo controvérsia sobre a lei a ser aplicada, dois problemas podem ocorrer na solução de um pleito: o primeiro é o de se saber qual o juiz competente para decidir a causa; o segundo é o da lei a ser aplicada. Por isso, alguns autores falam em conflito de jurisdição e em conflitos de leis, uns e outros a serem solucionados pela autoridade judiciária nacional. Como o mesmo problema poderá aparecer diante do Judiciário de mais de um Estado, soluções diferentes ou opostas poderão ser lavradas. Os conflitos de leis que surgem quando dois ou mais Estados dispõem de maneira diversa sobre a lei a ser aplicada são insolúveis. Terá eficácia, em cada um dos Estados, a sentença proferida. Tome-se como exemplo o fato de o direito brasileiro estabelecer que só à autoridade judiciária brasileira compete conhecer das ações relativas a imóveis situados no Brasil. Intentada uma ação no exterior, sobre imóvel situado no Brasil, a sentença não será exequível perante a justiça brasileira. A controvérsia poderá girar simplesmente em torno do preceito de competência, ou da natureza do bem, considerado móvel no exterior e imóvel no Brasil.

O direito internacional privado tem por objeto estabelecer as regras, em cada país, de aplicação do direito estrangeiro e de reconhecimento do ato praticado no exterior. Entretanto, parte da doutrina é de parecer que ele compreende ainda as regras do chamado direito convencional (tratados e convenções que dispõem sobre a solução dos conflitos de leis das partes contratantes). A tendência moderna é a harmonia, ou seja, a adoção, por tratados e convenções, das mesmas regras. Em sua essência, o direito internacional privado tem em vista estabelecer os limites da aplicação do direito estrangeiro.

9.3.3 Fontes do direito internacional privado

As principais fontes do direito internacional privado são internas, submetendo-se ao critério hierárquico do sistema nacional.

a) **Lei**: Apesar da denominação, o Direito Internacional Privado tem a natureza do direito interno, pois busca determinar qual o ordenamento jurídico aplicável à solução dos litígios decorrentes de relações jurídicas de direito privado com conexão internacional. É, por via de consequência, composto, na maior parte, por leis nacionais (internas), adequadas às peculiaridades de cada ordenamento jurídico.

   No Brasil, o maior número de normas de direito internacional privado encontra-se na Lei de Introdução às Normas do Direito Brasileiro (Decreto-lei no 4.657, de 4-9-1942, que, alterado pela Lei nº 12.376/2010, passou a ser chamado de tal forma), a qual necessita de reformas urgentes, a fim de adequá-la à maior complexidade das relações de direito privado com conexão internacional decorrentes da globalização.

b) **Doutrina**: A doutrina, em todos os ramos jurídicos, exerce grande influência tanto na formação dos textos legislativos como das decisões judiciais. Tal fato pode ser percebido com maior veemência no ramo do direito internacional privado, cujas normas positivadas são portadoras de inúmeras lacunas.

   A doutrina, contudo, não se expressa somente através de livros ou compêndios. Podem ser utilizados como trabalhos doutrinários: (a) os estudos apresentados por institutos especializados na pesquisa do direito internacional privado; (b) as convenções internacionais, ainda que não vigentes pela falta do número necessário de ratificações, visto que são elaboradas por doutrinadores do mais alto nível.

c) **Jurisprudência**: Cumpre distinguir, inicialmente, decisão judicial de jurisprudência. Decisão judicial é a aplicação, por órgãos dos Poder Judiciário, da lei ao caso concreto; ao passo que jurisprudência é conjunto de decisões judiciais uniformes e reiteradas proferidas pelos tribunais sobre os casos que lhes são submetidos.

   Encontramos vasta jurisprudência de direito internacional privado nos países europeus que, com a formação da Comunidade Europeia, integraram-se a tal ponto que criaram uma moeda unificada. Daí resultam relações interpessoais que ultrapassam as fronteiras dos Estados, resultando, muitas vezes, em conflitos que serão solucionados por uma corte supranacional – Corte de Justiça das Comunidades Europeias –, cuja jurisprudência vincula os Estados-membros da comunidade.

   É assente entre os juristas a aplicabilidade, de forma subsidiária, das jurisprudências das cortes internacionais ou estrangeiras pelos tribunais brasileiros, desde que sejam omissas a doutrina e a jurisprudência pátria.

d) **Os tratados e convenções internacionais**: Tais institutos jurídicos possuem natureza internacional, o que os torna meios idôneos à criação de um direito internacional privado uniformizado. Contudo, em relação à matéria em estudo interessa, tão somente, a eficácia interna destes acordos internacionais, vez que seus efeitos irradiar-se-ão sobre as relações jurídicas de direito privado com conexão internacional.

   Constituindo-se a República Federativa do Brasil em um Estado Democrático, isto é, naquele em que todo poder emana do povo, as pessoas que se encontram no território nacional somente podem ser obrigadas a fazer ou deixar de fazer alguma coisa em virtude de lei, cuja legitimidade funda-se no consentimento popular – o qual é manifestado direta (plebiscito, *referendum* e iniciativa popular) ou indiretamente (por intermédio de seus representantes – Deputados Federais).

Portanto, para que as normas de direito internacional privado, previstas em acordos internacionais, sejam aplicáveis aos particulares que se encontrem no Brasil, é mister o consentimento popular, o qual é manifestado através da ratificação do acordo pelo Congresso Nacional (CF, art. 84 – VIII).

Por isso, o acordo internacional somente adquire eficácia após sua promulgação e publicação pelo Presidente da República, atos estes condicionados à troca ou depósito das cartas de ratificação entre os países signatários (condição suspensiva).

É ponto pacífico que os tratados e convenções internacionais devem obediência à Constituição Federal, estando, inclusive, sujeitos a controle de constitucionalidade.

e) **Costume**: Dada a precariedade das normas positivadas de Direito Internacional Privado, surge a necessidade de preencher as lacunas jurídicas. Um dos métodos de integração do Direito é a aplicação subsidiária do costume, entendido como tal o comportamento adotado de forma generalizada (universal) e unânime com a convicção de sua obrigatoriedade.

Prevê o art. 4º da LICC, *verbis:* "Quando a lei for omissa, o juiz decidirá o caso de acordo com a analogia, os costumes e os princípios gerais de direito." Logo, é plenamente possível, em nosso sistema jurídico, a aplicação subsidiária dos costumes em matéria de Direito Internacional Público.

No campo do comércio internacional, todavia, o instrumento por excelência que representa tal relação é o contrato internacional.

Passa-se, neste ponto, à análise desse instrumento.

9.4 CONTRATOS INTERNACIONAIS

O primeiro problema que se coloca é a identificação do contrato como um contrato internacional.[13] Para o direito comercial, é um contrato internacional aquele que pode sofrer a aplicação de normas de dois ou mais Estados.

Logo, aquele contrato celebrado entre empresas constituídas em Estados diversos deve ser considerado internacional. No Brasil, o contrato internacional é regulado pela lei do país em que ele foi constituído (art. 9º da Lei de Introdução às Normas do Direito Brasileiro).

Portanto, um contrato celebrado na França, para o ordenamento jurídico brasileiro, é regido pelas leis francesas, o que faz o juiz brasileiro aplicar a lei estrangeira em um processo aqui no país. Nessa rápida análise, alguns pontos devem ser destacados.

Há uma discussão sobre se é possível escolher o direito material aplicável ao contrato, sendo mais prudente sempre seguir os ditames do citado art. 9º, além de se indicar a lei aplicável.

Os contratos internacionais, como dito, são os instrumentos, por excelência, do comércio internacional. O desenvolvimento do comércio internacional tem como pressuposto segurança jurídica. Sem dúvida, os operadores do comércio internacional agiriam com mais confiança se estivessem convencidos de que poderiam fazer valer seus direitos e realizar seus interesses como se estivessem sempre, e em qualquer país, sob o império da mesma lei.

---

[13] Sobre contratos internacionais nos referenciamos em Basso (2002).

Como cada Estado nacional possui seu próprio ordenamento jurídico aplicável dentro de suas fronteiras, as relações que são concluídas longe do limite territorial podem gerar um conflito de leis no espaço que será resolvido, em sua grande parte, pelo direito internacional privado.

Define-se contrato internacional como um acordo de vontades que está potencialmente sujeito a dois ou mais sistemas jurídicos estrangeiros. Para que isto ocorra, ou seja, para que um contrato esteja potencialmente sujeito a dois ou mais ordenamentos jurídicos, há que se identificarem os elementos de estraneidade do contrato, bem como verificar se este elemento de estraneidade é relevante ou não.

Para o direito brasileiro, um elemento de estraneidade relevante é o domicílio das partes contratantes. Assim, um contrato de compra e venda será internacional se celebrado entre uma pessoa domiciliada no México e outra no Brasil, mesmo que ambas as pessoas sejam brasileiras e que as mercadorias se encontrem em território brasileiro.

Contrariamente, como se denota do acima exposto, um elemento de estraneidade irrelevante quando da determinação da internacionalidade de um contrato é a nacionalidade das partes contratantes. Logo, o fato de um contrato de compra e venda de mercadoria situada em território brasileiro ser celebrado entre um italiano e um peruano, ambos domiciliados no Brasil, não faz do referido contrato um contrato internacional.

A questão fundamental que se impõe aos contratos internacionais é a lei que lhes é aplicável. As partes, visando fugir aos conflitos de leis, estabelecem práticas que objetivam possibilitar segurança jurídica aos contratos internacionais.

9.5 LEX MERCATORIA

Como o comércio internacional não tem fronteiras, tende a ser regulado por regras de fontes não nacionais, denominadas *lex mercatoria*, que consagram o primado dos usos no comércio internacional e se materializam também por meio de contratos e cláusulas tipo, jurisprudência arbitral, regulamentações profissionais elaboradas por suas associações representativas e princípios gerais às legislações de países.

Não há um direito supranacional que regule as relações de comércio internacional. E não é difícil entender o porquê. Nos negócios internacionais, haverá atrás de cada um dos sujeitos da relação o Estado do qual são nacionais. Em uma negociação entre brasileiros e mexicanos, qual "direito" regulará a relação? O "direito" brasileiro ou o mexicano?

É dentro deste contexto que se destaca a importância da *lex mercatoria*. É um conjunto de regras, princípios e costumes oriundos da prática comercial, sem vinculação a qualquer direito nacional.

Na prática, quando um vendedor (exportador) e o comprador (importador) elegem um Incoterm (Termo Internacional de Comércio) que irá reger a negociação, eles já estão definindo um contrato comercial, inclusive quanto ao preço total da transação, uma vez que cada um dos termos regula as responsabilidades das partes.

A *lex mercatoria* é a evidência da possibilidade de se criarem sistemas normativos sem o concurso do Estado. Como a *lex mercatoria* não emana do Poder Público, é necessário que os Estados reconheçam a arbitragem, um dos pilares da *lex mercatoria,* como instrumento para a solução de litígio no comércio internacional, a fim de impor a efetividade da mesma.

9.6 IMPORTÂNCIA DA ARBITRAGEM

Arbitragem é uma forma alternativa de solução de controvérsias que envolvam direitos patrimoniais disponíveis que são aqueles que, além de poder ser avaliados pecuniariamente, podem ser objetos de transação, renúncia ou cessão. É regulada no Brasil pela Lei nº 9.307/96. A opção pela utilização da arbitragem é feita pelas partes, através da inserção de cláusula compromissória em contrato ou, ainda, em documento separado e posterior. Estipula-se que todas as controvérsias que surgirem referentes àquele contrato ou a determinada relação jurídica serão resolvidas por árbitros escolhidos pelas partes. A sentença proferida pelos árbitros resolve definitivamente o litígio, por não estar sujeita a recursos ou a homologação pelo Poder Judiciário, e, sendo condenatória, constitui título executivo judicial, podendo ser executada em caso de resistência da parte vencida.

A arbitragem é um mecanismo amplamente difundido em diversos países do mundo, principalmente na solução de conflitos surgidos no comércio internacional, uma vez que as partes envolvidas podem resolver suas controvérsias fora da Justiça estatal, com maior rapidez, segurança e eficácia.

A jurisdição estatal é evitada, nos contratos internacionais, pelas seguintes razões:

a) Desconhecimento das normas processuais do Estado estrangeiro.

b) Tradicional lentidão do Judiciário na maioria dos países.

c) Busca de soluções "neutras" no momento da contratação, com a desnacionalização dos contratos.

As principais vantagens da arbitragem em relação ao processo judicial são:

a) Celeridade e informalidade – o procedimento arbitral tem maior eficácia devido à rapidez, reduzindo a ansiedade gerada pela morosidade do Judiciário.

b) Segurança – os procedimentos obedecem aos mesmos princípios de neutralidade e imparcialidade do processo judicial.

c) Flexibilidade – as audiências podem ser marcadas em locais e horários determinados pelas partes.

d) Especialidade – a decisão estará amparada em uma melhor qualidade, já que se pode nomear um especialista na matéria objeto do litígio como árbitro, reduzindo custos com perícias.

e) Desnacionalização dos contratos internacionais – as partes contratantes não são obrigadas a se submeter à legislação nacional de uma ou de outra, podendo escolher a de um país neutro.

f) Relação custo-benefício – em virtude da rapidez na resolução do conflito, os custos indiretos decorrentes da demora são minimizados.

g) Manutenção do relacionamento comercial – por ser a arbitragem uma opção feita pelas próprias partes, de comum acordo, cria-se uma atmosfera favorável à mútua cooperação.

h) Menor resistência ao cumprimento da decisão – haverá maior adesão à sentença arbitral, já que esta é proferida por um árbitro eleito por ambas as partes.

i) Imediata exequibilidade – por ser considerada como título executivo judicial, a sentença arbitral tem natureza jurídica idêntica à da decisão judicial. É desnecessária a homologação judicial da decisão arbitral, transformando o pronunciamento arbitral em verdadeira sentença.

Conforme regula o Código Civil brasileiro, pode ser árbitro qualquer pessoa capaz e que seja de confiança das partes em conflito, desde que não tenha, por qualquer motivo, interesse no julgamento do litígio em favor de uma delas, observados os impedimentos legais aplicados aos juízes estatais. O árbitro será indicado pelas próprias partes, sendo que, em caso de divergência quanto à sua escolha, esta função poderá ser exercida por um terceiro. Em caso de escolha de mais de um árbitro, estará constituído um tribunal arbitral, sempre em número ímpar. O árbitro deverá proferir decisão sobre o conflito dentro do prazo estipulado, agindo com imparcialidade, diligência, discrição e independência, estando obrigado a comunicar qualquer motivo que possa comprometer sua imparcialidade.

9.7 TIPOS DE CONTRATOS INTERNACIONAIS

Para propiciar uma visão prática, passam-se a exemplificar os tipos de contratos a que estão sujeitos importadores e exportadores, ao atuarem no âmbito das relações comerciais.

9.7.1 Contrato de Compra e Venda Internacional de Mercadorias (CCVIM)

No processo operativo de uma exportação intervêm, basicamente, dois sujeitos, entre os quais celebra-se o Contrato de Compra e Venda Internacional de Mercadorias: o exportador ou vendedor e o importador ou comprador, localizados em países diferentes. Esta última razão faz com que as vendas internacionais de mercadorias sejam combinadas quase sempre a distância, o que acarreta um conjunto de consequências. A distância entre o exportador e o importador determina que o Contrato de Compra e Venda Internacional de Mercadorias seja um contrato de tipo consensual, quer dizer, que não requer expressão escrita nem formalidades para sua elaboração.

Geralmente, inicia-se com a realização de contatos entre o exportador e o importador, de onde surgem as condições em que se desenvolverá a exportação.

Estas condições fazem referência basicamente a:

- Descrição da mercadoria.
- Quantidade.
- Preço.
- Prazo de pagamento.
- Forma de pagamento.

- Condições ou termos de venda (Incoterms).
- Tipo de transporte.
- Tipo de seguro.
- Lugar de embarque e desembarque.
- Prazo de entrega.
- Data de embarque.
- Bancos que intervêm na operação.
- Documentos exigidos pelo importador.

As principais condições do contrato são expressas com a emissão, por parte do exportador, de uma fatura *pro forma*, que constitui a oferta dirigida ao importador.

Essa oferta é aceita pelo importador, podendo ser a aceitação tácita ou expressa.

Posteriormente à aceitação da oferta, o exportador emite a Fatura Comercial ou Definitiva, que é o documento principal no qual se expressa o Contrato de Compra e Venda Internacional de Mercadorias.

9.7.2 Contrato de representação ou agente internacional

É um contrato que estabelece que uma pessoa física ou jurídica representará o exportador em determinado mercado estrangeiro, tornando-se representante legal de seus produtos e interesses. O agente receberá uma comissão previamente acordada pelas vendas e serviços realizados.

9.7.3 Contrato de *leasing* (arrendamento mercantil)

Tem por objetivo o arrendamento de bens, por tempo determinado, em geral máquinas, equipamentos e veículos, mediante pagamento de renda previamente estabelecida. É uma maneira vantajosa de cooperação entre os operadores do comércio internacional. Este tipo de contrato é um instrumento capaz de incrementar a produção e reduzir a imobilização de capital.

9.7.4 Contrato de *factoring* (faturização)

É um tipo de contrato no qual um comerciante negocia, no todo ou em parte, seus créditos de vendas mediante o pagamento de um preço. É considerada uma técnica financeira e uma técnica de gestão dos negócios. É largamente utilizada na gestão financeira das pequenas e médias empresas.

9.7.5 Contrato de transporte

As mercadorias objeto de exportação devem ser expedidas pelo exportador ao importador por meio de um transportador encarregado de levá-las até o destino acertado. Constitui-se, assim, um segundo contrato, o Contrato de Transporte, que fica registrado em um documento que o instrumenta, que poderá ser o Conhecimento de Embarque Marítimo (*Bill of Lading*), o Conhecimento de Embarque Aéreo (*Airway Bill*), o Conhecimento de Transporte Internacional por Rodovia (CRT) ou o Internacional de Transporte Ferroviário (TIF). O preço pago pelo transporte denomina-se frete e consta, por sua vez, em uma Fatura ou Comprovante de Pagamento de Frete.

9.7.6 Contratos de *franchising* (franquia)

Contrato que consiste na concessão de marcas e tecnologia, que são reconhecidas e aceitas por seu preço, qualidade e praticidade. Para obter a franquia, o franqueado, em geral, paga um valor inicial e assume pagamentos subsequentes a título de percentagens sobre o faturamento. É garantida ao franqueado a exclusividade de atuação em determinado mercado.

9.7.7 Contrato de seguro

Durante a viagem, a mercadoria está exposta a diversos riscos, por isso, normalmente, é assegurada, intervindo na operação um quarto sujeito, a seguradora, do que resulta a celebração de um novo contrato, o Contrato de Seguro, que se expressa em um novo documento, a Apólice de Seguro. O preço pago à seguradora denomina-se "prêmio" e consta, por sua vez, em outro documento denominado Certificado de Seguro.

9.7.8 Contrato de *know how*

É a abreviação da expressão norte-americana *to know how to do it* (saber como fazer alguma coisa). Mediante o pagamento de *royalties,* uma pessoa física ou jurídica cede a outrem os direitos de uso da propriedade intelectual sobre fórmulas, técnicas ou processos exclusivos.

9.7.9 *Joint venture* (empreendimento em conjunto)

Significa associação de capitais. Contrato que vincula a participação de duas ou mais partes em determinado empreendimento. Como assevera Maristela Basso:

> "As joint ventures *têm origem na prática privada, nos contratos que as constituem e nas operações comerciais, não sendo criação dos legisladores nacionais."*

Joint venture é uma expressão que não encontra correspondente na língua portuguesa, por isso deve ser usada na língua original.

9.7.10 Contrato de exportação de serviços

Tem por finalidade amparar as vendas de serviços ao exterior. Engloba os serviços de assessoria, engenharia, arquitetura e consultorias diversas.

Referências

ACCIOLY, E. *Mercosul e União Europeia*: estrutura jurídico-institucional. 2. ed. Curitiba: Juruá, 2000.

ADUANEIRAS. *Normas administrativas de importação e do regime especial de drawback*. 2. ed. São Paulo: Aduaneiras, 2005.

_____. *Normas administrativas de exportação*. 31. ed. São Paulo: Aduaneiras, 2005.

ARAÚJO, L. de S. N. *Derivativos*: definições, emprego e risco. 2. ed. São Paulo: Atlas, 1998.

ARAUJO, M. A. *Etiqueta empresarial*: ser educado é... Kit básico de boas maneiras e marketing pessoal para o mundo corporativo. Rio de Janeiro: Qualitymark, 2004.

ARAUJO, N. *Direito internacional privado*: teoria e prática brasileira. Rio de Janeiro: Renovar, [s.d.].

BALLOU, R. H. *Logística empresarial*: transportes, administração de matérias e distribuição física. São Paulo: Atlas, 2003.

BARBOSA, P. S. *Competindo no comércio internacional*: uma visão geral do processo de exportação. São Paulo: Aduaneiras, 2002.

BARBOSA, R.; BIZELLI, J. dos S. *Importação*: aspectos fiscais e administrativos. Apostila. São Paulo: Aduaneiras.

BASSO, M. *Joint ventures*. 3. ed. Porto Alegre: Livraria do Advogado, 2002.

BESSADA, O. *O mercado futuro e de opções*. 4. ed. São Paulo: Record, 1998.

BIZELLI, J. dos S. *Noções básicas de importação*. 9. ed. São Paulo: Aduaneiras, 2002.

BOLETIM INFORMATIVO ADUANEIRAS (BIA). São Paulo: Aduaneiras, s.d.

BRASIL. Decreto nº 6.759, de 5 de fevereiro de 2009. Regulamenta a administração das atividades aduaneiras, e a fiscalização, o controle e a tributação das operações de comércio exterior. *Diário Oficial da União*. Brasília, DF, 06 fev. 2009. Seção 1, p. 1.

BROWNLIE, I. *Principles of public international law*. 4. ed. Londres: Oxford University Press, 1990.

BUSTAMANTE Y SIRVEN, A.S. de. *Derecho internacional privado*. Havana: Carasa y Cia., 1931. t. 1.

CALIXTO, R. *Incidentes marítimos*: hist., dir. mar. e perspectivas num mundo em reforma da ordem internacional. São Paulo: Aduaneiras.

CARPIO, R. del. *Pagamentos internacionais* (Apostila). São Paulo: FIPE/Banco do Brasil, 2003.

CARVALHO, F. E. *Trabalhadores portuários avulsos e órgão gestor de mão de obra*/aspectos trabalhistas e previdenciários. São Paulo: LTr, [s.d.].

CASTRO, J. A. *Financiamento à exportação e seguro de câmbio*. São Paulo: Aduaneiras, 2002.

_____. *Exportação*: aspectos práticos e operacionais. São Paulo: Aduaneiras, 2001.

CHORAFAS, D. N. *Treasury operations and the foreign exchange challenge*. New York: John Wiley, 1992.

CÓDIGO COMERCIAL (alterado pela Lei nº 10.406/2002).

COHEN, H. *Você pode negociar qualquer coisa*. Rio de Janeiro: Nova Fronteira, 1986.

COMÉRCIO EXTERIOR. Informe BB (Edição Especial).

CONSOLIDAÇÃO DAS NORMAS VIGENTES PARA IMPORTAÇÃO (CNVI). São Paulo: Aduaneiras.

CORREA, A. F. *Lições de direito internacional privado*. Coimbra: Almedina, 2000. v. 1.

CORTIÑAS LOPEZ, J. M; SILVA, M. G. P. da. *Comércio exterior competitivo*. São Paulo: Aduaneiras, 2002.

DE ANDRADE, R. O. B.; ALYRIO, R. D.; MACEDO, M. A. S. *Princípios de negociação*: ferramentas e gestão. São Paulo: Atlas, 2004.

DIAS, R.; CASSAR, M.; RODRIGUES, W. *Comércio exterior*: história, teorias e práticas. Campinas: Alínea, 2002.

DIMOULIS, D. *Manual de introdução ao estudo do direito*. São Paulo: Revista dos Tribunais, 2003.

DINH, N. Q.; DAILLIER, P.; PELLET, A. *Direito internacional público*. Lisboa: Fundação Calouste Gulbenkian, 1999.

EICHENGREEN, B. *A globalização do capital*: uma história do sistema monetário.

FINNERY, John D. *Project finance*: engenharia financeira baseada em ativos. Rio de Janeiro: Qualitymark, 1999.

FISHER, R.; ERTEL, D. *Estratégias de negociação*: um guia passo a passo para chegar ao sucesso em qualquer situação. Rio de Janeiro: Ediouro, 1999.

FLEURY, P. F. A Infraestrutura e os desafios logísticos das exportações brasileiras. [S/l: s/d]. Disponível em: <http://www.centrodelogistica.com.br/new/fs-public.htm>. Acesso em: 15 jan. 2006.

_____. Gestão estratégica do transporte. [S/l: s/d].

FORTUNA, E. *Mercado financeiro*: produtos e serviços. 15. ed. Rio de Janeiro: Qualitymark, 2002.

GARCIA, L. M. *Exportar*: rotinas e procedimentos, incentivos e formação de preços. São Paulo: Aduaneiras, 1999.

_____. *Roteiro básico para exportação*. São Paulo: Aduaneiras, 1998.

GUEDES, J. M.; PINHEIRO, S. M. *Anti-dumping, subsídios e medidas compensatórias*. São Paulo: Aduaneiras, 1996.

GUIA PRÁTICO DE EXPORTAÇÃO E SEUS INCENTIVOS (GPEI). São Paulo: Aduaneiras.

HARTUNG, D. S. *Negócios internacionais*. Rio de Janeiro: Qualitymark, 2002.

HULL, J. *Introdução aos mercados futuros e de opções*. 2. ed. São Paulo: BM&F: Cultura, 1996.

KEEDI, S. *Transporte, unitização e seguros internacionais de carga*: prática e exercícios. São Paulo: Aduaneiras, 2002.

KOZIOL, J. D. *Hedging*: principles, practices and strategies for the financial markets. New York: John Wiley, 1990.

LABATUT, E. N. *Teoria e prática de comércio exterior*. São Paulo: Aduaneiras, 1979.

LAFER, C. *A OMC e a regulamentação do comércio internacional*. Porto Alegre.

LOPEZ, J. M. C. *Os custos logísticos do comércio exterior brasileiro*. São Paulo: Aduaneiras, 2000.

_____; GAMA, M. *Comércio exterior competitivo*. São Paulo: Aduaneiras, 2005.

LOZARDO, E. *Derivativos no Brasil*: fundamentos e práticas. São Paulo: BM&F, 1998.

MANUAL DE OPERAÇÕES DO SISCOMEX: exportação. São Paulo: Aduaneiras, s.d.

MARTINELLI, D.; ALMEIDA A. P. *Negociação e solução de conflitos*: do impasse ao ganha-ganha através do melhor estilo. São Paulo: Atlas, 1988.

MARTINELLI, V. C. A. A.; MACHADO, J. R. *Negociação internacional*. São Paulo: Atlas, 2004.

MEIRA MATTOS, A. *Direito internacional público*. 2. ed. Rio de Janeiro: Renovar, 2002.

MELO, J. C. M. F. *Negociação baseada em estratégia*. São Paulo: Atlas, 2003.

MENDONÇA, P.; KEEDI, S. *Transporte e seguros no comércio exterior*. São Paulo: Aduaneiras, 2000.

MINERVINI, N. *O exportador*. 5. ed. São Paulo: Aduaneiras, 1991.

MORINI, C.; SIMÕES, R. C. F.; DAINEZ, V. I. *Manual de comércio exterior*. Campinas: Alínea, 2006.

MOURA, G. B. *Direito de navegação em comércio exterior*. São Paulo: Aduaneiras.

MURTA, R. O. *Incoterms*. São Paulo: STS, 1998.

NORMAS ADMINISTRATIVAS DE EXPORTAÇÃO. 19. ed. São Paulo: Aduaneiras, 2001.

NORTON, S. *Marketing para importadores*. São Paulo: STS, 1998.

NUNES NETO, F. *SISCOMEX sem mistério, importação e despacho*. São Paulo: Aduaneiras, 1999.

OLIVEIRA, C. T. *O despertar da China*. São Paulo: Aduaneiras, 2005.

PEREIRA NETO, T. *Legislação portuária compilada*. Rio de Janeiro: Fundação Biblioteca Nacional, [s.d.].

PORTO, M. C. L. *Teoria da integração econômica*. Coimbra: Almedina, 1997.

PRADO, J. B. *Câmbio no Brasil*. São Paulo, 2003. Apostila.

RAPHAEL, L. *Direito marítimo*. São Paulo: Aduaneiras, [s.d.].

RATTI, B. *Comércio internacional e câmbio*. São Paulo: Atlas, 1999.

_____. *Comércio internacional, negócios internacionais*. Rio de Janeiro: Qualitymark, 2002.

RATTNER, H. *Mercosul e Alca*: o futuro incerto dos países sul-americanos. São Paulo, 2003.

REZEK, J. F. *Direito internacional público*. São Paulo: Saraiva, [s.d.].

ROCHA. P. C. A. *Logística e aduana*. São Paulo: Aduaneiras, 2001.

SANTOS, J. E. *Dicionário dos derivativos*. São Paulo: Atlas, 1998.

SEGRE, G.; SEGRE G. Brasil: Coloque um pie, sin meter la pata! – Como exportar a Brasil. São Paulo: Center Group, 1999.

SEITENFUS, R.; VENTURA, D. *Introdução ao direito internacional público*. 2. ed. Porto Alegre: Livraria do Advogado, 2001.

SILVA, M. F. *Relações econômicas internacionais*. São Paulo: Aduaneiras, 1999.

SOARES, G. F. S. *Curso de direito internacional público*. São Paulo: Atlas, 2002.

SOUZA, C. L. G. *A teoria geral do comércio exterior*: aspectos jurídicos e operacionais. Belo Horizonte: Líder, 2003.

_____. Boletim Temático Overseas.

STRENGER, I. *Direito internacional privado*. São Paulo: LTr, [s.d.].

SPARKS, D. B. *A dinâmica da negociação efetiva*: como ser bem-sucedido através de uma abordagem ganha-ganha. São Paulo: Nobel, 1992.

TROYJO, M. P. *Manifesto da diplomacia empresarial*. São Paulo: Aduaneiras, 2004.

URY, W.; FISHER, R. *Como chegar ao sim*: a negociação de acordos sem concessões. Rio de Janeiro: Imago, 1985.

VARGAS, R. *Os meios justificam os fins*: gestão baseada em valores da ética individual à ética empresarial. São Paulo: Pearson Prentice Hall, 2005.

VAZQUEZ, J. L. *Comércio exterior brasileiro*. 7. ed. São Paulo: Atlas, 2004.

VEDOVATO, L. R. *Os sistemas internacionais de proteção dos direitos fundamentais*. 2002. Dissertação (Mestrado) – USP, São Paulo.

Sites **consultados:**

<http://www.apexbrasil.com.br> Acesso em: 15 de maio de 2006.

<http://www.receita.fazenda.gov.br>. Acesso em: 10 de maio de 2006.

<http://www.desenvolvimento.gov.br>. Acesso em: 16 de maio de 2006.

<www.ibracex.org.br>. Acesso em: 16 de maio de 2006.

<www.portaldoexportador.com.br>. Acesso em: 16 de maio de 2006.

<www.fiesp.com.br/infraestrutura>. Acesso em: 10 de maio de 2006.

<www.centronave.org.br>. Acesso em: 10 de maio de 2006.